COVID-19: LA GRANDE RÉINITIALISATION

KLAUS SCHWAB
THIERRY MALLERET

FORUM PUBLISHING

Edition 1.0

Forum Économique Mondial
91-93 route de la Capite
CH-1223 Cologny/Genève
Suisse

Tél. : +41 (0) 22 869 1212
Fax : +41 (0) 22 786 2744
contact@weforum.org
www.weforum.org

ISBN 978-2-940631-13-1

À propos de la *Covid-19 : la Grande réinitialisation*

Depuis son entrée sur la scène mondiale, la COVID-19 a radicalement bouleversé le scénario existant sur la façon de gouverner les pays, de vivre avec les autres et de participer à l'économie mondiale. Écrit par Klaus Schwab, fondateur du Forum Économique Mondial, et Thierry Malleret, auteur de Monthly Barometer, *COVID-19 : la Grande réinitialisation* examine les implications profondes et dramatiques de la Covid-19 sur le monde de demain.

L'objectif principal de ce livre est d'aider à comprendre ce qui nous attend dans une multitude de domaines. Publié en juillet 2020, en pleine crise et alors que de nouvelles vagues d'infection pourraient encore survenir, il s'agit d'un hybride entre un essai contemporain et un instantané académique d'un moment crucial de l'histoire. Il comprend de la théorie et des exemples pratiques, mais il est principalement explicatif, fournissant de nombreuses conjectures et idées sur ce à quoi le monde post-pandémique pourrait, et peut-être devrait, ressembler.

Ce livre comporte trois chapitres principaux, offrant une vue panoramique du paysage futur. Le premier évalue l'impact de la pandémie sur cinq « macro-catégories » principales : les facteurs économiques, sociétaux, géopolitiques, environnementaux et technologiques. Le deuxième examine les effets au niveau micro, sur des industries et des entreprises spécifiques. Le troisième émet des hypothèses sur la nature des conséquences possibles au niveau individuel.

En ce début de juillet 2020, nous sommes à la croisée des chemins, avancent les auteurs de *COVID-19 : la Grande réinitialisation*. Une seule voie nous mènera vers un monde meilleur : plus inclusif, plus équitable et plus respectueux de Mère Nature. L'autre nous conduira dans un monde semblable à celui que nous venons de laisser derrière nous - mais une moins bonne version, constamment jalonnée de mauvaises surprises. Nous devons donc faire les choses correctement. Les défis qui se profilent à l'horizon pourraient être plus conséquents que ce que nous avons choisi d'imaginer jusqu'à présent, mais notre aptitude à repartir de zéro pourrait également être meilleure que ce que nous avions osé espérer auparavant.

À propos des auteurs

 Le professeur **Klaus Schwab** (né en 1938, à Ravensburg, en Allemagne) est le fondateur et président du Forum Économique Mondial. En 1971, il a publié *Modern Enterprise Management in Mechanical Engineering*. Il y affirme qu'une entreprise doit servir non seulement ses actionnaires mais aussi toutes les parties prenantes pour atteindre une croissance et une prospérité à long terme. Pour promouvoir le concept de partie prenante, il a fondé la même année le Forum Économique Mondial.

Le professeur Schwab est titulaire de doctorats en économie (Université de Fribourg) et en ingénierie (École polytechnique fédérale de Lausanne) et d'une maîtrise en administration publique de la Kennedy School of Government à l'Université de Harvard. En 1972, en plus de son rôle de leader au Forum, il devient professeur à l'Université de Genève. Il a depuis reçu de nombreuses distinctions internationales et nationales, dont 17 doctorats honorifiques. Ses derniers livres sont *La quatrième révolution industrielle* (2016), un best-seller mondial traduit dans 30 langues, et *Façonner l'avenir de la quatrième révolution industrielle* (2018).

Thierry Malleret (né en 1961, à Paris, en France) est le directeur associé de Monthly Barometer, un service d'analyse prédictive succincte dédié aux investisseurs privés, aux PDG, aux décideurs et aux leaders d'opinion du monde entier. Son expérience professionnelle comprend la fondation du Global Risk Network au Forum Économique Mondial et la direction de son équipe de programmes.

Thierry Malleret a fait ses études à la Sorbonne et à l'École des Hautes Études en Sciences Sociales, à Paris, et au St Antony's College, à Oxford. Il est titulaire d'une maîtrise en économie et en histoire, ainsi que d'un doctorat en économie. Sa carrière s'étend de la banque d'investissement aux think tanks, en passant par le monde universitaire et le gouvernement (avec un séjour de trois ans au cabinet du Premier ministre à Paris). Il a écrit plusieurs ouvrages économiques et articles universitaires et a publié quatre romans. Il vit à Chamonix, en France, avec sa femme Mary Anne.

TABLE DES MATIÈRES

INTRODUCTION   11

1. RÉINITIALISATION « MACRO »   23
1.1. Cadre conceptuel - Trois caractéristiques déterminantes
   du monde actuel   23
   1.1.1. Interdépendance   24
   1.1.2. Vitesse   28
   1.1.3. Complexité   34

1.2. Réinitialisation économique   39
   1.2.1. L'économie de la COVID-19   39
      1.2.1.1. Incertitude   43
      1.2.1.2. Le sophisme économique consistant à sacrifier
               quelques vies pour sauver la croissance   47
   1.2.2. Croissance et emploi   51
      1.2.2.1. Croissance économique   52
      1.2.2.2. Emploi   56
      1.2.2.3. À quoi pourrait ressembler la croissance future 63
   1.2.3. Politiques fiscales et monétaires   72
      1.2.3.1. Déflation ou inflation ?   76
      1.2.3.2. Le sort du dollar américain   80

1.3. Réinitialisation sociétale   84
   1.3.1. Inégalités   88
   1.3.2. Agitation sociale   93
   1.3.3. Le retour du « Grand gouvernement »   99
   1.3.4. Le contrat social   107

1.4. Réinitialisation géopolitique   **116**
1.4.1. Mondialisation et nationalisme   118
1.4.2. Gouvernance mondiale   128
1.4.3. La rivalité croissante entre la Chine et les États-Unis   134
1.4.4. États fragiles et défaillants   143

1.5. Réinitialisation environnementale   **150**
1.5.1. Le coronavirus et l'environnement   154
   1.5.1.1. Nature et maladies zoonotiques   154
   1.5.1.2. Pollution de l'air et risque de pandémie   157
   1.5.1.3. Confinement et émissions de carbone   158
1.5.2. Impact de la pandémie sur le changement
climatique et autres politiques environnementales   160

1.6. Réinitialisation technologique   **171**
1.6.1. Accélération de la transformation numérique   172
   1.6.1.1. Le consommateur   173
   1.6.1.2. Le régulateur   175
   1.6.1.3. L'entreprise   176
1.6.2. Traçage des contacts, suivi des contacts et surveillance   180
1.6.3. Le risque de dystopie   188

**2. RÉINITIALISATION « MICRO »
(INDUSTRIE ET ENTREPRISES)**   **195**

2.1. Micro-tendances   **198**
2.1.1. Accélération de la numérisation   198
2.1.2. Des chaînes d'approvisionnement résilientes   203
2.1.3. Gouvernements et entreprises   206
2.1.4. Le capitalisme des parties prenantes et l'ESG   209

2.2. Réinitialisation industrielle   **215**
2.2.1. Interaction sociale et dé-densification   215
2.2.2. Changements de comportement - permanents ou transitoires   222
2.2.3. Résilience   230

3. RÉINITIALISATION INDIVIDUELLE   **239**

3.1. Redéfinir notre humanité   **240**
    3.1.1. Le meilleur de nous-mêmes ?   240
    3.1.2. Les choix moraux   246

3.2. Santé mentale et bien-être   **254**

3.3. Un changement de priorités   **263**
    3.3.1. La créativité   265
    3.3.2. Le temps   268
    3.3.3. La consommation   269
    3.3.4. La nature et le bien-être   272

CONCLUSION   **277**

REMERCIEMENTS   **287**

NOTES DE FIN DE DOCUMENT   **291**

Covid-19 : la Grande réinitialisation

INTRODUCTION

La crise mondiale déclenchée par la pandémie de coronavirus n'a pas d'équivalent dans l'histoire moderne. Elle plonge notre monde dans son intégralité et chacun de nous individuellement dans les moments les plus difficiles que nous ayons connus depuis des générations. Nul ne pourra ici nous accuser d'hyperbole. C'est notre moment décisif - nous allons devoir faire face à ses retombées pendant des années, et beaucoup de choses changeront à jamais. Elle entraînera des perturbations économiques d'une ampleur monumentale, créera une période dangereuse et instable sur de multiples fronts (politique, social, géopolitique), suscitera de profondes préoccupations environnementales et développera également l'étendue (pernicieuse ou non) de la technologie dans nos vies. Aucune industrie ou entreprise ne sera épargnée par l'impact de ces changements. Des millions d'entreprises risquent de disparaître et de nombreuses industries sont confrontées à un avenir incertain ; seules quelques-unes prospéreront. Sur le plan individuel, pour beaucoup, la vie telle qu'ils l'ont toujours connue vacille à une vitesse alarmante. Mais les crises profondes et existentielles favorisent également l'introspection et peuvent abriter un potentiel de transformation. Les points faibles du monde - notamment les fractures sociales, le manque d'équité, l'absence de coopération, l'échec de la gouvernance et du leadership au niveau mondial - sont plus que jamais à découvert, et la population estime que le temps est venu de se réinventer. Un monde nouveau va émerger, et il nous faut à la fois en imaginer et en dessiner les contours.

Au moment où nous écrivons ces lignes (juin 2020), la pandémie continue de s'aggraver à l'échelle mondiale. Beaucoup d'entre nous se demandent quand les choses reviendront à la normale. Pour faire court, la réponse est : jamais. La normalité d'avant la crise est « brisée » et rien ne nous y ramènera, car la pandémie de coronavirus marque un point d'inflexion fondamental dans notre trajectoire mondiale. Certains analystes parlent d'une bifurcation majeure, d'autres évoquent une crise profonde aux proportions « bibliques », mais la substance reste la même : le monde tel que nous le connaissions pendant les premiers mois de 2020 n'est plus, dissous dans le contexte de la pandémie. Nous allons faire face à des changements radicaux d'une telle importance que certains experts parlent d'ères « avant coronavirus » et « après coronavirus ». Nous continuerons à être surpris par la rapidité et la nature inattendue de ces changements - car, en se rajoutant les uns aux autres, ils provoqueront des conséquences de deuxième, troisième, quatrième ordre et plus, des effets en cascade et des répercussions imprévues. Ce faisant, ils formeront une « nouvelle normalité » radicalement différente de celle que nous allons progressivement laisser derrière nous. Beaucoup de nos croyances et de nos hypothèses sur ce à quoi le monde pourrait ou devrait ressembler seront ébranlées au passage.

Cependant, les déclarations générales et radicales (du type « tout va changer ») et les analyses tranchées qui suivent le principe du « tout ou rien », doivent être employées avec beaucoup de précaution. Bien sûr, la réalité sera beaucoup plus nuancée. En soi, la pandémie ne transformera peut-être pas complètement le monde, mais elle accélérera probablement bon nombre des changements déjà en cours avant qu'elle n'éclate, ce qui entraînera à son tour d'autres modifications. Seule certitude, ces changements ne seront pas linéaires et de fortes discontinuités prévaudront. *COVID-19 : la Grande réinitialisation* tente d'identifier et de mettre en lumière les changements à venir, et d'apporter une modeste contribution en décrivant ce à quoi pourrait ressembler leur forme la plus souhaitable et la plus durable.

Commençons par mettre les choses en perspective : les êtres humains existent depuis environ 200 000 ans, les bactéries les plus anciennes depuis des milliards d'années et les virus depuis au moins 300 millions d'années. Par conséquent, les pandémies ont très probablement toujours existé et ont fait partie intégrante de l'histoire de l'humanité depuis que l'on a commencé à se déplacer ; au cours des 2 000 dernières années, elles ont été la règle et non l'exception. En raison de leur nature intrinsèquement perturbatrice, les épidémies se sont avérées, tout au long de l'histoire, être source de changement durable et souvent radical : elles ont déclenché des émeutes, provoqué des affrontements entre les populations et des défaites militaires, mais aussi inspiré des innovations, redessiné les frontières nationales et souvent ouvert la voie à des révolutions. Les épidémies ont forcé les empires à changer de cap - comme l'Empire byzantin lorsqu'il fut frappé par la peste de Justinien en 541-542 - et certains même à disparaître complètement - lorsque les empereurs aztèques et incas ont succombé à des germes européens avec la plupart de leurs sujets. De plus, des mesures autoritaires pour tenter de les contenir ont toujours fait partie de l'arsenal politique. Ainsi, les confinements et fermetures imposés à une grande partie du monde pour gérer la COVID-19 n'ont rien de nouveau. Ils ont couramment été utilisés pendant des siècles. Les premières formes de confinement sont apparues avec les quarantaines instituées dans le but de contenir la peste noire qui, entre 1347 et 1351, a tué environ un tiers des Européens. Du mot *quaranta* (qui signifie « quarante » en italien), l'idée d'enfermer les gens pendant 40 jours est née sans que les autorités ne comprennent vraiment ce qu'elles voulaient contenir, mais ces mesures ont été l'une des premières formes de « santé publique institutionnalisée » ayant contribué à légitimer « l'accumulation du pouvoir » par l'État moderne.[1] La période de 40 jours n'a aucun fondement médical ; elle a été choisie pour des raisons symboliques et religieuses : l'Ancien et le Nouveau Testament font souvent référence au nombre 40 dans le contexte de la purification - en particulier les 40 jours du Carême et les 40 jours de déluge dans la Genèse.

La propagation des maladies infectieuses a cette capacité unique d'alimenter la peur, l'anxiété et l'hystérie de masse. Ce faisant, comme nous l'avons vu, elle met également au défi notre cohésion sociale et notre capacité collective à gérer une crise. Les épidémies sont, par nature, source de divisions et de traumatismes. L'ennemi contre lequel nous luttons est invisible ; notre famille, nos amis et nos voisins peuvent tous devenir des sources d'infection ; ces rituels quotidiens que nous chérissons, comme retrouver un ami dans un lieu public, peuvent devenir un vecteur de transmission ; et les autorités qui tentent de nous protéger en appliquant des mesures de confinement sont souvent perçues comme des représentants de l'oppression. Tout au long de l'histoire, le schéma important et récurrent a été de chercher des boucs émissaires et de rejeter la faute sur l'étranger. Dans l'Europe médiévale, les Juifs ont presque toujours fait partie des victimes des pogroms les plus notoires provoqués par la peste. Un exemple tragique illustre ces propos : en 1349, deux ans après que la peste noire ait commencé à se répandre sur le continent, à Strasbourg, le jour de la Saint-Valentin, il a été demandé aux Juifs, accusés de propager la peste en polluant les puits de la ville, de se convertir. Environ 1 000 d'entre eux ont refusé et ont été brûlés vifs. Cette même année, les communautés juives d'autres villes européennes ont été anéanties, ce qui les a obligées à migrer massivement vers la partie orientale de l'Europe (en Pologne et en Russie), modifiant ainsi de façon permanente la démographie du continent. Ce qui est vrai pour l'antisémitisme européen s'applique également à la montée de l'État absolutiste, au retrait progressif de l'Église et à de nombreux autres événements historiques pouvant être attribués dans une large mesure aux pandémies. Les changements ont été si divers et étendus qu'ils ont conduit à la « fin d'une ère de soumission », mettant un terme à la féodalité et au servage et menant à l'ère des Lumières. Pour faire simple : « La peste noire a peut-être été le début non reconnu de l'homme moderne. »[2] Si des changements sociaux, politiques et économiques aussi profonds ont pu être provoqués par la peste dans le monde médiéval, la pandémie de COVID-19 pourrait-elle marquer le début d'un tournant similaire avec des conséquences durables et dramatiques pour notre monde actuel ? Contrairement à certaines épidémies passées, la COVID-19 ne constitue pas une nouvelle menace existentielle. Elle n'entraînera ni famine massive imprévue, ni défaite militaire majeure, ni changement de régime. Aucune population entière ne sera exterminée ou déplacée en raison de la pandémie. Cela n'en fait pas pour autant une analyse rassurante. En réalité, la pandémie exacerbe considérablement les dangers préexistants auxquels nous n'avons pas réussi à faire face de manière adéquate depuis trop longtemps. Elle accélérera également les tendances inquiétantes qui se sont développées sur une longue période.

Pour commencer à élaborer une réponse valable, nous avons besoin d'un cadre conceptuel (ou d'une simple carte mentale) pour nous aider à réfléchir à ce qui nous attend et à y donner un sens. Les perspectives offertes par l'histoire peuvent être particulièrement utiles. C'est pourquoi nous recherchons si souvent un « ancrage mental » rassurant capable de servir de référence lorsque nous sommes contraints de nous poser des questions difficiles sur ce qui va changer et dans quelle mesure. Pour ce faire, nous recherchons des précédents, avec des questions telles que :

la pandémie est-elle comparable à la grippe espagnole de 1918 (dont on estime qu'elle a tué plus de 50 millions de personnes dans le monde en trois vagues successives) ? Pourrait-elle ressembler à la Grande Dépression qui a commencé en 1929 ? Y a-t-il une quelconque ressemblance avec le choc psychologique infligé par le 11 septembre ? Y a-t-il des similitudes avec ce qui s'est passé avec le SRAS en 2003 et la grippe H1N1 en 2009 (même à une échelle différente) ? Serait-ce comparable à la grande crise financière de 2008, mais en bien pire ? La réponse correcte, bien que fâcheuse, à toutes ces questions est : non ! Aucun de ces évènements ne correspond à la portée et au schéma de la souffrance humaine et de la destruction économique causées par la pandémie actuelle. Les retombées économiques, en particulier, ne ressemblent à aucune crise de l'histoire moderne. Comme l'ont souligné de nombreux chefs d'État et de gouvernement en pleine pandémie, nous sommes en guerre, mais avec un ennemi invisible, et bien sûr de manière métaphorique : « Si ce que nous vivons peut effectivement avoir le nom de guerre, ce n'est certainement pas une guerre typique. Après tout, l'ennemi d'aujourd'hui est commun à toute l'humanité. »[3]

Cela étant dit, la Seconde Guerre mondiale pourrait tout de même être l'un des points d'ancrage mentaux les plus pertinents dans l'effort d'analyse de ce qui va suivre. La Seconde Guerre mondiale a représenté la quintessence de la guerre de transformation, déclenchant non seulement des changements fondamentaux dans l'ordre mondial et l'économie mondiale, mais entraînant également des changements radicaux dans les attitudes et les croyances sociales qui ont finalement ouvert la voie à des politiques et des dispositions de contrat social radicalement nouvelles (comme l'entrée des femmes sur le marché du travail avant qu'elles n'obtiennent le droit de vote). Il existe évidemment des différences fondamentales entre une pandémie et une guerre (que nous examinerons plus en détail dans les pages suivantes), mais l'ampleur de leur pouvoir de transformation est comparable. Toutes deux ont le potentiel d'être une crise de transformation atteignant des proportions qui auraient été inimaginables auparavant. Cependant, nous devons nous méfier des analogies superficielles. Même dans le pire des scénarios, la COVID-19 tuera beaucoup moins de personnes que les grandes pestes, y compris les pestes noires, ou que la Seconde Guerre mondiale. En outre, l'économie d'aujourd'hui ne ressemble en rien à celles des siècles passés qui reposaient sur le travail manuel et les terres agricoles ou l'industrie lourde. Toutefois, dans le monde hautement interconnecté et interdépendant d'aujourd'hui, l'impact de la pandémie ira bien au-delà des statistiques (déjà stupéfiantes) concernant « simplement » les décès, le chômage et les faillites.

COVID-19 : la Grande réinitialisation a été écrit et publié au milieu d'une crise dont les conséquences se feront sentir pendant de nombreuses années. Il n'est pas étonnant que nous nous sentions tous un peu désorientés - un sentiment bien compréhensible lorsqu'un choc extrême s'abat, apportant avec lui l'inquiétante certitude que ses répercussions seront à la fois inattendues et inhabituelles. Cette étrangeté est bien saisie par Albert Camus dans son roman de 1947, *La Peste* : « Mais tous ces changements dans un sens, étaient si extraordinaires et s'étaient accomplis si rapidement, qu'il n'était pas facile de les considérer comme normaux et durables. »[4] Maintenant que l'impensable est à notre porte, que se passera-t-il ensuite, au lendemain de la pandémie, puis dans un avenir proche ?

Il est bien sûr beaucoup trop tôt pour prédire avec une précision raisonnable les implications de la COVID-19 en termes de changements considérables, mais l'objectif de ce livre est d'offrir quelques lignes directrices cohérentes et théoriquement fiables sur la suite éventuelle des événements, et de le faire de la manière la plus complète possible. Notre but est d'aider nos lecteurs à saisir le caractère multidimensionnel des changements à venir. Au minimum, comme nous le dirons, la pandémie accélérera les changements systémiques déjà apparents avant la crise : le retrait partiel de la mondialisation, la séparation croissante entre les États-Unis et la Chine, l'accélération de l'automatisation, les préoccupations relatives à la surveillance accrue, l'attrait croissant des politiques en matière de bien-être, la montée du nationalisme et la crainte de l'immigration qui en découle, la montée de la puissance technologique, la nécessité pour les entreprises d'avoir une présence en ligne encore plus forte, parmi beaucoup d'autres. Mais elle peut aller au-delà d'une simple accélération en modifiant des choses qui semblaient auparavant immuables. Elle pourrait ainsi provoquer des changements qui auraient semblé inconcevables avant que la pandémie ne frappe, tels que de nouvelles formes de politique monétaire comme l'« helicopter money » (déjà acquis), le réexamen/réétalonnage de certaines de nos priorités sociales et une recherche accrue du bien commun comme objectif politique, la notion d'équité acquérant un pouvoir politique, des mesures radicales en matière de bien-être et de fiscalité, et des réalignements géopolitiques drastiques.

L'idée principale est la suivante : les possibilités de changement et le nouvel ordre qui en résulte sont désormais illimités et n'ont d'autre frein que notre imagination, pour le meilleur ou pour le pire. Les sociétés pourraient être sur le point de devenir plus égalitaires ou plus autoritaires, ou orientées vers plus de solidarité ou plus d'individualisme, favorisant les intérêts de quelques-uns ou du plus grand nombre ; les économies, lorsqu'elles se rétabliront, pourraient prendre le chemin d'une plus grande inclusion et d'une meilleure adéquation à nos biens communs mondiaux, ou bien elles pourraient recommencer à fonctionner comme avant. Vous l'avez compris, nous devrions profiter de cette occasion sans précédent pour réimaginer notre monde, afin de le rendre meilleur et plus résilient lorsqu'il réapparaîtra de l'autre côté de cette crise.

Nous sommes conscients que tenter de couvrir la portée et l'ampleur de toutes les questions abordées dans ce livre est une tâche énorme, qui pourrait même ne pas être possible. Le sujet et toutes les incertitudes qui s'y rattachent sont gargantuesques et auraient pu remplir les pages d'une publication cinq fois plus grande que celle-ci. Mais notre objectif était d'écrire un livre relativement concis et simple pour aider le lecteur à comprendre ce qui va se passer dans une multitude de domaines. Pour interrompre au minimum le flux du texte, les informations de référence apparaissent à la fin du livre et les attributions directes ont été simplifiées. Publié en pleine crise et alors que de nouvelles vagues d'infection sont attendues, il évoluera en permanence pour tenir compte de la nature changeante du sujet. Les prochaines éditions seront mises à jour en fonction des nouvelles découvertes, des dernières recherches, des mesures politiques révisées et des réactions des lecteurs.

Ce volume est un hybride entre une version succincte d'un ouvrage académique et un essai. Il comprend de la théorie et des exemples pratiques, mais il est principalement explicatif, fournissant de nombreuses conjectures et idées sur ce à quoi le monde post-pandémique pourrait, et peut-être devrait, ressembler. Il n'offre ni simple généralisation ni recommandation pour un monde qui évolue vers une nouvelle normalité, mais nous pensons qu'il sera utile.

Ce livre est structuré autour de trois chapitres principaux, offrant une vue panoramique du futur paysage. Le premier évalue l'impact de la pandémie sur cinq « macro-catégories » principales : les facteurs économiques, sociétaux, géopolitiques, environnementaux et technologiques. Le deuxième examine les effets au niveau micro, sur des industries et des entreprises spécifiques. Le troisième émet des hypothèses sur la nature des conséquences possibles au niveau individuel.

Covid-19 : la Grande réinitialisation

1. RÉINITIALISATION « MACRO »

La première étape de notre voyage explore cinq « macro-catégories » qui offrent un cadre analytique complet pour comprendre ce qui se passe dans le monde d'aujourd'hui et comment cela pourrait évoluer. Pour faciliter la lecture, nous les parcourons séparément par thème. En réalité, ils sont interdépendants, et c'est par là que nous commençons : notre cerveau nous fait penser en termes linéaires, mais le monde qui nous entoure est non linéaire, c'est-à-dire complexe, capable de s'adapter, rapide et ambigu.

1.1. Cadre conceptuel - Trois caractéristiques déterminantes du monde actuel

La réinitialisation « macro » aura lieu dans le contexte des trois forces séculaires dominantes qui façonnent notre monde actuel : l'interdépendance, la vitesse et la complexité. Ce trio exerce sa force, à un degré plus ou moins grand, sur nous tous, qui que nous soyons, où que nous soyons.

1.1.1. Interdépendance

Si un seul mot devait distiller l'essence du XXIe siècle, ce serait « interdépendance ». Sous-produit de la mondialisation et du progrès technologique, il peut être défini essentiellement comme la dynamique de dépendance réciproque entre les éléments qui composent un système. Le fait que la mondialisation et le progrès technologique aient tant progressé au cours des dernières décennies a incité certains experts à qualifier le monde actuel d'« hyperconnecté » - une variante de l'interdépendance sous stéroïdes ! Que signifie cette interdépendance dans la pratique ? Simplement que le monde est « concaténé » : connecté. Au début des années 2010, Kishore Mahbubani, un universitaire et ancien diplomate de Singapour, a expliqué cette réalité avec une métaphore nautique : « Les 7 milliards de personnes qui vivent sur notre planète ne vivent plus dans une centaine de bateaux distincts [pays] ; elles vivent dans 193 cabines à bord du même bateau. » Selon ses propres termes, c'est l'une des plus grandes transformations jamais réalisées. En 2020, il a approfondi cette métaphore dans le contexte de la pandémie en écrivant : « Si nous sommes aujourd'hui 7,5 milliards de personnes les unes sur les autres sur un bateau de croisière infecté par le virus, est-il logique de nettoyer et de récurer uniquement nos cabines personnelles tout en ignorant les couloirs et les conduites d'aération extérieures, par lesquels le virus voyage ? La réponse est clairement non. Pourtant, c'est ce que nous avons fait. ... Puisque nous sommes maintenant dans le même bateau, l'humanité doit prendre soin du bateau mondial dans son ensemble. »[5]

Un monde interdépendant est un monde d'une profonde connectivité systémique, dans lequel tous les risques s'influencent mutuellement à travers un réseau d'interactions complexes. Dans ces conditions, l'affirmation selon laquelle un risque économique sera confiné à la sphère économique ou qu'un risque environnemental n'aura pas de répercussions sur des risques de nature différente (économique, géopolitique, etc.) n'est plus défendable. Nous avons tous en tête les risques économiques qui se transforment en risques politiques (comme une forte hausse du chômage entraînant des foyers de troubles sociaux), ou les risques technologiques qui se transforment en risques sociétaux (comme la question du traçage de la pandémie sur les téléphones portables source de réaction brutale au sein de la société). Pris un à un, les risques individuels - qu'ils soient de nature économique, géopolitique, sociétale ou environnementale - donnent la fausse impression de pouvoir être contenus ou atténués ; mais en réalité, la connectivité systémique montre qu'il s'agit en fait d'un concept artificiel. Dans un monde interdépendant, les risques s'amplifient les uns les autres et, ce faisant, ont un effet domino. C'est pourquoi isolement ou confinement ne peuvent rimer avec interdépendance et interconnexion.

Le graphique ci-dessous, extrait du *Global Risks Report 2020* du Forum Économique Mondial,[6] le montre clairement. Il illustre la nature interconnectée des risques auxquels nous sommes collectivement confrontés ; chaque risque individuel entre toujours en conflit avec ceux de sa propre macro-catégorie, mais aussi avec ceux des autres (les risques économiques apparaissent en bleu, les risques géopolitiques en orange, les risques sociétaux en rouge, les risques environnementaux en vert et les risques technologiques en violet). De cette manière, chaque risque individuel renferme le potentiel de créer des effets de ricochet en provoquant d'autres risques. Comme l'indique clairement le graphique, un risque de « maladies infectieuses » aura forcément un effet direct sur « l'échec de la gouvernance mondiale », « l'instabilité sociale », « le chômage », « les crises fiscales » et « la migration involontaire » (pour n'en citer que quelques-uns). Chacun d'entre eux influencera à son tour d'autres risques individuels, ce qui signifie que le risque individuel ayant déclenché la chaîne d'effets (dans ce cas particulier, les « maladies infectieuses ») finit par amplifier de nombreux autres risques non seulement dans sa propre macro-catégorie (risques sociétaux), mais aussi dans les quatre autres. Cela montre le phénomène de contagion par connectivité systémique. Dans les sous-chapitres suivants, nous examinons ce que le risque de pandémie pourrait entraîner d'un point de vue économique, sociétal, géopolitique, environnemental et technologique.

Image 1

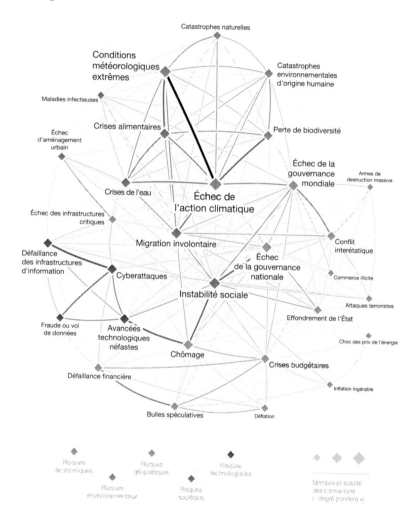

Source : Forum Économique Mondial, *The Global Risks Report 2020*, Image IV : Carte des interconnexions des risques mondiaux en 2020, enquête du Forum Économique Mondial sur la perception des risques mondiaux 2019-2020

L'interdépendance a un effet conceptuel important : elle invalide la « pensée en silo ». Étant donné que ce qui compte en définitive, ce sont la convergence et la connectivité systémique, il est insensé et futile d'aborder un problème ou d'évaluer un problème ou un risque séparément des autres. Cette « pensée en silo » explique en partie pourquoi, dans le passé, tant d'économistes n'ont pas réussi à prévoir la crise du crédit (en 2008) et pourquoi si peu de politologues ont vu venir le Printemps arabe (en 2011). Aujourd'hui, le problème est le même avec la pandémie. Les épidémiologistes, les spécialistes de la santé publique, les économistes, les spécialistes des sciences sociales et tous les autres scientifiques et experts qui s'efforcent d'aider les décideurs à comprendre ce qui les attend ont des difficultés à franchir les frontières de leur propre discipline (et parfois en sont même incapables). C'est pourquoi il est si diablement difficile de faire des compromis complexes, comme par exemple : faut-il contenir la progression de la pandémie ou rouvrir l'économie ? La plupart des experts, et c'est compréhensible, finissent par être cantonnés à des domaines de plus en plus étroits. Par conséquent, ils n'ont pas le recul nécessaire pour relier les nombreux points différents qui fournissent le tableau plus complet dont les décideurs ont désespérément besoin.

1.1.2. Vitesse

Ce qui précède montre clairement que le progrès technologique et la mondialisation sont les principaux « coupables » d'une plus grande interdépendance. En outre, ils ont créé une telle culture de l'instantanéité qu'il n'est pas exagéré de prétendre que, dans le monde d'aujourd'hui, tout va beaucoup plus vite qu'avant. S'il ne fallait retenir qu'une chose pour expliquer cette étonnante augmentation de la vitesse, ce serait sans aucun doute Internet. Plus de la moitié (52 %) de la population mondiale est aujourd'hui connectée, contre moins de 8 % il y a 20 ans ; en 2019, plus de 1,5 milliard de smartphones - symbole et vecteur de vitesse qui nous permet d'être joignables partout et à tout moment - ont été vendus dans le monde. L'Internet des objets (IoT) relie aujourd'hui 22 milliards d'appareils en temps réel, allant des voitures aux lits d'hôpitaux, des réseaux électriques aux pompes des stations d'eau, en passant par les fours de cuisine et les systèmes d'irrigation agricole. Ce nombre devrait atteindre 50 milliards ou plus en 2030. L'augmentation de la vitesse peut également s'expliquer par l'effet de « rareté » : à mesure que les sociétés s'enrichissent, le temps devient plus précieux et est donc perçu comme toujours plus rare. Cela peut expliquer les études montrant que les habitants des villes riches marchent toujours plus vite que ceux des villes pauvres - ils n'ont pas de temps à perdre ! Quelle que soit l'explication causale, la finalité de tout cela est claire : en tant que consommateurs et producteurs, conjoints et parents, dirigeants et partisans, nous sommes tous soumis à des changements rapides constants, bien que discontinus.

La vitesse est présente partout ; qu'il s'agisse d'une crise, d'un mécontentement social, du développement et de l'adoption de technologies, de bouleversements géopolitiques, des marchés financiers et, bien sûr, de la manifestation de maladies infectieuses

- aujourd'hui, tout est passé en mode accéléré. Par conséquent, nous vivons dans une société en temps réel, avec le sentiment tenace que le rythme de la vie ne cesse d'accélérer. Cette nouvelle culture de l'instantanéité, obsédée par la vitesse, se manifeste dans tous les aspects de notre vie, des chaînes d'approvisionnement « juste à temps » aux transactions « à haute fréquence », du speed dating aux fast-foods. Il est si répandu que certains experts appellent ce nouveau phénomène la « dictature de l'urgence ». Elle peut en effet prendre des formes extrêmes. Les recherches effectuées par les scientifiques de Microsoft montrent, par exemple, qu'il suffit d'un ralentissement de 250 millisecondes (un quart de seconde) pour qu'un site web perde des visites au profit de ses concurrents « plus rapides » ! Le résultat global est que la durée de vie d'une politique, d'un produit ou d'une idée, et le cycle de vie d'un décideur ou d'un projet, se réduisent fortement et souvent de manière imprévisible.

Rien n'illustre de façon aussi frappante cette situation que la vitesse fulgurante à laquelle la COVID-19 a progressé en mars 2020. En moins d'un mois, suite au maelström provoqué par la vitesse vertigineuse à laquelle la pandémie a englouti la plus grande partie du monde, il semble qu'une toute nouvelle ère ait commencé à se dessiner. Le début de l'épidémie était supposé avoir eu lieu en Chine quelque temps auparavant, mais la progression mondiale exponentielle de la pandémie a pris de nombreux décideurs et une majorité du public par surprise, car il nous est généralement difficile, d'un point de vue cognitif, de saisir la signification de la croissance exponentielle. Considérons les points suivants en termes de « temps de doublement » : si une pandémie se développe à 30 % par jour (comme la COVID-19 l'a fait vers la mi-mars pour certains des pays les plus touchés), les cas (ou décès) enregistrés doubleront en un peu plus de deux jours. Si ce développement est de 20 %, il faudra entre quatre et cinq jours ; et s'il est de 10 %, il faudra un peu plus d'une semaine. En d'autres termes, au niveau mondial, il a fallu trois mois à la COVID-19 pour atteindre 100 000 cas, 12 jours pour doubler et atteindre 200 000 cas, quatre jours pour atteindre 300 000 cas, puis 400 000 et 500 000 cas ont été atteints en deux jours chacun. Des chiffres à vous donner le tournis - une vitesse extrême en action ! La croissance exponentielle est si déroutante pour nos fonctions cognitives que nous y faisons souvent face en développant une « myopie » exponentielle,[7] nous considérons alors cette croissance comme « très rapide », rien de plus. Dans une célèbre expérience menée en 1975, deux psychologues ont découvert que lorsque nous devons prédire un processus exponentiel, nous l'estimons souvent au dixième de sa vraie valeur.[8] Comprendre cette dynamique de croissance et la puissance des exponentielles permet de déterminer pourquoi la vitesse est un tel enjeu et pourquoi la rapidité d'intervention visant à freiner le taux de croissance est si cruciale. Ernest Hemingway l'avait compris. Dans son roman *Le soleil se lève aussi*, deux personnages ont la conversation suivante : « Comment avez-vous fait faillite ? », demanda Bill. « De deux façons », répondit Mike. « Progressivement... puis subitement. » Il en va de même pour les grands changements systémiques et les perturbations en général : les choses ont tendance à changer progressivement au début, puis d'un seul coup. Attendez-vous à la même chose pour la réinitialisation « macro ».

Non seulement la vitesse prend des formes extrêmes, mais elle peut aussi engendrer des effets pervers. L'impatience en est une, par exemple. Ses effets peuvent être constatés de la même manière dans le comportement des participants aux marchés financiers (de nouvelles recherches suggérant que l'élan du marché, basé sur la vitesse, conduit les prix des actions à s'écarter de manière persistante de leur valeur fondamentale ou prix « correct ») et dans celui des électeurs lors d'une élection. Cette dernière aura une importance cruciale au cours de la période post-pandémique. Les gouvernements, par nécessité, prennent un certain temps pour prendre des décisions et les mettre en œuvre : ils sont obligés de tenir compte de nombreux groupes électoraux différents et d'intérêts contradictoires, d'équilibrer les préoccupations nationales avec les considérations extérieures et d'obtenir une approbation législative, avant de mettre en marche la machine bureaucratique pour appliquer toutes ces décisions. En revanche, les électeurs attendent des résultats et des améliorations politiques presque immédiats, qui, lorsqu'ils n'arrivent pas assez vite, entraînent une déception quasi instantanée. Ce manque de synchronisme entre deux groupes différents (les décideurs politiques et le public) dont l'horizon temporel diffère si nettement constituera un grave problème, très difficile à gérer dans le contexte de la pandémie. La vitesse du choc et (la profondeur) de la douleur infligée ne seront pas et ne pourront pas être égalées du côté politique.

La vitesse a également conduit de nombreux observateurs à établir une fausse équivalence en comparant la grippe saisonnière et la COVID-19. Cette comparaison, faite à maintes reprises au cours des premiers mois de la pandémie, était trompeuse et conceptuellement fausse. Prenons l'exemple des États-Unis pour insister sur ce point et mieux saisir le rôle qu'a joué la vitesse ici. D'après les Centres pour le contrôle et la prévention des maladies (CDC), entre 39 et 56 millions d'Américains ont contracté la grippe pendant la saison hivernale 2019-2020, avec entre 24 000 et 62 000 décès.[9] En revanche, et selon l'université Johns Hopkins, le 24 juin 2020, plus de 2,3 millions de personnes avaient été diagnostiquées avec la COVID-19 et près de 121 000 personnes en sont mortes.[10] Mais la comparaison s'arrête là ; elle est dénuée de sens pour deux raisons : 1) les chiffres de la grippe correspondent à une estimation du fardeau total de la grippe alors que les chiffres de la COVID-19 sont des cas confirmés ; et 2) la grippe saisonnière se propage en vagues « douces » sur une période allant jusqu'à six mois selon un schéma régulier alors que le virus de la COVID-19 se répand comme un tsunami selon un schéma ciblé sur une zone (dans une poignée de villes et de régions où il se concentre) et, ce faisant, peut submerger et encombrer les capacités de soins de santé, monopolisant les hôpitaux au détriment des patients non atteints de la COVID-19. La seconde raison - la vitesse à laquelle la pandémie de COVID-19 se développe et la soudaineté avec laquelle les clusters apparaissent - fait toute la différence et rend hors de propos la comparaison avec la grippe.

La vitesse est à l'origine de la première comme de la deuxième raison : dans une grande majorité de pays, la rapidité avec laquelle l'épidémie a progressé a rendu impossible la mise en place de capacités de dépistage suffisantes, et elle a ensuite submergé de nombreux systèmes de santé nationaux équipés pour faire face à une grippe saisonnière prévisible, récurrente et plutôt lente, mais pas à une pandémie « super rapide ».

Une autre conséquence importante à grande portée de la vitesse est que les décideurs disposent de plus d'informations et d'analyses que jamais auparavant mais de moins de temps pour décider. Pour les responsables politiques et les chefs d'entreprise, la nécessité d'acquérir une perspective stratégique se heurte de plus en plus fréquemment aux pressions quotidiennes des décisions immédiates, particulièrement évidentes dans le contexte de la pandémie, et renforcées par la complexité, comme nous le verrons dans la section suivante.

1.1.3. Complexité

Dans sa forme la plus simple, la complexité peut être définie par ce que nous ne comprenons pas ou avons du mal à comprendre. Quant à un système complexe, le psychologue Herbert Simon l'a défini comme « un système composé d'un grand nombre de parties qui interagissent de manière non simple. »[11] Les systèmes complexes sont souvent caractérisés par l'absence de liens de causalité visibles entre leurs éléments, ce qui les rend pratiquement impossibles à prévoir. Au fond de nous, nous avons le sentiment que plus un système est complexe, plus la probabilité est grande que quelque chose tourne mal et qu'un accident ou une aberration se produise et se propage.

La complexité peut être mesurée approximativement par trois facteurs : « 1) la quantité de contenu informationnel ou le nombre de composants dans un système ; 2) l'interconnexion - définie comme la dynamique de la réactivité réciproque - entre ces informations ou composants ; et 3) l'effet de non-linéarité (les éléments non linéaires sont souvent appelés « points de bascule »). La non-linéarité est une caractéristique clé de la complexité car elle signifie que le changement d'un seul élément au sein d'un système peut avoir un effet surprenant et disproportionné ailleurs. »[12] C'est pour cette raison que les modèles de pandémie donnent souvent des résultats très variés : une différence de postulat concernant un seul élément du modèle peut affecter considérablement le résultat final. Dès lors que l'on entend parler de « cygnes noirs », d'« inconnues connues » ou d'« effet papillon », la non-linéarité est à l'œuvre ; il n'est donc pas surprenant que l'on associe souvent la complexité du monde aux « surprises », aux « perturbations » et à l'« incertitude ». Par exemple, en 2008, combien de « spécialistes » avaient prévu que les titres adossés à des créances hypothécaires aux États-Unis paralyseraient les banques du monde entier et, à terme, amèneraient le système financier mondial au bord de l'effondrement ? Et au cours des premières semaines de 2020, combien de décideurs avaient prévu l'ampleur des dégâts qu'une éventuelle pandémie pourrait causer à certains des systèmes de santé les plus sophistiqués du monde et les dommages considérables que cela infligerait à l'économie mondiale ?

Une pandémie est un système adaptatif complexe fait de nombreuses composantes ou informations différentes (aussi diverses que la biologie ou la psychologie), dont le comportement est influencé par des variables telles que le rôle des entreprises, les politiques économiques, l'intervention du gouvernement, les politiques de santé ou la gouvernance nationale. Pour cette raison, elle peut et doit être considérée comme un « réseau vivant » qui s'adapte aux conditions changeantes - pas quelque chose de gravé dans le marbre, mais un système d'interactions à la fois complexe et capable de s'adapter. Il est complexe parce qu'il représente un enchevêtrement d'interdépendance et d'interconnexions dont il est issu, et adaptatif dans le sens où son « comportement » est déterminé par les interactions entre les nœuds (les organisations, les personnes - nous !) qui peuvent devenir confus et « indisciplinés » en période de stress (Nous adapterons-nous aux normes du confinement ? Une majorité d'entre nous respectera-t-elle - ou non - les règles ? etc.) La gestion (le confinement, dans ce cas particulier) d'un système adaptatif complexe exige une collaboration continue en temps réel mais en constante évolution entre un vaste éventail de disciplines, et entre différents domaines au sein de ces disciplines. Pour donner un exemple général et trop simplifié, l'endiguement de la pandémie de coronavirus nécessitera un réseau de surveillance mondial capable d'identifier les nouveaux foyers dès leur apparition, des laboratoires en de multiples endroits du monde pouvant rapidement analyser les nouvelles souches virales et mettre au point des traitements efficaces, de grandes infrastructures informatiques pour que les communautés puissent se préparer et réagir efficacement, des mécanismes politiques appropriés et coordonnés pour mettre en œuvre efficacement les décisions une fois prises, etc. Le point important est le suivant : chaque activité distincte est nécessaire en soi pour faire face à la pandémie, mais elle est insuffisante si elle n'est pas envisagée parallèlement aux autres. Il en résulte que ce système adaptatif complexe est plus grand que la somme de ses parties. Son efficacité dépend de son fonctionnement global, et il est aussi fort que son maillon le plus faible.

De nombreux experts ont assimilé à tort la pandémie de COVID-19 à un événement de type « cygne noir » simplement parce qu'elle présente toutes les caractéristiques d'un système adaptatif complexe. Mais en réalité, il s'agit d'un événement de type « cygne blanc », quelque chose d'explicitement présenté comme tel par Nassim Taleb dans *Le cygne noir* publié en 2007 : quelque chose qui se produirait finalement avec beaucoup de certitude[13] En effet ! Depuis des années, des organisations internationales comme l'Organisation mondiale de la santé (OMS), des institutions comme le Forum Économique Mondial et la Coalition pour les innovations en matière de préparation aux épidémies (CEPI - lancée lors de la réunion annuelle de 2017 à Davos), et des personnes comme Bill Gates nous avertissent du risque de pandémie à venir, en précisant même qu'elle : 1) émergerait dans un endroit très peuplé où le développement économique force les gens et la faune à cohabiter ; 2) se répandrait rapidement et silencieusement en exploitant les réseaux de voyages et de commerce humains ; et 3) atteindrait plusieurs pays en déjouant les mesures d'endiguement. Comme nous le verrons dans les chapitres suivants, il est essentiel de bien caractériser la pandémie et d'en comprendre les caractéristiques, car c'est sur elles que se sont basés les différents types de préparation. De nombreux pays asiatiques ont réagi rapidement car ils étaient préparés sur le plan logistique et organisationnel (en raison du SRAS) et ont ainsi pu atténuer l'impact de la pandémie. En revanche, de nombreux pays occidentaux n'étaient pas préparés et ont été ravagés par la pandémie - ce n'est pas une coïncidence si ce sont eux qui ont le plus fait circuler la fausse idée d'un événement de type « cygne noir ». Toutefois, nous pouvons affirmer avec certitude que la pandémie (un événement de type « cygne blanc » à forte probabilité et aux conséquences importantes) provoquera de nombreux événements de type « cygne noir » par des effets de deuxième, troisième, quatrième ordre et plus. Il est difficile, voire impossible, de prévoir ce qui pourrait se passer en bout de chaîne lorsque des effets d'ordre multiple et les cascades de conséquences en découlant se produisent après des pics de chômage, que des entreprises font faillite et que certains pays sont au bord de l'effondrement. Aucun de ces événements n'est imprévisible en soi, mais c'est leur propension à créer des tempêtes parfaites lorsqu'ils s'ajoutent à d'autres risques qui nous surprendra. En résumé, la pandémie n'est pas un événement de type « cygne noir », mais certaines de ses conséquences le seront.

Le point fondamental ici est le suivant : la complexité crée des limites à notre connaissance et à notre compréhension des choses ; il se pourrait donc que la complexité croissante d'aujourd'hui dépasse littéralement les capacités des hommes politiques en particulier - et des décideurs en général - à prendre des décisions en connaissance de cause. Un physicien théoricien devenu chef d'État (le président de la République d'Arménie, Armen Sarkissian) a soulevé ce point lorsqu'il a inventé l'expression « politique quantique », décrivant comment le monde classique de la physique post-Newtonienne - linéaire, prévisible et même déterministe dans une certaine mesure - avait cédé la place au monde quantique : fortement interconnecté et incertain, incroyablement complexe et également changeant selon la position de l'observateur. Cette expression rappelle la physique quantique, qui explique comment tout fonctionne et est « la meilleure description que nous ayons de la nature des particules qui composent la matière et des forces avec lesquelles elles interagissent. »[14] La pandémie de COVID-19 a mis à nu ce monde quantique.

1.2. Réinitialisation économique

1.2.1. L'économie de la COVID-19

Notre économie contemporaine diffère radicalement de celle des siècles précédents. Elle est infiniment plus interconnectée, élaborée et complexe. Elle se caractérise par une croissance exponentielle de la population mondiale, par des avions qui relient en quelques heures n'importe quels points (permettant à plus d'un milliard d'entre nous de franchir une frontière chaque année), par des humains qui empiètent sur la nature et les habitats de la faune et de la flore, par des mégapoles omniprésentes et tentaculaires qui abritent des millions de personnes vivant les unes sur les autres (souvent sans installations sanitaires ni soins médicaux adéquats). Comparée au paysage d'il y a quelques décennies, sans même parler de siècles, l'économie d'aujourd'hui est tout simplement méconnaissable. Néanmoins, certaines des leçons économiques à tirer des pandémies historiques peuvent aujourd'hui encore nous aider à comprendre ce qui nous attend. La catastrophe économique mondiale à laquelle nous sommes confrontés aujourd'hui est la plus grave enregistrée depuis 1945 ; en termes de vitesse pure, elle est sans précédent dans l'histoire. Bien qu'elle ne soit pas à la hauteur des calamités et du désespoir économique absolu que les sociétés ont connus dans le passé, elle présente des caractéristiques significatives d'une similarité troublante. En 1665, lorsqu'en l'espace de 18 mois, la dernière peste bubonique a éradiqué un quart de la population de Londres, Daniel Defoe a écrit dans *Journal de l'année de la peste*[15] (publié en 1722) : « Tous les métiers étant arrêtés, l'emploi a cessé. Le travail des pauvres, et par là même le pain, furent coupés ; et au début, en effet, les cris des pauvres furent des plus lamentables à entendre. Des milliers d'entre eux restèrent à Londres jusqu'à ce que le désespoir les chasse et que la mort les prenne sur la route, et ils ne servirent à rien d'autre qu'à porter le message de la mort. » Le livre de Defoe est rempli d'histoires comparables à la situation actuelle, nous racontant comment les riches s'enfuyaient vers la campagne, « emportant la mort avec eux », et observant comment les pauvres étaient beaucoup plus exposés à l'épidémie, ou décrivant comment les « charlatans et les escrocs » vendaient de faux remèdes.[16]

Ce que nous montre encore et toujours l'histoire des épidémies précédentes, c'est la façon dont les pandémies exploitent les routes commerciales et le conflit qui existe entre les intérêts de la santé publique et ceux de l'économie (ce qui constitue une « aberration » économique comme nous le verrons quelques pages plus loin). Comme le décrit l'historien Simon Schama :

> Au milieu de la calamité, l'économie a toujours été en conflit avec les intérêts de la santé publique. Même si, jusqu'à ce que l'on comprenne que les maladies étaient transmises par les germes, la peste était principalement attribuée à l'air vicié et aux vapeurs nocives provenant des marais stagnants ou pollués, on avait néanmoins le sentiment que les artères commerciales qui avaient généré la prospérité s'étaient maintenant transformées en vecteurs de poison. Mais lorsque des quarantaines ont été proposées ou imposées (...), ceux qui en ont le plus souffert, les commerçants et, dans certains endroits, les artisans et les travailleurs, ont opposé une forte résistance à l'arrêt des marchés, des foires et du commerce. L'économie doit-elle mourir pour pouvoir revenir à la vie en bonne santé ? Oui, ont répondu les gardiens de la santé publique, qui sont entrés dans la vie urbaine en Europe à partir du 15ème siècle.[17]

L'histoire montre que les épidémies ont été à l'origine des grandes réinitialisations de l'économie et du tissu social des pays. Pourquoi en serait-il autrement avec la COVID-19 ? Un document précurseur sur les conséquences économiques à long terme des grandes pandémies à travers l'histoire montre que des répercussions macroéconomiques importantes peuvent persister pendant 40 ans, avec pour effet de faire baisser considérablement les taux de rendement réels.[18] Les guerres ont quant à elles l'effet inverse : elles détruisent les capitaux, contrairement aux pandémies - les guerres déclenchent des taux d'intérêt réels plus élevés, ce qui implique une plus grande activité économique, tandis que les pandémies déclenchent des taux réels plus faibles, à l'origine d'une activité économique ralentie. De plus, les consommateurs ont tendance à réagir au choc en augmentant leur épargne, soit par souci de précaution, soit simplement pour remplacer la richesse perdue pendant l'épidémie. Du côté du travail, des gains seront générés au détriment du capital car les salaires réels ont tendance à augmenter après les pandémies. Dès la peste noire qui a ravagé l'Europe de 1347 à 1351 (et supprimé 40 % de la population européenne en quelques années), les travailleurs ont découvert pour la première fois de leur vie qu'ils avaient le pouvoir de changer les choses. À peine un an après la fin de l'épidémie, les travailleurs du textile de Saint-Omer (une petite ville du nord de la France) ont demandé et obtenu des augmentations de salaire successives. Deux ans plus tard, de nombreuses guildes de travailleurs ont négocié des horaires plus courts et des salaires plus élevés, parfois jusqu'à un tiers de plus que ce qu'ils gagnaient avant la peste. Des exemples similaires mais moins extrêmes d'autres pandémies conduisent à la même conclusion : le travail gagne en puissance au détriment du capital. Aujourd'hui, ce phénomène peut être exacerbé par le vieillissement d'une grande partie de la population mondiale (l'Afrique et l'Inde sont des exceptions notables), mais un tel scénario risque désormais d'être radicalement modifié par l'essor de l'automatisation, question sur laquelle nous reviendrons dans la section 1.6. Contrairement aux précédentes pandémies, il est peu certain que la crise de COVID-19 fera pencher la balance en faveur du travail et au détriment du capital. Pour des raisons politiques et sociales, cela pourrait être le cas, mais la technologie change la donne.

1.2.1.1. Incertitude

Le degré élevé d'incertitude qui entoure actuellement la COVID-19 rend incroyablement difficile l'évaluation précise du risque qu'elle représente. Comme pour tous les nouveaux risques source de peur, cela crée une grande anxiété sociale, qui se répercute sur le comportement économique. Un consensus écrasant s'est dégagé au sein de la communauté scientifique mondiale sur le fait que Jin Qi (l'un des plus grands scientifiques chinois) avait raison lorsqu'il a déclaré en avril 2020 : « Il est très probable qu'il s'agisse d'une épidémie qui coexistera avec l'homme pendant longtemps, deviendra saisonnière et se maintiendra dans le corps humain. »[19]

Depuis le début de la pandémie, nous avons été bombardés quotidiennement par un flux incessant de données mais, en juin

2020, soit environ six mois après le début de l'épidémie, nos connaissances sont encore très incomplètes et, par conséquent, nous ne savons pas encore vraiment à quel point la COVID-19 est dangereuse. Malgré le déluge d'articles scientifiques publiés sur le coronavirus, son taux de mortalité par infection (c'est-à-dire le nombre de cas de COVID-19, mesurés ou non, qui entraînent la mort) reste sujet à débat (environ 0,4 à 0,5 % et peut-être jusqu'à 1 %). Le rapport entre les cas non détectés et les cas confirmés, le taux de transmission des individus asymptomatiques, l'effet de saisonnalité, la durée de la période d'incubation, les taux d'infection nationaux... des progrès sont réalisés quant à la compréhension de chacun de ces éléments, mais ceux-ci et de nombreux autres restent dans une large mesure des « inconnues connues ». Pour les décideurs politiques et les autorités publiques, ce niveau d'incertitude dominant rend très difficile l'élaboration de la bonne stratégie de santé publique et de la stratégie économique concomitante.

Cela ne devrait pas être une surprise. Anne Rimoin, professeur d'épidémiologie à UCLA, avoue : « C'est un nouveau virus, nouveau pour l'humanité, et personne ne sait ce qui va se passer. »[20] De telles circonstances exigent une bonne dose d'humilité car, selon les termes de Peter Piot (l'un des plus grands virologues du monde) : « Plus nous en apprenons sur le coronavirus, plus les questions se multiplient. »[21] La COVID-19 est un maître du déguisement, qui se manifeste par des symptômes protéiques déconcertant la communauté médicale. Il s'agit avant tout d'une maladie respiratoire mais, pour un nombre restreint mais non négligeable de patients, les symptômes vont de l'inflammation cardiaque et des problèmes digestifs à l'infection rénale, en passant par les caillots sanguins et la méningite. En outre, de nombreuses personnes qui se rétablissent se retrouvent avec des problèmes chroniques de rein et de cœur, ainsi qu'avec des effets neurologiques durables.

Face à l'incertitude, il est judicieux de recourir à des scénarios pour avoir une meilleure idée de ce qui nous attend. Avec la pandémie, il est clair qu'un large éventail de résultats potentiels est possible, sous réserve d'événements imprévus et d'occurrences aléatoires, mais trois scénarios plausibles se dégagent. Chacun d'entre eux peut aider à définir les contours de ce à quoi pourraient ressembler les deux prochaines années.

Ces trois scénarios plausibles[22] sont tous basés sur l'hypothèse fondamentale selon laquelle la pandémie pourrait nous affecter jusqu'en 2022 ; ils peuvent donc nous aider à réfléchir à ce qui nous attend. Dans le premier scénario, la vague initiale qui a commencé en mars 2020 est suivie d'une série de vagues plus petites qui se produisent jusqu'à la mi-2020, puis sur une période d'un à deux ans, diminuant progressivement en 2021, comme des « montagnes et des vallées ». L'occurrence et l'amplitude de ces montagnes et vallées varient géographiquement et dépendent des mesures d'atténuation spécifiques mises en œuvre. Dans le deuxième scénario, la première vague est suivie d'une vague plus importante qui a lieu au troisième ou au quatrième trimestre de 2020, et d'une ou plusieurs vagues ultérieures plus petites en

2021 (comme lors de la pandémie de grippe espagnole de 1918-1919). Ce scénario nécessite d'instaurer à nouveau des mesures d'atténuation vers le quatrième trimestre 2020 pour contenir la propagation de l'infection et éviter que les systèmes de santé ne soient débordés. Dans le troisième scénario, qui n'a pas été observé lors des pandémies de grippe passées mais qui est possible dans le cas de la COVID-19, une « combustion lente » de la transmission en cours et de l'apparition des cas suit la première vague de 2020, mais sans un schéma de vague précis, juste avec des hauts et des bas moins marqués. Comme pour les autres scénarios, ce schéma varie géographiquement et, dans une certaine limite, est déterminé par la nature des mesures d'atténuation antérieures mises en place dans chaque pays ou région. Des cas d'infection et de décès se produisent encore, mais ne nécessitent pas le rétablissement de mesures d'atténuation.

Un grand nombre de scientifiques semblent être d'accord avec le cadre offert par ces trois scénarios. Quel que soit celui que la pandémie suivra, ils signifient tous, comme l'indiquent explicitement les auteurs, que les décideurs politiques doivent être prêts à faire face à « au moins 18 à 24 mois supplémentaires de présence importante de la COVID-19, avec des points chauds apparaissant périodiquement dans diverses zones géographiques. » Comme nous le dirons plus loin, une reprise économique à part entière ne peut avoir lieu tant que le virus n'est ni vaincu ni derrière nous.

1.2.1.2. Le sophisme économique consistant à sacrifier quelques vies pour sauver la croissance

Tout au long de la pandémie, nous avons assisté à un débat permanent : « sauver des vies ou sauver l'économie » - des vies contre des moyens de subsistance. Il s'agit d'un faux compromis. D'un point de vue économique, le mythe selon lequel il faut choisir entre la santé publique et un coup porté à la croissance du PIB peut facilement être démenti. Si l'on laisse de côté la question éthique (non négligeable) de savoir si sacrifier quelques vies pour sauver l'économie est (ou non) une proposition sociale darwinienne, décider de ne pas sauver de vies n'améliorera pas le bien-être économique. Il y a deux raisons à cela :

1. Du côté de l'offre, si le relâchement prématuré des diverses restrictions et des règles de distanciation sociale entraîne une accélération de l'infection (ce qui sera le cas selon la grande majorité des scientifiques), davantage d'employés et de travailleurs seraient infectés et davantage d'entreprises cesseraient tout simplement de fonctionner. Après le début de la pandémie en 2020, la validité de cet argument a été prouvée à plusieurs reprises. Il s'agit aussi bien d'usines qui ont dû cesser leurs activités en raison d'un trop grand nombre de travailleurs tombés malades (c'est principalement le cas des environnements de travail imposant une proximité physique entre les travailleurs, comme dans les installations de transformation de la viande) que de navires militaires bloqués car trop de membres de l'équipage ont été infectés, ce

qui empêche le bâtiment de fonctionner normalement. Autre facteur affectant négativement l'offre de main-d'œuvre, dans le monde entier, il y a eu des cas répétés de travailleurs refusant de retourner au travail par crainte d'être infectés. De nombreuses grandes entreprises ont vu leurs employés qui se sentaient vulnérables à la maladie générer une vague d'activisme, y compris des arrêts de travail.

2. Du côté de la demande, l'argument se résume au déterminant le plus basique, et pourtant fondamental, de l'activité économique : les opinions. Les opinions des consommateurs étant le véritable moteur des économies, le retour à la « normale » ne se fera que lorsque la confiance aura été retrouvée, et non avant. La perception de la sécurité par les individus détermine les décisions des consommateurs et des entreprises, ce qui signifie que l'amélioration économique durable dépend de deux choses : la confiance dans le fait que la pandémie est derrière nous - sans laquelle les gens ne consommeront pas et n'investiront pas - et la preuve que le virus est vaincu au niveau mondial - sans laquelle les gens ne pourront pas se sentir en sécurité, d'abord localement et plus loin par la suite.

La conclusion logique de ces deux points est la suivante : les gouvernements doivent faire tout ce qu'il faut et dépenser ce qu'il en coûte dans l'intérêt de notre santé et de notre richesse collective pour que l'économie se rétablisse de façon durable. Comme l'affirment un économiste et un spécialiste de la santé publique : « Sauver des vies sera la seule façon de sauver les moyens de subsistance »,[23] précisant que seules les mesures politiques qui placent la santé des personnes au cœur de leurs préoccupations permettront une reprise économique, et ajoutant : « Si les gouvernements ne parviennent pas à sauver des vies, les gens qui ont peur du virus ne reprendront pas leurs achats, leurs voyages ou leurs sorties au restaurant. Cela entravera la reprise économique, avec ou sans confinement. »

Seules des données futures et des analyses ultérieures fourniront la preuve irréfutable qu'il n'existe pas de compromis entre santé et économie. Cela dit, certaines données recueillies aux États-Unis au cours des premières phases de réouverture dans certains États ont montré une baisse des dépenses et du travail avant même le confinement.[24] Dès que les gens ont commencé à s'inquiéter de la pandémie, ils ont en effet commencé à « fermer » l'économie, avant même que le gouvernement ne leur ait officiellement demandé de le faire. Un phénomène similaire s'est produit après que certains États américains ont décidé de rouvrir (partiellement) : la consommation est restée modérée. Cela prouve que la vie économique ne peut être déclenchée par décret, mais cela illustre également la situation difficile que la plupart des décideurs ont connue lorsqu'ils ont dû décider de rouvrir ou non. Les dommages économiques et sociétaux d'un confinement sont évidents pour tout le monde, tandis que le succès en termes d'endiguement de l'épidémie et de prévention des décès - condition préalable à une ouverture réussie - est plus ou moins invisible. Il n'y a pas de célébration publique lorsqu'un cas de coronavirus ou un décès ne survient pas, ce qui conduit au paradoxe de la politique de santé publique selon lequel « quand les choses sont bien faites, rien ne se passe". C'est pourquoi retarder le confinement ou rouvrir trop tôt a toujours été une tentation politique très forte. Toutefois, plusieurs études ont depuis lors montré qu'une telle tentation comportait des risques considérables. Deux d'entre elles, en particulier, sont parvenues à des conclusions similaires avec des méthodologies différentes, et ont imaginé ce qui aurait pu se passer sans confinement. Selon une étude menée par l'Imperial College de Londres, les mesures de confinement rigoureuses imposées à grande échelle en mars 2020 ont permis d'éviter 3,1 millions de décès dans 11 pays européens (dont le Royaume-Uni, l'Espagne, l'Italie, la France et l'Allemagne).[25] L'autre, menée par l'université de Californie à Berkeley, a conclu que 530 millions d'infections totales, correspondant à 62 millions de cas confirmés, ont été évitées dans six pays (Chine, Corée du Sud, Italie, Iran, France et États-Unis) grâce aux mesures de confinement mises en place par chacun.[26] La conclusion est simple : dans les pays touchés par des cas enregistrés de COVID-19 qui, au plus fort de la crise, ont doublé à peu près tous les deux jours, les gouvernements n'ont pas eu d'autre choix raisonnable que d'imposer un confinement rigoureux. Prétendre le contraire revient à ignorer la puissance de la croissance exponentielle et les dommages considérables qu'elle peut infliger à travers une pandémie. Face à l'extrême rapidité à laquelle a progressé la COVID-19, le timing et la force des interventions étaient essentiels.

1.2.2. Croissance et emploi

Avant mars 2020, jamais l'économie mondiale n'avait connu un arrêt aussi brutal et soudain ; nulle âme qui vive n'avait auparavant connu un effondrement économique aussi dramatique et drastique, tant par sa nature que par son rythme.

Le choc que la pandémie a infligé à l'économie mondiale a été plus grave et s'est produit beaucoup plus rapidement que tout autre événement dans l'histoire économique. Même pendant la Grande Dépression au début des années 1930 et la crise financière mondiale de 2008, il a fallu plusieurs années pour que le PIB diminue de 10 % ou plus et que le chômage dépasse 10 %. Avec la pandémie, des résultats macroéconomiques catastrophiques - en particulier l'explosion des niveaux de chômage et la chute de la croissance du PIB - se sont produits en mars 2020 en l'espace de trois semaines à peine. La COVID-19 a provoqué une crise de l'offre et de la demande qui a conduit à la plus forte chute de l'économie mondiale enregistrée en plus de 100 ans. Comme l'a prévenu l'économiste Kenneth Rogoff en parlant de la pandémie : « Tout dépend du temps que cela prendra, mais si elle dure longtemps, ce sera certainement la mère de toutes les crises financières. »[27]

La durée et l'intensité de la récession, ainsi que son impact sur la croissance et l'emploi, dépendent de trois facteurs : 1) la durée et la gravité de l'épidémie ; 2) l'aptitude de chaque pays à contenir la pandémie et à en atténuer les effets ; et 3) la cohésion de chaque société face aux mesures post-confinement et aux différentes stratégies d'ouverture. Au moment de la rédaction de ces pages (fin juin 2020), ces trois aspects restent inconnus. De nouvelles vagues d'épidémies (grandes et petites) se produisent, l'aptitude des pays à contenir l'épidémie peut durer ou être soudainement inversée par de nouvelles vagues, et la cohésion des sociétés peut être mise à mal par une nouvelle détresse économique et sociale.

1.2.2.1. Croissance économique

À différents moments entre février et mai 2020, dans l'espoir de contenir la pandémie, les gouvernements du monde entier ont pris la décision délibérée de fermer une grande partie de leurs économies respectives. Ce cours des événements sans précédent a entraîné un changement fondamental dans le fonctionnement de l'économie mondiale, marqué par un retour brutal et non sollicité à une forme d'autarcie relative, chaque nation essayant d'évoluer vers certaines formes d'autosuffisance, et une réduction de la production nationale et mondiale. L'impact de ces décisions semble d'autant plus dramatique qu'elles concernent avant tout les industries de services, un secteur traditionnellement plus immunisé que d'autres industries (comme la construction ou l'industrie manufacturière) contre les variations cycliques de la croissance économique. Par conséquent, c'est le secteur des services, représentant de loin la plus grande composante de l'activité économique dans toute économie développée (environ 70 % du PIB et plus de 80 % de l'emploi aux États-Unis), qui a été le plus durement touché par la pandémie. Il a également souffert d'une autre caractéristique distinctive : contrairement à l'industrie manufacturière ou à l'agriculture, les revenus non générés par les services sont définitivement perdus. Ils ne peuvent pas être reportés car les entreprises de services ne détiennent pas de stocks et ne gardent pas de matières premières.

Plusieurs mois après le début de la pandémie, il semble que même un semblant de retour au statu quo pour la plupart des entreprises de services soit inconcevable tant que la COVID-19 reste une menace pour notre santé. Cela suggère à son tour qu'un retour complet à la « normale » ne peut être envisagé avant qu'un vaccin soit disponible. Quand cela pourrait-il être le cas ? Selon la plupart des experts, il faudrait attendre le premier trimestre 2021 au plus tôt. À la mi-juin 2020, plus de 135 essais étaient déjà en cours, progressant à un rythme remarquable si l'on considère que dans le passé, il fallait jusqu'à dix ans pour mettre au point un vaccin (cinq dans le cas du virus Ebola). Cela ne relève donc pas de la science, mais de la production. Le véritable défi est la fabrication de milliards de doses, qui nécessitera une expansion et un détournement massifs des capacités existantes. Le prochain obstacle est le défi politique consistant à vacciner suffisamment de personnes dans le monde (collectivement, nous sommes aussi forts que le maillon le plus faible) avec un taux de conformité suffisamment élevé malgré la montée des anti-vaccins. Dans les mois à venir, l'économie ne fonctionnera pas à pleine capacité : un phénomène dépendant du pays dans lequel il se déroule, appelé « économie à 80 % ». Les entreprises de secteurs aussi variés que le voyage, l'hôtellerie, le commerce de détail ou les sports

et événements seront confrontées au triple coup dur suivant :
1) moins de clients (qui réagiront à l'incertitude en devenant
plus prudents) ; 2) ceux qui consomment dépenseront moins en
moyenne (à cause de l'épargne de précaution) ; et 3) les coûts de
transaction seront plus élevés (servir un client coûtera plus cher
en raison de la distanciation sociale et des mesures sanitaires).

Compte tenu de l'importance cruciale des services pour la croissance du PIB (plus le pays est riche, plus les services sont importants pour la croissance), cette nouvelle réalité qu'impose une
économie à 80 % soulève la question de savoir si les éventuelles
fermetures successives d'entreprises dans le secteur des services
auront des effets durables sur l'économie au sens large par le biais
de faillites et de pertes d'emplois. Et cela soulève à son tour la
question de savoir si ces éventuels effets durables pourraient être
suivis d'un effondrement de la demande, les gens perdant leurs
revenus et leur confiance en l'avenir. Un tel scénario entraînera
presque inévitablement un effondrement des investissements des
entreprises et une montée de l'épargne de précaution des consommateurs, avec des retombées sur l'ensemble de l'économie
mondiale par la fuite des capitaux, le mouvement rapide et incertain de grandes quantités d'argent hors d'un pays, ce qui tend
à exacerber les crises économiques.

Selon l'OCDE, l'impact annuel immédiat d'une économie
« mise sur pause » pourrait être une réduction du PIB dans les
pays du G7 de 20 à 30 %.[28] Mais là encore, cette estimation
dépend de la durée et de la gravité de l'épidémie dans chaque

pays : plus les confinements durent longtemps, plus les dommages structurels qu'ils infligent sont importants, car ils laissent des cicatrices permanentes à l'économie par le biais de pertes d'emplois, de faillites et de dépenses d'investissement annulées. En règle générale, pour chaque mois pendant lequel de grandes parties d'une économie restent fermées, la croissance annuelle peut baisser de 2 points de pourcentage supplémentaires. Mais comme on peut s'y attendre, la relation entre la durée des mesures restrictives et l'impact correspondant sur le PIB n'est pas linéaire. Le Bureau central de planification des Pays-Bas a constaté que chaque mois supplémentaire de confinement entraînait une détérioration plus importante et non proportionnelle de l'activité économique. Selon ce modèle, un mois complet d'« hibernation » économique entraînerait une perte de 1,2 % de la croissance des Pays-Bas en 2020, tandis que trois mois entraîneraient une perte de 5 %.[29]

Pour les régions et les pays déjà sortis du confinement, il est trop tôt pour savoir comment évoluera la croissance du PIB. Fin juin 2020, certaines données en forme de V (comme l'Indice des Directeurs d'Achat (PMI) du secteur manufacturier de la zone euro) et quelques faits anecdotiques ont généré une remontée plus forte que prévu, mais nous ne devrions pas nous enthousiasmer pour autant, et ce pour deux raisons :

1. La nette amélioration de l'indice PMI dans la zone euro et aux États-Unis ne signifie pas que ces économies ont franchi un cap. Elle indique simplement que l'activité des entreprises

s'est améliorée par rapport aux mois précédents, rien d'anormal ici car une importante reprise de l'activité fait suite à la période d'inactivité causée par des confinements rigoureux.

2. En termes de croissance future, l'un des indicateurs les plus significatifs à surveiller est le taux d'épargne. En avril (pendant le confinement, certes), le taux d'épargne personnelle aux États-Unis est passé à 33 % tandis que, dans la zone euro, le taux d'épargne des ménages (calculé autrement que le taux d'épargne personnelle aux États-Unis) a atteint 19 %. Ils baisseront tous deux de manière considérable à mesure que les économies rouvriront, mais probablement pas assez pour empêcher ces taux de rester à des niveaux historiquement élevés.

Dans son rapport « Mise à jour des perspectives de l'économie mondiale » publié en juin 2020, le Fonds monétaire international (FMI) a mis en garde contre « une crise sans précédent » et une « reprise incertaine ».[30] Par rapport au mois d'avril, il a révisé à la baisse ses projections de croissance mondiale, anticipant un PIB mondial de -4,9 % en 2020, soit près de deux points de pourcentage de moins que son estimation précédente.

1.2.2.2. *Emploi*

En raison de la pandémie, l'économie fait face à une crise du marché du travail aux proportions gigantesques. La dévastation est telle, et si soudaine, que même les décideurs politiques les plus chevronnés restent presque sans voix (et pire encore, presque « sans politique »). Lors d'un témoignage devant le Comité sénatorial permanent des banques et du commerce le 19 mai, le président de la Réserve fédérale des États-Unis - Jerome "Jay" Powell - a avoué : « Cette chute précipitée de l'activité économique a provoqué un degré de douleur difficile à exprimer, car des vies sont bouleversées et l'incertitude quant à l'avenir est profonde. »[31] En deux mois seulement, en mars et avril 2020, plus de 36 millions d'Américains ont perdu leur emploi, annulant ainsi 10 années de croissance de l'emploi. Aux États-Unis, comme ailleurs, les licenciements temporaires provoqués par le confinement initial peuvent devenir permanents, infligeant une douleur sociale intense (que seuls des filets de sécurité sociale solides peuvent atténuer) et des dommages structurels profonds aux économies des pays.

Le niveau de chômage mondial dépendra en fin de compte de l'ampleur de l'effondrement de l'activité économique, mais il est évident qu'il avoisinera ou dépassera des niveaux à deux chiffres dans le monde entier. Aux États-Unis, baromètre des difficultés à venir ailleurs, on estime que le taux de chômage officiel pourrait atteindre un pic de 25 % en 2020 - un niveau équivalent à celui de la Grande Dépression - qui serait encore plus élevé si l'on prenait en compte le chômage caché (comme les travailleurs non comptabilisés dans les statistiques officielles parce qu'ils sont tellement découragés qu'ils ont abandonné la population active et cessé de chercher un emploi, ou les travailleurs à temps partiel à la recherche d'un emploi à plein temps). La situation des employés du secteur des services sera particulièrement difficile. Celle des travailleurs non officiellement employés sera pire encore. Quant à la croissance du PIB, l'ampleur et la gravité de la situation du chômage dépendent du pays. Chaque nation sera affectée différemment, en fonction de sa structure économique et de la nature de son contrat social, mais les États-Unis et l'Europe proposent deux modèles radicalement différents de la manière dont la question est traitée par les décideurs politiques et de ce qui les attend.

En juin 2020, l'augmentation du taux de chômage aux États-Unis (qui n'était que de 3,5 % avant la pandémie) était beaucoup plus élevée que partout ailleurs. En avril 2020, le taux de chômage aux États-Unis avait augmenté de 11,2 points de pourcentage par rapport à février, alors que, pour la même période en Allemagne, il avait augmenté de moins d'un point de pourcentage. Deux raisons expliquent cette différence frappante : 1) aux États-Unis, le marché du travail a une culture du « hire and fire » (engager et licencier) qui n'existe pas et qui est souvent interdite par la loi en Europe ; et 2) dès le début de la crise, l'Europe a mis en place des mesures fiscales destinées à soutenir l'emploi.

Aux États-Unis, le soutien du gouvernement jusqu'à présent (en juin 2020) a été plus important qu'en Europe, mais d'une nature fondamentalement différente. Il fournit une aide au revenu à ceux qui ont perdu leur emploi, avec pour conséquence que les personnes licenciées sont parfois mieux loties que lorsqu'elles occupaient un emploi à temps plein avant la crise. En Europe, en revanche, les gouvernements ont décidé de soutenir directement les entreprises qui ont officiellement conservé leurs employés à leur poste d'origine, même lorsqu'ils ne travaillaient plus à plein temps ou ne travaillaient pas du tout.

En Allemagne, le régime de chômage partiel (appelé *Kurzarbeit* - un modèle imité ailleurs) a remplacé jusqu'à 60 % du salaire de 10 millions de salariés qui auraient autrement perdu leur emploi, tandis qu'en France, un régime similaire a également aidé le même nombre de travailleurs en leur fournissant jusqu'à 80 % de leur salaire précédent. De nombreux autres pays européens ont proposé des solutions similaires, sans lesquelles les licenciements auraient été beaucoup plus conséquents. Ces mesures de soutien au marché du travail s'accompagnent d'autres mesures d'urgence gouvernementales, comme celles qui donnent aux entreprises insolvables la possibilité de gagner du temps. Dans de nombreux pays européens, si les entreprises peuvent prouver que leurs problèmes de liquidités ont été causés par la pandémie, elles ne seront pas obligées de déposer le bilan avant un certain temps (jusqu'en mars 2021 dans certains pays). C'est d'une logique implacable si la reprise s'installe, mais il se pourrait que cette politique ne fasse que retarder le problème. À l'échelle mondiale, une reprise complète du marché du travail pourrait prendre des décennies et, en Europe comme ailleurs, la crainte de faillites massives suivies d'un chômage de masse est très présente.

Dans les mois à venir, la situation du chômage est vouée à se détériorer davantage, pour la simple raison qu'elle ne peut pas s'améliorer de manière significative tant qu'une reprise économique durable n'est pas amorcée. Cela n'arrivera pas avant qu'un vaccin ou un traitement soit trouvé, ce qui signifie que beaucoup de gens auront deux raisons de s'inquiéter : perdre leur emploi et ne pas en trouver un autre le cas échéant (ce qui entraînera une forte augmentation des taux d'épargne). Dans un avenir un peu plus lointain (de quelques mois à quelques années), deux catégories de personnes seront confrontées à une situation de l'emploi particulièrement sombre : les jeunes qui entrent pour la première fois sur un marché du travail dévasté par la pandémie et les travailleurs susceptibles d'être remplacés par des robots. Il s'agit de questions fondamentales à la croisée de l'économie, de la société et de la technologie qui ont des implications déterminantes pour l'avenir du travail. L'automatisation, en particulier, sera une grave source de préoccupation. L'argument économique selon lequel la technologie exerce toujours un effet économique positif à long terme est bien connu. L'essentiel de ce raisonnement est le suivant : l'automatisation est source de grands changements, mais elle améliore la productivité et augmente la richesse, ce qui entraîne une augmentation de la demande de biens et de services et donc de nouveaux types d'emplois pour satisfaire cette demande. En effet, mais que se passe-t-il entre maintenant et le long terme ?

Selon toute vraisemblance, la récession induite par la pandémie va déclencher une forte augmentation du remplacement de la main d'œuvre, ce qui signifie que le travail physique sera remplacé par des robots et des machines « intelligentes », ce qui à son tour provoquera des changements durables et structurels sur le marché du travail. Dans le chapitre consacré à la technologie, nous analysons plus en détail l'impact de la pandémie sur l'automatisation, mais il est déjà largement prouvé qu'elle accélère le rythme de la transformation. Le secteur des centres d'appel illustre parfaitement cette situation.

À l'époque prépandémique, de nouvelles technologies basées sur l'intelligence artificielle (IA) ont été progressivement introduites pour automatiser certaines des tâches effectuées par les employés humains. La crise de la COVID-19, et les mesures de distanciation sociale qui l'accompagnent, a soudainement accéléré ce processus d'innovation et de changement technologique. Les chatbots, qui utilisent souvent la même technologie de reconnaissance vocale qu'Alexa, l'assistant personnel virtuel d'Amazon, et d'autres logiciels qui peuvent remplacer les tâches normalement effectuées par des employés humains, sont rapidement déployés. Ces innovations provoquées par la nécessité (c'est-à-dire les mesures sanitaires) entraîneront bientôt des centaines de milliers, et potentiellement des millions, de pertes d'emplois.

Les consommateurs pourraient préférer les services automatisés aux interactions en face à face pendant encore un certain temps, ce qui se passe actuellement avec les centres d'appel se produira donc inévitablement dans d'autres secteurs. « L'angoisse de l'automatisation » est donc promise à un renouveau,[32] que la récession économique va aggraver. Le processus d'automatisation n'est jamais linéaire ; il a tendance à se dérouler par vagues et souvent en période économique difficile, lorsque la baisse des revenus des entreprises rend les coûts de la main-d'œuvre relativement plus élevés. C'est à ce moment que les employeurs remplacent les travailleurs moins qualifiés par l'automatisation afin d'augmenter la productivité du travail.[33] Les travailleurs à faible revenu occupant des emplois de routine (dans l'industrie manufacturière et des services comme l'alimentation et le transport) sont les plus susceptibles d'être touchés. Le marché du travail sera de plus en plus polarisé entre le travail hautement rémunéré et de nombreux emplois qui ont disparu ou qui ne sont pas bien payés et ne sont pas très intéressants. Dans les pays émergents et en développement (en particulier ceux qui connaissent une « explosion démographique de la jeunesse »), la technologie risque de transformer le « dividende démographique » en un « cauchemar démographique », car à cause de l'automatisation, il sera beaucoup plus difficile de prendre part à l'escalade de la croissance économique.

Il est facile de céder à un pessimisme excessif car il nous est beaucoup plus facile, à nous les humains, de visualiser ce qui disparaît que ce qui vient ensuite. Nous savons et comprenons que les niveaux de chômage sont voués à augmenter à l'échelle mondiale dans un avenir prévisible, mais au cours des prochaines années et décennies, nous pourrions être surpris. Nous avons assisté à une vague d'innovation et de créativité sans précédent, alimentée par de nouvelles méthodes et de nouveaux outils de production. Il pourrait également y avoir une explosion mondiale de centaines de milliers de nouvelles micro-industries qui, espérons-le, emploieront des centaines de millions de personnes. Bien sûr, nous ne pouvons pas savoir ce que l'avenir nous réserve, mais nous savons qu'il dépendra en grande partie de la trajectoire de la croissance économique future.

1.2.2.3. À quoi pourrait ressembler la croissance future

Dans l'ère post-pandémique, selon les projections actuelles, la nouvelle « normalité » économique pourrait être caractérisée par une croissance beaucoup plus faible que dans les décennies passées. Au moment de la reprise, la croissance du PIB d'un trimestre à l'autre pourra sembler impressionnante (car elle partira d'une base très faible), mais il faudra peut-être des années avant que la taille globale de l'économie de la plupart des pays ne retrouve son niveau d'avant la pandémie. Cela est également dû au fait que la gravité du choc économique infligé par le coronavirus se confondra avec une tendance à long terme : le déclin de la population dans de nombreux pays et le vieillissement (la démographie est une « destinée » et un moteur essentiel de la croissance du PIB). Dans de telles conditions, alors qu'une croissance économique plus faible semble presque certaine, beaucoup de gens peuvent se demander si cette « obsession » de la croissance est utile, en concluant qu'il n'est pas logique de poursuivre un objectif de croissance du PIB toujours plus élevé.

La profonde perturbation causée par la COVID-19 à l'échelle mondiale a offert aux sociétés une pause forcée pour réfléchir à ce qui a vraiment de la valeur. Les réponses d'urgence économique à la pandémie étant désormais en place, il est possible de saisir l'occasion de procéder au type de changements institutionnels et de choix politiques qui placeront les économies sur une nouvelle voie, vers un avenir plus juste et plus vert. L'histoire de la remise en question radicale dans les années qui ont suivi la Seconde Guerre mondiale, qui a inclus la création des institutions de Bretton Woods, des Nations unies, de l'UE et l'expansion des États providence, montre l'ampleur des changements possibles.

Cela soulève deux questions : 1) Quelle devrait être la nouvelle boussole de suivi des progrès ? et 2) Quels seront les nouveaux moteurs d'une économie inclusive et durable ?

En ce qui concerne la première question, le changement de cap nécessitera un changement de mentalité des dirigeants mondiaux afin de mettre davantage l'accent et la priorité sur le bien-être de tous les citoyens et de la planète. Historiquement, les statistiques nationales ont été amassées principalement pour fournir aux gouvernements une meilleure compréhension des ressources disponibles pour la fiscalité et la guerre. Au fur et à mesure que les démocraties se renforçaient, dans les années 1930, le champ d'application des statistiques nationales a été étendu afin de saisir le bien-être économique de la population,[34] mais distillé sous forme de PIB. Le bien-être économique est devenu équivalent à la production et à la consommation actuelles sans tenir compte de la disponibilité future des ressources. La dépendance excessive des décideurs politiques à l'égard du PIB comme indicateur de la prospérité économique a conduit à l'épuisement actuel des ressources naturelles et sociales.

Quels autres éléments faut-il inclure dans un meilleur tableau de bord des progrès réalisés ? Premièrement, le PIB lui-même doit être mis à jour pour refléter la valeur créée dans l'économie numérique, la valeur créée par le travail non rémunéré ainsi que la valeur potentiellement détruite par certains types d'activité économique. L'omission de la valeur créée par le travail effectué au sein du ménage est un problème de longue date et les efforts de recherche visant à créer un cadre de mesure auront besoin d'un nouvel élan. En outre, avec l'expansion de l'économie numérique, le fossé entre l'activité mesurée et l'activité économique réelle s'est élargi. Par ailleurs, certains types de produits financiers, qui, de par leur inclusion dans le PIB, sont considérés comme créant de la valeur, ne font que déplacer la valeur d'un endroit à un autre, ou ont parfois même pour effet de la détruire.

Deuxièmement, ce n'est pas seulement la taille globale de l'économie qui importe, mais aussi la répartition des gains et l'évolution progressive de l'accès aux opportunités. Les inégalités de revenus étant plus marquées que jamais dans de nombreux pays et les développements technologiques accentuant la polarisation, le PIB total ou des moyennes telles que le PIB par habitant remplissent de moins en moins le rôle d'indicateurs de la qualité de vie des individus. L'inégalité des richesses occupe une place importante dans la dynamique des inégalités actuelle et devrait faire l'objet d'un suivi plus systématique.

Troisièmement, la résilience devra être mieux mesurée et surveillée pour évaluer la véritable santé d'une économie, y compris les déterminants de la productivité, tels que les institutions, les infrastructures, le capital humain et les écosystèmes d'innovation, qui sont essentiels à la solidité globale d'un système. En outre, les réserves de capital sur lesquelles un pays peut puiser en temps de crise, y compris le capital financier, physique, naturel et social, devront faire l'objet de contrôles réguliers. Bien que le capital naturel et social, en particulier, soit difficile à mesurer, il est essentiel à la cohésion sociale et à la durabilité environnementale d'un pays et ne doit pas être sous-estimé. De récents travaux universitaires ont commencé à remédier au problème de mesure en réunissant les sources de données des secteurs public et privé.

On assiste à des exemples réels d'un changement d'orientation des décideurs politiques. Ce n'est pas un hasard si en 2019, un pays classé dans le top 10 du *World Happiness Report* a dévoilé un « budget bien-être ». La décision du Premier ministre néo-zélandais de consacrer des fonds aux questions sociales, telles que la santé mentale, la pauvreté des enfants et les violences familiales, a fait du bien-être un objectif explicite des politiques publiques. Ce faisant, le Premier ministre Ardern a transformé en politique ce que tout le monde savait depuis des années : l'augmentation du PIB ne garantit pas l'amélioration du niveau de vie et du bien-être social.

De plus, plusieurs institutions et organisations, allant des villes à la Commission européenne, réfléchissent à des options qui permettraient de soutenir l'activité économique future à un niveau correspondant à la satisfaction de nos besoins matériels tout en respectant les limites de notre planète. La municipalité d'Amsterdam est la première au monde à s'être formellement engagée dans ce cadre, comme point de départ pour les décisions de politique publique dans le monde post-pandémique. Ce cadre ressemble à un « doughnut », dans lequel le cercle intérieur représente le minimum dont nous avons besoin pour mener une vie agréable (comme l'énoncent les objectifs de développement durable des Nations unies) et le cercle extérieur le plafond écologique défini par les spécialistes du système terrestre (qui met en évidence les limites à ne pas franchir par l'activité humaine pour éviter un impact négatif sur le climat, les sols, les océans, la couche d'ozone, l'eau douce et la biodiversité). Entre les deux cercles, on trouve le point idéal (ou la « pâte ») où nos besoins humains et ceux de la planète sont satisfaits.[35]

Nous ne savons pas encore si la « tyrannie de la croissance du PIB » prendra fin, mais différents signaux suggèrent que la pandémie pourrait accélérer les changements dans bon nombre de nos normes sociales bien ancrées. Si nous reconnaissons collectivement qu'au-delà d'un certain niveau de richesse défini par le PIB par habitant, le bonheur dépend davantage de facteurs immatériels, tels que l'accessibilité aux soins de santé et un tissu social solide, que de la consommation matérielle, alors des valeurs aussi diverses que le respect de l'environnement, l'alimentation responsable, l'empathie ou la générosité peuvent gagner du terrain et caractériser progressivement les nouvelles normes sociales.

Au-delà de la crise en cours, ces dernières années, le rôle de la croissance économique dans la progression du niveau de vie a varié en fonction du contexte. Dans les économies à revenu élevé, la croissance de la productivité n'a cessé de décliner depuis les années 1970, et certains soutiennent qu'il n'existe actuellement aucune piste politique claire capable de relancer la croissance à long terme.[36] La croissance qui s'est effectivement matérialisée a par ailleurs bénéficié de manière disproportionnée aux personnes situées au sommet de la distribution des revenus. Une approche plus efficace pourrait consister, pour les décideurs politiques, à cibler plus directement les interventions visant à améliorer le bien-être.[37] Dans les pays à faible et moyen revenus, les bénéfices de la croissance économique ont permis à des millions de personnes de sortir de la pauvreté dans les grands marchés émergents. Les options politiques permettant de stimuler la croissance sont mieux connues (par exemple, remédier aux distorsions fondamentales), mais il faudra trouver de nouvelles approches car le modèle de développement axé sur la fabrication perd rapidement de sa puissance avec l'avènement de la Quatrième révolution industrielle.[38]

Cela nous amène à la deuxième question clé concernant la croissance future. Si la direction et la qualité de la croissance économique comptent autant - voire plus - que sa vitesse, par quels nouveaux moteurs sera stimulée cette qualité dans l'économie post-pandémique ? Plusieurs domaines ont le potentiel d'offrir un environnement capable de stimuler un dynamisme plus inclusif et durable.

L'économie verte couvre un éventail de possibilités, allant d'une énergie plus propre à l'écotourisme en passant par l'économie circulaire. Par exemple, le passage de l'approche « take-make-dispose » (prendre-créer-jeter) de la production et de la consommation à un modèle « réparateur et régénérateur par nature »[39] peut préserver les ressources et minimiser les déchets en réutilisant un produit lorsqu'il atteint la fin de sa vie utile, créant ainsi une valeur supplémentaire capable à son tour de générer des avantages économiques en contribuant à l'innovation, à la création d'emplois et, en fin de compte, à la croissance. Les entreprises et les stratégies qui privilégient les produits réparables ayant une durée de vie plus longue (des téléphones et des voitures à la mode), qui proposent même des réparations gratuites (comme les vêtements d'extérieur Patagonia) et les plateformes d'échange de produits usagés sont toutes en pleine expansion.[40]

L'économie sociale s'étend à d'autres domaines à forte croissance et créateurs d'emplois dans les domaines des soins et des services à la personne, de l'éducation et de la santé. L'investissement dans la garde d'enfants, les soins aux personnes âgées et d'autres éléments de l'économie des soins créerait 13 millions d'emplois rien qu'aux États-Unis et 21 millions d'emplois dans sept économies, et entraînerait une hausse de 2 % de la croissance du PIB dans les pays étudiés.[41] L'éducation est également un domaine de création massive d'emplois, en particulier si l'on prend toutes ses sous-divisions en compte : l'enseignement primaire et secondaire, l'enseignement et la formation techniques et professionnels, l'université et la formation des adultes. La santé, comme l'a démontré la pandémie, nécessite des investissements beaucoup plus importants, tant en termes d'infrastructures et d'innovation que de capital humain. Ces trois domaines créent un effet multiplicateur à la fois par leur propre potentiel d'emploi et par les avantages à long terme qu'ils procurent aux sociétés en termes d'égalité, de mobilité sociale et de croissance inclusive.

L'innovation dans la production, la distribution et les modèles d'entreprise peut générer des gains d'efficacité et des produits nouveaux ou améliorés qui créent une plus grande valeur ajoutée, ce qui entraîne la création de nouveaux emplois et la prospérité économique. Les gouvernements disposent ainsi d'outils pour avancer vers une prospérité plus inclusive et plus durable, en combinant l'orientation et les incitations du secteur public avec la capacité d'innovation commerciale grâce à une refonte fondamentale des marchés et de leur rôle dans notre économie et notre société. Cela nécessite d'investir différemment et délibérément dans les marchés frontières cités ci-dessus, des régions où les forces du marché pourraient avoir un effet transformateur sur les économies et les sociétés mais où certaines des conditions préalables nécessaires au fonctionnement font encore défaut (par exemple, les capacités techniques pour produire durablement un produit ou un actif à l'échelle sont encore insuffisantes, les normes ne sont pas bien définies ou les cadres juridiques ne sont pas encore bien développés). La définition des règles et des mécanismes de ces nouveaux marchés peut réellement transformer l'économie. Si les gouvernements veulent passer à un nouveau type de croissance amélioré, ils ont la possibilité d'agir maintenant pour créer des incitations à l'innovation et à la créativité dans les domaines décrits ci-dessus.

Certains ont appelé à la « décroissance », un mouvement qui embrasse une croissance zéro ou même négative du PIB et qui gagne du terrain (au moins dans les pays les plus riches). À mesure que la critique de la croissance économique prendra de l'ampleur, la domination financière et culturelle du consumérisme dans la vie publique et privée sera remise en question.[42] On le voit bien dans l'activisme en faveur d'une décroissance menée par les consommateurs dans certains segments de niche - comme les appels à réduire sa consommation de viande ou à moins prendre l'avion. En déclenchant une période de décroissance forcée, la pandémie a suscité un regain d'intérêt pour ce mouvement qui veut inverser le rythme de la croissance économique, ce qui a conduit plus de 1 100 experts du monde entier à publier en mai 2020 un manifeste proposant une stratégie de décroissance pour faire face à la crise économique et humaine provoquée par la COVID-19.[43] Leur lettre ouverte appelle à l'adoption d'une « réduction planifiée mais modulable, durable et équitable de l'économie menant à un avenir où nous pourrons vivre mieux avec moins. »

Cependant, il faut faire attention à ce que la poursuite de la décroissance ne manque pas de but précis, comme ce fut le cas avec la poursuite de la croissance ! Les pays les plus tournés vers l'avenir et leurs gouvernements privilégieront plutôt une approche plus inclusive et durable de la gestion et de la mesure de leurs économies, une approche qui favorise également la croissance de l'emploi, l'amélioration du niveau de vie et la sauvegarde de la planète. La technologie permettant de faire plus avec moins existe déjà.[44] Il n'y aura pas de compromis fondamental entre les facteurs économiques, sociaux et environnementaux si nous adoptons cette approche plus holistique et à long terme pour définir les progrès et encourager les investissements dans les marchés frontières écologiques et sociaux.

1.2.3. Politiques fiscales et monétaires

La réponse des politiques fiscales et monétaires à la pandémie a été décisive, massive et rapide.

Dans les pays d'importance systémique, les banques centrales ont décidé presque immédiatement après le début de l'épidémie de réduire les taux d'intérêt tout en lançant de vastes programmes d'assouplissement quantitatif, s'engageant à imprimer l'argent nécessaire pour maintenir les coûts des emprunts publics à un faible niveau. La Réserve fédérale des États-Unis s'est engagée à acheter des obligations du Trésor et des titres adossés aux créances hypothécaires d'agences, tandis que la Banque centrale européenne a promis d'acheter tout instrument que les gouvernements émettraient (une initiative qui a permis de réduire l'écart des coûts d'emprunt entre les membres les plus faibles et les plus forts de la zone euro).

Parallèlement, la plupart des gouvernements ont apporté des réponses ambitieuses et sans précédent en matière de politique fiscale. Des mesures d'urgence et d'expansion ont été prises très tôt pendant la crise, avec trois objectifs spécifiques : 1) lutter contre la pandémie avec autant de dépenses que nécessaire pour la maîtriser le plus rapidement possible (par la production de tests, les capacités des hôpitaux, la recherche de médicaments et de vaccins, etc.) ; 2) fournir des fonds d'urgence aux ménages et aux entreprises au bord de la faillite et d'une situation désastreuse ; et 3) soutenir la demande globale afin que l'économie puisse fonctionner autant que possible à un niveau proche de son potentiel.[45]

Ces mesures entraîneront des déficits budgétaires très importants, avec une augmentation probable des ratios dette/PIB de 30 % du PIB dans les économies riches. Au niveau mondial, la relance globale par les dépenses publiques dépassera probablement 20 % du PIB mondial en 2020, avec des variations importantes d'un pays à l'autre, allant de 33 % en Allemagne à plus de 12 % aux États-Unis.

Cette expansion des capacités fiscales a des implications radicalement différentes en fonction du statut avancé ou émergent du pays concerné. Les pays à revenu élevé disposent d'une plus grande marge de manœuvre budgétaire parce qu'un niveau d'endettement plus élevé devrait s'avérer supportable et entraîner un niveau de coût de bien-être viable pour les générations futures, et ce pour deux raisons : 1) l'engagement des banques centrales à acheter le montant d'obligations nécessaire pour maintenir des taux d'intérêt bas ; et 2) la certitude que les taux d'intérêt resteront probablement bas dans un avenir proche, car l'incertitude continuera à entraver l'investissement privé et justifiera des niveaux élevés d'épargne de précaution. En revanche, la situation ne pourrait pas être plus sombre dans les économies émergentes et en développement. La plupart d'entre eux n'ont pas la souplesse budgétaire nécessaire pour réagir au choc de la pandémie ; ils souffrent déjà d'importantes sorties de capitaux et d'une chute des prix des matières premières, ce qui signifie que leur taux de change sera écrasé s'ils décident de lancer des politiques budgétaires expansionnistes. Dans ces circonstances, une aide sous forme de dons et d'allégement de la dette, et éventuellement un moratoire pur et simple,[46] sera non seulement nécessaire mais aussi essentielle.

Ce sont des programmes sans précédent pour une situation sans précédent, une chose inédite au point que l'économiste Carmen Reinhart a appelé cela un « moment opportun pour des politiques fiscales et monétaires à grande échelle qui sortent des sentiers battus. »[47] Des mesures qui auraient semblé inconcevables avant la pandémie pourraient bien devenir la norme dans le monde entier, alors que les gouvernements tentent d'empêcher la récession économique de se transformer en une dépression catastrophique. De plus en plus, on demandera au gouvernement d'agir comme « aide de dernier recours »[48] pour empêcher ou freiner la vague de licenciements massifs et de destruction d'entreprises déclenchée par la pandémie.

Tous ces changements modifient les règles du jeu de la politique économique et monétaire. La barrière artificielle qui rend les autorités monétaires et fiscales indépendantes les unes des autres a maintenant été démantelée, les banquiers centraux devenant (dans une certaine mesure) tributaires des politiciens élus. Il est désormais concevable qu'à l'avenir, le gouvernement tente d'exercer son influence sur les banques centrales pour financer de grands projets publics, tels qu'un fonds d'infrastructure ou d'investissement vert. De même, le précepte selon lequel le gouvernement peut intervenir pour préserver les emplois ou les revenus des travailleurs et protéger les entreprises de la faillite pourrait subsister après la fin de ces politiques. Il est probable que les pressions publiques et politiques en faveur du maintien de ces régimes persisteront, même lorsque la situation s'améliorera. L'une des plus grandes préoccupations est que cette coopération implicite entre les politiques fiscales et monétaires mène à une inflation incontrôlable. Elle part du principe que les décideurs politiques vont déployer des mesures de relance budgétaire massives entièrement monétisées, c'est-à-dire non financées par la dette publique classique. C'est là qu'interviennent la théorie monétaire moderne (MMT) et l'« helicopter money » : avec des taux d'intérêt qui tournent autour de zéro, les banques centrales ne peuvent pas stimuler l'économie en utilisant les outils monétaires classiques, à savoir une réduction des taux d'intérêt, à moins qu'elles ne décident d'opter pour des taux d'intérêt profondément négatifs, un choix problématique auquel la plupart des banques centrales s'opposent.[49] La stimulation doit donc provenir d'une augmentation des déficits budgétaires (ce qui signifie que les dépenses publiques augmenteront tandis que les recettes fiscales diminueront). En termes très simples (et, dans ce cas, simplistes), la MMT fonctionne ainsi : les gouvernements émettront une partie de la dette que la banque centrale achètera. Si elle ne se revend jamais, elle équivaudra à un financement monétaire : le déficit est monétisé (par la banque centrale qui achète les obligations que le gouvernement émet) et le gouvernement peut utiliser l'argent comme bon lui semble. Il peut, par exemple, l'envoyer aux personnes dans le besoin depuis des hélicoptères métaphoriques. L'idée est séduisante et réalisable, mais s'accompagne d'un problème majeur d'attentes sociales et de contrôle politique : une fois que les citoyens auront réalisé que l'argent peut se trouver sur un « arbre à argent magique », les politiciens élus seront soumis à une pression publique féroce et implacable pour en créer toujours plus, et c'est alors que la question de l'inflation se posera.

1.2.3.1. *Déflation ou inflation ?*

Deux éléments techniques intégrés dans la question de la finance monétaire sont associés au risque d'inflation. Premièrement, la décision de pratiquer l'assouplissement quantitatif perpétuel (c'est-à-dire dans la finance monétaire) n'a pas à être prise lorsque la banque centrale achète la dette émise par le gouvernement ; elle peut être repoussée à plus tard pour cacher ou contourner l'idée que l'argent « pousse sur les arbres ». Deuxièmement, l'impact inflationniste de l'« helicopter money » n'est pas lié au fait que le déficit soit financé ou non, mais est directement proportionnel à la somme d'argent en jeu. Il n'y a pas de limites nominales à la quantité de monnaie qu'une banque centrale peut créer, mais il existe des limites raisonnables à la quantité à créer pour favoriser la relance sans risquer une inflation trop importante. L'augmentation du PIB nominal qui en résultera sera répartie entre un effet de production réelle et un effet d'augmentation du niveau des prix - cet équilibre et sa nature inflationniste dépendront du degré de rigueur des contraintes de l'offre, donc en fin de compte de la quantité d'argent créée. Les banquiers centraux peuvent décider qu'il n'y a pas lieu de s'inquiéter d'une inflation de 2 ou 3 %, ni même de 4 à 5 %, mais ils devront définir une limite supérieure à partir de laquelle l'inflation devient perturbatrice et constitue une réelle préoccupation. Le défi consistera à déterminer à quel niveau l'inflation devient corrosive et source de préoccupations obsessionnelles pour les consommateurs.

Pour l'instant, certains craignent la déflation tandis que d'autres s'inquiètent de l'inflation. Qu'est-ce qui se cache derrière ces inquiétudes divergentes pour l'avenir ? Ceux qui craignent la déflation s'inquiètent d'un effondrement du marché du travail et d'une chute des prix des matières premières, et se demandent comment l'inflation pourrait reprendre de sitôt dans ces conditions. Ceux qui s'inquiètent de l'inflation observent l'augmentation conséquente des bilans des banques centrales et des déficits budgétaires et se demandent comment celle-ci ne conduira pas un jour à l'inflation, peut-être élevée, voire à l'hyperinflation. Ils citent l'exemple de l'Allemagne après la Première Guerre mondiale, qui a fait baisser sa dette de guerre intérieure lors de l'hyperinflation de 1923, ou du Royaume-Uni, qui a érodé avec un peu d'inflation le montant massif de la dette (250 %) héritée de la Seconde Guerre Mondiale. Ils reconnaissent qu'à court terme, la déflation est peut-être le plus grand risque, mais soutiennent que l'inflation est inéluctable étant donné les quantités massives et inévitables de mécanismes de relance.

À l'heure actuelle, il est difficile d'imaginer comment l'inflation pourrait reprendre de sitôt. Le repositionnement des activités de production pourrait générer des épisodes d'inflation occasionnels, mais ces derniers devraient rester limités. La combinaison de tendances structurelles puissantes à long terme, comme le vieillissement et la technologie (tous deux déflationnistes par nature), et d'un taux de chômage exceptionnellement élevé qui limitera les augmentations de salaires pendant des années, exerce une forte pression à la baisse sur l'inflation. En cette période post-pandémique, une forte demande des consommateurs est peu probable. La douleur infligée par le chômage généralisé, la baisse des revenus d'une grande partie de la population et l'incertitude quant à l'avenir sont autant de facteurs susceptibles d'entraîner une augmentation de l'épargne de précaution. Lorsque la distanciation sociale finira par s'atténuer, la demande latente pourrait provoquer un peu d'inflation, mais elle sera probablement temporaire et n'affectera donc pas les attentes en matière d'inflation. D'après Olivier Blanchard, ancien chef économiste du FMI, seule la combinaison des trois éléments suivants pourrait créer de l'inflation : 1) une très forte hausse du ratio dette/PIB, supérieure à la prévision actuelle de 20 à 30 % ; 2) une très forte hausse du taux d'intérêt neutre (c'est-à-dire le taux réel sûr nécessaire pour maintenir l'économie à son potentiel) ;

et 3) la dominance budgétaire de la politique monétaire.[50] La probabilité que chacun de ces scénarios se produise individuellement étant déjà faible, les chances que les trois se produisent conjointement sont quasiment, voire, nulles. Les investisseurs en obligations sont du même avis. Cela pourrait changer, bien sûr, mais pour l'instant, le faible écart entre le taux sur les obligations nominales et les obligations indexées sur l'inflation donne au mieux une image de très faible inflation.

Dans les années à venir, les pays à revenu élevé pourraient bien être confrontés à une situation similaire à celle du Japon au cours des dernières décennies : une demande structurellement faible, une inflation très faible et des taux d'intérêt très bas. L'éventuelle « japonisation » du monde (riche) est souvent décrite comme une combinaison désespérée d'absence de croissance et d'inflation et de niveaux d'endettement insupportables. C'est une erreur. Lorsque l'on ajuste les données en fonction de la démographie, le Japon fait mieux que la plupart des autres pays. Son PIB par habitant est élevé et croissant et, depuis 2007, son PIB réel par membre de la population en âge de travailler a augmenté plus rapidement que dans tout autre pays du G7. Bien sûr, il y a de nombreuses raisons idiosyncrasiques à cela (un niveau très élevé de capital social et de confiance dans la société, mais aussi une croissance de la productivité du travail supérieure à la moyenne, et une absorption réussie des travailleurs âgés dans la population active), mais cela montre qu'une diminution de la population ne conduit pas nécessairement à l'oubli économique. Les niveaux de vie élevés et les indicateurs de bien-être du Japon offrent une leçon salutaire : il y a de l'espoir face aux difficultés économiques.

1.2.3.2. Le sort du dollar américain

Pendant des décennies, les États-Unis ont profité du « privilège exorbitant » de conserver la réserve de change mondiale, un statut qui a longtemps été « un avantage de la puissance impériale et un élixir économique. »[51] Dans une large mesure, la puissance et la prospérité américaines ont été construites et renforcées par la confiance mondiale dans le dollar et la volonté des clients étrangers de le détenir, le plus souvent sous la forme d'obligations du gouvernement américain. Le fait que tant de pays et d'institutions étrangères souhaitent détenir des dollars comme réserve de valeur et comme instrument de change (pour le commerce) a ancré son statut de monnaie de réserve mondiale. Cela a permis aux États-Unis d'emprunter à bon marché à l'étranger et de bénéficier de taux d'intérêt bas sur le territoire national, ce qui a permis aux Américains de consommer au-delà de leurs moyens. Cela a également rendu possible les importants déficits publics récents du pays, a permis aux États-Unis d'enregistrer des déficits commerciaux substantiels, a réduit le risque de change et a rendu les marchés financiers aux États-Unis plus liquides. Au cœur du statut du dollar américain en tant que monnaie de réserve se trouve une question essentielle de confiance : les non-Américains qui détiennent des dollars espèrent que les États-Unis protégeront à la fois leurs propres intérêts (en gérant judicieusement leur économie) et le reste du monde en ce qui concerne le dollar américain (en gérant judicieusement leur monnaie, par exemple en fournissant des liquidités en dollars au système financier mondial de manière efficace et rapide).

Depuis un certain temps, certains analystes et décideurs politiques envisagent une fin possible et progressive de la domination du dollar. Ils pensent désormais que la pandémie pourrait être le catalyseur qui leur donne raison. Leur argument est double et concerne les deux aspects de la problématique de confiance.

D'une part (en gérant l'économie de manière raisonnable), les sceptiques quant à la domination du dollar américain soulignent la détérioration, forte et inévitable, de la situation budgétaire américaine. Dans leur esprit, des niveaux d'endettement insoutenables finiront par éroder la confiance dans le dollar américain. Juste avant la pandémie, les dépenses de défense des États-Unis, plus les intérêts de la dette fédérale, plus les paiements annuels de droits - Medicare, Medicaid et la sécurité sociale - représentaient 112 % des recettes fiscales fédérales (contre 95 % en 2017). Cette voie non viable s'aggravera dans l'ère post-pandémique, post-renflouement. Selon cet argument, quelque chose de majeur devra donc changer, soit par un rôle géopolitique beaucoup plus réduit, soit par une fiscalité plus élevée, ou les deux. Autrement, le déficit croissant atteindra un seuil au-delà duquel les investisseurs venant d'autres pays que les États-Unis ne seront pas disposés à le financer. Après tout, le statut de monnaie de réserve ne peut pas persister une fois perdue la confiance étrangère dans la capacité du détenteur à honorer ses paiements.

D'autre part (en gérant le dollar américain de manière sensée pour le reste du monde), ceux qui ont des doutes sur la domination du dollar soulignent l'incompatibilité de son statut de monnaie de réserve mondiale avec la montée du nationalisme économique des autres pays. Même si la Réserve fédérale et le Trésor américain gèrent efficacement le dollar et son réseau influent dans le monde entier, les sceptiques soulignent que la volonté de l'administration américaine de faire du dollar une arme à des fins géopolitiques (comme en punissant des pays et des entreprises qui font affaire avec l'Iran ou la Corée du Nord) incitera inévitablement les détenteurs de dollars à chercher des alternatives.

Existe-t-il des alternatives viables ? Les États-Unis restent un formidable hégémon financier mondial (le rôle du dollar dans les transactions financières internationales est beaucoup plus important, bien que moins visible, que dans le commerce international), mais il est également vrai que de nombreux pays voudraient contester la domination mondiale du dollar. À court terme, il n'existe pas d'alternative. Le renminbi chinois (RMB) pourrait être une option, mais pas avant que les contrôles stricts des capitaux soient éliminés et que le RMB se transforme en une monnaie déterminée par le marché, ce qui ne devrait pas arriver dans un avenir proche. Il en va de même pour l'euro ; il pourrait constituer une option, mais pas avant que les doutes sur une éventuelle implosion de la zone euro ne se dissipent définitivement, ce qui, une fois encore, est une perspective peu probable dans les prochaines années. Quant à une monnaie virtuelle mondiale, il n'y en a pas encore en vue, mais il existe des tentatives de lancement de monnaies numériques nationales susceptibles à terme de détrôner la suprématie du dollar américain. La plus importante a eu lieu en Chine fin avril 2020 avec le test d'une monnaie numérique nationale dans quatre grandes villes.[52] Le pays a des années d'avance sur le reste du monde dans le développement d'une monnaie numérique combinée à de puissantes plateformes de paiement électronique ; cette expérience montre clairement qu'il existe des systèmes monétaires qui tentent de devenir indépendants des intermédiaires américains tout en s'orientant vers une plus grande numérisation.

En fin de compte, la fin éventuelle de la primauté du dollar américain dépendra de ce qui se passera aux États-Unis. Comme le dit Henry Paulson, ancien secrétaire américain au Trésor : « La proéminence du dollar américain commence chez nous (...). Les États-Unis doivent maintenir une économie qui inspire la crédibilité et la confiance au niveau mondial. Faute de quoi, à terme, la position du dollar américain sera mise en péril. »[53] Dans une large mesure, la crédibilité mondiale des États-Unis dépend également de la géopolitique et de l'attrait de son modèle social. Ce « privilège exorbitant » est étroitement lié à la puissance mondiale, à la perception des États-Unis en tant que partenaire fiable et à leur rôle dans le fonctionnement des institutions multilatérales. « Si ce rôle était considéré comme moins sûr et cette garantie de sécurité comme moins inflexible, en raison d'un retrait des États-Unis de la géopolitique mondiale au profit de politiques plus autonomes et plus tournées vers l'intérieur, la prime de sécurité dont bénéficie le dollar américain pourrait diminuer », avertissent Barry Eichengreen et les représentants de la Banque centrale européenne[54]

Les questions et les doutes concernant le futur statut du dollar en tant que réserve de change mondiale rappellent à juste titre que l'économie n'existe pas isolément. Cette réalité est particulièrement dure dans les pays émergents et pauvres surendettés qui ne sont plus en mesure de rembourser leur dette souvent libellée en dollars. Pour eux, cette crise va prendre des proportions énormes et il leur faudra des années pour en sortir, avec des dommages économiques considérables se traduisant rapidement par une douleur sociale et humanitaire. Dans tous ces pays, la crise de la COVID pourrait bien mettre fin au processus de convergence progressive qui était censé rapprocher les pays très développés et les pays émergents ou en développement. Il en résultera une augmentation des risques sociétaux et géopolitiques - un rappel brutal de la mesure dans laquelle les risques économiques se recoupent avec les questions sociétales et géopolitiques.

1.3. Réinitialisation sociétale

Historiquement, les pandémies ont mis les sociétés à rude épreuve ; la crise de COVID-19 de 2020 ne fera pas exception. Comparable à l'économie, comme nous venons de le voir, et à la géopolitique, comme nous le verrons dans le prochain chapitre, le bouleversement sociétal déclenché par la COVID-19 durera des années, voire des générations. L'impact le plus immédiat et le plus visible est que de nombreux gouvernements seront pris à partie, avec beaucoup de colère dirigée contre les décideurs politiques et les personnalités politiques, dont les réponses à la gestion de la COVID-19 ont semblé inappropriées ou mal préparées. Comme l'a observé Henry Kissinger : « La cohésion et la prospérité des nations reposent sur la conviction que leurs institutions peuvent prévoir les catastrophes, endiguer leurs effets et restaurer la stabilité. Lorsque la pandémie de Covid-19 sera passée, les institutions de nombreux pays donneront l'impression d'avoir échoué. »[55] Cela sera particulièrement vrai pour certains pays riches dotés de systèmes de santé sophistiqués et de solides atouts en matière de recherche, de science et d'innovation. Leurs citoyens se demanderont pourquoi leurs autorités ont été si peu efficaces par rapport aux autres. Dans ces pays, l'essence même du tissu social et du système socio-économique pourrait émerger et être dénoncée comme le « vrai » coupable, accusé de ne pas garantir le bien-être économique et social de la majorité des citoyens. Dans les pays les plus pauvres, la pandémie aura un coût social très élevé. Elle exacerbera les problèmes de société dont ils souffrent déjà, en particulier la pauvreté, l'inégalité et la corruption. Cela pourrait, dans certains cas, conduire à des résultats extrêmes aussi graves que la désintégration sociale et sociétale (« sociale » fait référence aux interactions entre des individus ou des groupes d'individus tandis que « sociétale » se rapporte à la société dans son ensemble).

Y a-t-il des leçons systémiques à tirer de ce qui a fonctionné ou non pour faire face à la pandémie ? Dans quelle mesure la réponse de différentes nations révèle-t-elle certaines forces et faiblesses internes de sociétés ou de systèmes de gouvernance spécifiques ? Certains pays, tels que Singapour, la Corée du Sud et le Danemark (entre autres), semblent s'en sortir plutôt bien et certainement mieux que la plupart. D'autres, comme l'Italie, l'Espagne, les États-Unis ou le Royaume-Uni, semblent être moins performants à différents égards, que ce soit en termes de préparation, de gestion de crise, de communication publique, de nombre de cas confirmés et de décès, et de divers autres paramètres. Les pays voisins qui partagent de nombreuses similitudes structurelles, comme la France et l'Allemagne, ont eu un nombre à peu près équivalent de cas confirmés mais un nombre de décès de la COVID-19 étonnamment différent. Outre les différences dans les infrastructures de soins de santé, qu'est-ce qui explique ces anomalies apparentes ? Actuellement (juin 2020), nous sommes toujours confrontés à de multiples « inconnues » concernant les raisons pour lesquelles la COVID-19 a frappé et s'est répandue avec une telle virulence dans certains pays et régions, et pas dans d'autres. Cependant, et globalement, les pays qui s'en sortent le mieux partagent les caractéristiques générales et communes suivantes :

– Ils étaient « préparés » à ce qui allait arriver (sur le plan logistique et organisationnel).
– Ils ont pris des décisions rapides et décisives.
– Ils disposent d'un système de santé rentable et inclusif.
– Ce sont des sociétés fondées sur une grande confiance ; leurs citoyens font à la fois confiance aux dirigeants et aux informations qu'ils leur fournissent.

– Ils semblent contraints de faire preuve d'un réel sens de la solidarité, en préférant le bien commun aux aspirations et aux besoins individuels.

À l'exception partielle des premier et deuxième attributs, plus techniques (bien que la technicité implique des éléments culturels), tous les autres peuvent être classés comme des caractéristiques sociétales « favorables », ce qui prouve que les valeurs fondamentales d'inclusion, de solidarité et de confiance sont des éléments déterminants et des facteurs importants pour réussir à contenir une épidémie.

Il est bien sûr beaucoup trop tôt pour décrire avec précision la forme que prendra la réinitialisation sociétale dans différents pays, mais il est déjà possible de délimiter certains de ses grands contours à l'échelle mondiale. Avant tout, l'ère post-pandémique inaugurera une période de redistribution massive des richesses, des riches vers les pauvres et du capital vers le travail. Ensuite, la COVID-19 sonnera probablement le glas du néolibéralisme, un corpus d'idées et de politiques que l'on peut librement définir comme privilégiant la concurrence à la solidarité, la destruction créative à l'intervention gouvernementale et la croissance économique au bien-être social. Depuis quelques années, la doctrine néolibérale tend à perdre en puissance, de nombreux commentateurs, chefs d'entreprise et décideurs politiques dénonçant de plus en plus son « fétichisme du marché », mais la COVID-19 lui a porté le coup de grâce. Ce n'est pas une coïncidence si les deux pays qui, ces dernières années, ont adopté les politiques du

néolibéralisme avec le plus de ferveur - les États-Unis et le Royaume-Uni - sont parmi ceux qui ont subi le plus de pertes pendant
la pandémie. Ces deux forces concomitantes - la redistribution
massive d'une part et l'abandon des politiques néolibérales de
l'autre - exerceront un impact déterminant sur l'organisation de
nos sociétés, allant de la manière dont les inégalités pourraient
susciter des troubles sociaux au rôle croissant des gouvernements
en passant par la redéfinition des contrats sociaux.

1.3.1. Inégalités

La métaphore de la COVID-19 en tant que « grand niveleur »
véhicule un cliché sérieusement trompeur sur le coronavirus.[56]
C'est en fait tout le contraire. La COVID-19 a exacerbé les conditions préexistantes d'inégalité partout et à chaque fois qu'elle a
frappé. En tant que telle, elle n'est pas un « niveleur », ni médi-
calement ni économiquement, ni socialement ni psychologiquement. La pandémie est en réalité un « grand inégaliseur »[57] qui
a aggravé les disparités de revenus, de richesses et d'opportunités. Elle a révélé à chacun non seulement le grand nombre
de personnes dans le monde économiquement et socialement
vulnérables, mais aussi la profondeur et le degré de leur fragilité
- un phénomène encore plus répandu dans les pays aux filets de
sécurité sociale faibles ou inexistants ou ceux aux liens famili-
aux et sociaux fragiles. Cette situation est bien sûr antérieure à
la pandémie mais, comme nous l'avons observé pour d'autres
problèmes mondiaux, le virus a agi comme un amplificateur,
nous obligeant à reconnaître et à admettre la gravité des prob-

lèmes liés à l'inégalité, autrefois négligés par un trop grand nombre et pendant trop longtemps.

Le premier effet de la pandémie a été d'amplifier l'enjeu gargantuesque de l'injustice sociale en mettant en lumière les disparités choquantes entre les degrés de risque auxquels sont exposées les différentes classes sociales. Dans une grande partie du monde, un récit approximatif, bien que révélateur, a émergé pendant les confinements. Il décrivait une dichotomie : les classes supérieures et moyennes pouvaient télétravailler et faire l'école à leurs enfants depuis leur domicile (dans leur résidence principale ou, lorsque cela était possible, secondaire, plus éloignée, considérée comme plus sûre), tandis que les membres de la classe ouvrière (pour ceux ayant un emploi) n'étaient pas chez eux et ne supervisaient pas l'éducation de leurs enfants, mais travaillaient en première ligne pour aider à sauver des vies (directement ou non) et l'économie - en nettoyant les hôpitaux, en travaillant à la caisse dans des magasins, en transportant des produits de première nécessité et en assurant notre sécurité. Dans le cas d'une économie de services très développée comme celle des États-Unis, environ un tiers du total des emplois peut être effectué à domicile ou à distance, avec des écarts considérables fortement corrélés aux revenus par secteur. Plus de 75 % des travailleurs américains de la finance et de l'assurance peuvent faire leur travail à distance, contre seulement 3 % des travailleurs beaucoup moins bien payés de l'industrie alimentaire.[58] En plein milieu de la pandémie (mi-avril), la plupart des nouveaux cas d'infection et le nombre de décès ont montré plus clairement que jamais que la COVID-19 était loin d'être le « grand niveleur » ou « égalisateur » auquel tant de gens faisaient référence au début de la pandémie. Au lieu de cela, il est rapidement apparu que rien n'était juste ou équitable dans la façon dont le virus accomplissait sa besogne mortelle.

Aux États-Unis, la COVID-19 a frappé de manière disproportionnée les Afro-américains, les personnes à faible revenu et les populations vulnérables, telles que les sans-abri. Dans l'État du Michigan, où moins de 15 % de la population est noire, les résidents noirs ont représenté environ 40 % des décès dus à des complications liées à la COVID-19. Le fait que la COVID-19 ait touché les communautés noires de manière si disproportionnée n'est que le reflet des inégalités existantes. En Amérique comme dans de nombreux pays, les Afro-américains sont plus pauvres, plus susceptibles d'être au chômage ou sous-employées et d'avoir des conditions de logement et de vie médiocres. Par conséquent, ils souffrent davantage de problèmes de santé préexistants comme l'obésité, les maladies cardiaques ou le diabète, qui rendent la COVID-19 particulièrement mortelle.

Le deuxième effet de la pandémie et du confinement qui s'en est suivi a été de mettre en évidence la profonde déconnexion entre la nature essentielle et la valeur innée d'un travail effectué et la récompense économique qui en découle. Autrement dit, ce sont les individus dont la société a le plus besoin que nous valorisons le moins sur le plan économique. La triste vérité est que les héros de la crise immédiate de COVID-19, ceux qui (au péril de leur vie) se sont occupés des malades et ont fait tourner l'économie, font partie des professionnels les moins bien payés - les infirmiers, les agents de nettoyage, les chauffeurs livreurs, les travailleurs dans les usines alimentaires, les maisons de soins et les entrepôts, entre autres. C'est souvent leur contribution au bien-être économique et sociétal qui est la moins reconnue. Le phénomène est mondial mais particulièrement marqué dans les pays anglo-saxons où la pauvreté se conjugue avec la précarité. Les citoyens de ce groupe ne sont pas seulement les moins bien payés, mais aussi ceux qui risquent le plus de perdre leur emploi. Au Royaume-Uni, par exemple, une grande majorité (près de 60 %) des prestataires de soins travaillant dans la communauté fonctionnent sur la base de « contrats zéro heure », ce qui signifie qu'ils n'ont aucune garantie d'heures régulières et, par conséquent, aucune certitude de revenu régulier. De même, les travailleurs dans les usines alimentaires sont souvent sous contrat de travail temporaire, avec moins de droits que la normale et sans sécurité. Quant aux chauffeurs livreurs, la plupart du temps catégorisés comme indépendants, ils sont payés à la livraison et ne bénéficient ni d'indemnité de maladie ni de congé payé - une réalité décrite de façon poignante dans la dernière œuvre de Ken Loach, « Sorry We Missed You », un film qui illustre à quel point ces travailleurs sont toujours à deux doigts de la ruine physique, émotionnelle ou économique, avec un effet domino aggravé par le stress et l'anxiété.

Dans l'ère post-pandémique, les inégalités sociales vont-elles augmenter ou diminuer ? De nombreux éléments portent à croire, au moins à court terme, que les inégalités sont susceptibles de s'accroître. Comme indiqué précédemment, les personnes sans revenus ou à faibles revenus souffrent de manière disproportionnée de la pandémie : elles sont plus sensibles aux maladies chroniques et aux déficiences immunitaires, et sont donc plus susceptibles d'attraper la COVID-19 et de souffrir d'infections graves. Cela se poursuivra dans les mois qui suivront l'épidémie. Comme lors des précédentes pandémies, telles que la peste, tout le monde ne bénéficiera pas de la même manière des traitements médicaux et des vaccins. Surtout aux États-Unis, comme l'a fait remarquer Angus Deaton, lauréat du prix Nobel qui a co-écrit avec Anne Case *Deaths of Despair and the Future of Capitalism* : « les fabricants de médicaments et les hôpitaux seront plus puissants et plus riches que jamais »,[59] au détriment des couches les plus pauvres de la population. En outre, les politiques monétaires ultra-accommodantes menées dans le monde entier vont accroître les inégalités de richesse en augmentant le prix des actifs, notamment sur les marchés financiers et dans l'immobilier.

Toutefois, dans un avenir plus lointain, la tendance pourrait s'inverser et son contraire pourrait avoir lieu : moins d'inégalités. Comment cela pourrait-il se produire ? Il pourrait par exemple y avoir un grand nombre de personnes assez indignées par l'injustice flagrante du traitement préférentiel dont bénéficient exclusivement les riches pour que cela provoque un vaste tollé dans la société. Aux États-Unis, une majorité ou une forte minorité bruyante pourrait exiger un contrôle national ou communautaire des soins de santé, tandis qu'en Europe, le sous-financement du système de santé ne sera plus politiquement acceptable.

Il se peut également que la pandémie nous oblige à repenser les professions auxquelles nous attachons vraiment de l'importance et à revoir la façon dont nous les rémunérons collectivement. À l'avenir, la société acceptera-t-elle qu'un grand gestionnaire de fonds spéculatifs spécialisé dans la vente à découvert (dont la contribution au bien-être économique et social est, au mieux, douteuse) puisse recevoir un revenu de plusieurs millions par an alors qu'une infirmière (dont la contribution au bien-être social est incontestable) ne gagne qu'une fraction infinitésimale de ce montant ? Dans un scénario aussi optimiste, alors que nous reconnaissons de plus en plus que de nombreux travailleurs occupant des emplois mal payés et précaires jouent un rôle essentiel dans notre bien-être collectif, les politiques s'adapteraient pour améliorer à la fois leurs conditions de travail et leur rémunération. De meilleurs salaires suivraient, même s'ils étaient accompagnés d'une réduction des bénéfices des entreprises ou d'une hausse des prix ; il y aura une forte pression sociale et politique pour remplacer les contrats précaires et les failles exploitées par des postes permanents et de meilleures formations. Les inégalités pourraient donc diminuer mais, si l'on se fie à l'histoire, ce scénario optimiste a peu de chances de l'emporter s'il n'est pas précédé de troubles sociaux conséquents.

1.3.2. Agitation sociale

L'un des dangers les plus profonds de l'ère post-pandémique est l'agitation sociale. Dans certains cas extrêmes, elle pourrait conduire à la désintégration de la société et à l'effondrement politique. D'innombrables études, articles et avertissements ont mis en lumière ce risque particulier, en se fondant sur le constat évident que lorsque les gens n'ont ni emploi, ni revenu ni perspective de vie meilleure, ils ont souvent recours à la violence. La citation suivante saisit l'essence du problème. Elle s'applique aux États-Unis, mais ses conclusions sont valables pour la plupart des pays du monde :

> Ceux qui sont laissés sans espoir, sans emploi et sans biens pourraient facilement se retourner contre ceux qui sont mieux lotis. Environ 30 % des Américains ont une richesse nulle ou négative. Si davantage de personnes sortent de la crise actuelle sans argent, ni emploi, ni accès aux soins de santé, et si ces personnes deviennent désespérées et en colère, des scènes telles que la récente évasion de prisonniers en Italie ou le pillage qui a suivi l'ouragan Katrina à la Nouvelle-Orléans en 2005 pourraient devenir monnaie courante. Si les gouvernements doivent recourir à des forces paramilitaires ou militaires pour réprimer, par exemple, des émeutes ou des atteintes à la propriété, les sociétés pourraient commencer à se désintégrer.[60]

Bien avant que la pandémie n'engloutisse le monde, l'agitation sociale s'était accrue à l'échelle mondiale, de sorte que le risque n'est pas nouveau mais a été amplifié par la COVID-19. Il existe différentes façons de définir ce qui constitue l'agitation sociale mais, au cours des deux dernières années, plus de 100 manifestations antigouvernementales importantes ont eu lieu dans le monde entier,[61] dans les pays riches comme dans les pays pauvres, des émeutes des gilets jaunes en France aux manifestations contre les dirigeants dans des pays comme la Bolivie, l'Iran et le Soudan. La plupart (de ces dernières) ont été réprimées par des mesures répressives brutales, et beaucoup sont entrées en hibernation (comme l'économie mondiale) lorsque les gouvernements ont forcé leurs populations à se confiner pour contenir la pandémie. Mais une fois levée l'interdiction de se rassembler en groupes et de descendre dans la rue, il est difficile d'imaginer que les vieux griefs et les inquiétudes sociales temporairement réprimées ne réapparaitront pas, peut-être même poussées par une force nouvelle. Dans l'ère post-pandémique, le nombre de personnes sans emploi, inquiètes, malheureuses, amères, malades et affamées aura augmenté de façon spectaculaire. Les tragédies personnelles s'accumuleront, fomentant la colère, le ressentiment et l'exaspération dans différents groupes sociaux, y compris les chômeurs, les pauvres, les migrants, les prisonniers, les sans-abri, tous ceux qui sont laissés pour compte... Comment toute cette pression ne pourrait-elle pas déboucher sur une éruption ? Les phénomènes sociaux présentent souvent les mêmes caractéristiques que les pandémies et, comme nous l'avons observé dans les pages précédentes, les points de bascule s'appliquent aux deux de la même manière. Lorsque la pauvreté, le sentiment d'être privé de ses droits et l'impuissance atteignent un certain tournant, une action sociale perturbatrice devient souvent le dernier recours.

Dans les premiers jours de la crise, des personnalités éminentes se sont fait l'écho de ces préoccupations et ont alerté le monde sur le risque croissant de troubles sociaux. Jacob Wallenberg, l'industriel suédois, est l'un d'entre eux. En mars 2020, il a écrit : « Si la crise se prolonge, le chômage pourrait atteindre 20 à 30 % et les économies se contracter de 20 à 30 %... Il n'y aura pas de reprise. Il y aura des troubles sociaux. Il y aura de la violence. Il y aura des conséquences socio-économiques : un chômage dramatique. Les citoyens vont terriblement souffrir : certains mourront, d'autres se sentiront mal. »[62] Nous avons maintenant dépassé le seuil de ce que Wallenberg considérait comme « inquiétant », avec un chômage dépassant les 20 à 30 % dans de nombreux pays du monde et avec la plupart des économies qui se sont contractées au cours du deuxième trimestre 2020, au-delà d'un niveau auparavant considéré comme préoccupant. Comment cela va-t-il se dérouler et où l'agitation sociale est-elle la plus probable et dans quelle mesure ?

Au moment de la rédaction de ce livre, la COVID-19 a déjà déclenché une vague mondiale de troubles sociaux. Elle a commencé aux États-Unis avec les manifestations de Black Lives Matter suite à l'assassinat de George Floyd fin mai 2020, mais elle s'est rapidement étendue au monde entier. La COVID-19 a été un élément déterminant : la mort de George Floyd a été l'étincelle qui a allumé le feu des troubles sociaux, mais les conditions sous-jacentes créées par la pandémie, en particulier les inégalités raciales qu'elle a mises à nu et le niveau croissant de chômage, ont été le carburant qui a amplifié les protestations et les a maintenues. Comment ? Au cours des six dernières années, près de 100 Afro-Américains sont morts en garde à vue, mais il a fallu l'assassinat de George Floyd pour déclencher un soulèvement national. Ce n'est donc pas un hasard si cette explosion de colère s'est produite pendant la pandémie, qui a touché de manière disproportionnée la communauté afro-américaine des États-Unis (comme indiqué précédemment). Fin juin 2020, le taux de mortalité infligé par la COVID-19 aux Noirs américains était 2,4 fois supérieur à celui des Blancs américains. Au même moment, l'emploi chez les Noirs américains était décimé par la crise du coronavirus. Cela ne devrait pas être une surprise : le fossé économique et social entre les Afro-Américains et les Américains blancs est si profond que, selon presque tous les indicateurs, les travailleurs noirs sont désavantagés par rapport aux travailleurs blancs.[63] En mai 2020, le chômage des Afro-Américains s'élevait à 16,8 % (contre un niveau national de 13,3 %), un niveau très élevé qui alimente un phénomène que les sociologues appellent la « disponibilité biographique » :[64] l'absence d'emploi à temps plein tend à augmenter le niveau de participation aux mouvements sociaux. Nous ne savons pas comment le mouvement « Black Lives Matter » va évoluer et, s'il perdure, quelle forme il prendra. Cependant, des données montrent qu'il est en train d'évoluer vers un mouvement qui dépasse les problèmes spécifiques à la race. Les protestations contre le racisme systémique ont conduit à des appels plus généraux en faveur de la justice économique et de l'inclusion. Il s'agit d'une suite logique aux questions d'inégalité abordées dans le sous-chapitre précédent, qui illustre également la manière dont les risques interagissent entre eux et s'amplifient les uns les autres.

Il est important de souligner qu'aucune situation n'est figée et qu'il n'existe pas de déclencheur « mécanique » de l'agitation sociale - celle-ci reste l'expression d'une dynamique humaine collective et d'un état d'esprit qui dépend d'une multitude de facteurs. Fidèles aux notions d'interconnexion et de complexité, les explosions de troubles sociaux représentent les événements non linéaires typiques pouvant être déclenchés par une grande variété de facteurs politiques, économiques, sociétaux, technologiques et environnementaux. Ils portent sur des choses aussi différentes que les chocs économiques, les difficultés causées par des événements climatiques extrêmes, les tensions raciales, la pénurie alimentaire et même les sentiments d'injustice. Tous ces éléments, et bien d'autres encore, interagissent presque toujours les uns avec les autres et créent des effets en cascade. Par conséquent, les situations spécifiques de troubles ne peuvent être prévues, mais peuvent néanmoins être anticipées. Quels sont les pays qui y sont les plus sensibles ? À première vue, les pays pauvres sans filets de sécurité et les pays riches avec des filets de sécurité sociale insuffisants sont les plus menacés car ils n'ont pas ou peu de mesures politiques telles que les allocations de chômage pour amortir le choc de la perte de revenus. C'est pourquoi des sociétés fortement individualistes comme les États-Unis pourraient être plus menacées que les pays européens ou asiatiques, qui ont soit un plus grand sens de la solidarité (comme en Europe du Sud), soit un meilleur système social pour aider les défavorisés (comme en Europe du Nord). Parfois, les deux se rejoignent. Des pays comme l'Italie, par exemple, possèdent à la fois un solide filet de sécurité sociale et un sens aigu de la solidarité (notamment d'un point de vue intergénérationnel).

Dans le même ordre d'idées, le confucianisme qui prévaut dans tant de pays asiatiques place le sens du devoir et de la solidarité entre les générations avant les droits individuels ; il accorde également une grande importance aux mesures et aux règles qui profitent à la communauté dans son ensemble. Tout cela ne signifie pas, bien sûr, que les pays européens ou asiatiques sont à l'abri des troubles sociaux. Loin de là ! Comme l'a démontré le mouvement des gilets jaunes en France, des formes violentes et durables d'agitation sociale peuvent éclater même dans les pays dotés d'un solide filet de sécurité sociale mais où les attentes de la société sont laissées pour compte.

L'agitation sociale a des effets négatifs sur le bien-être économique et social, mais il est essentiel de souligner que nous ne sommes pas impuissants face à de potentiels troubles sociaux, pour la simple et bonne raison que les gouvernements et, dans une moindre mesure, les entreprises et autres organisations peuvent se préparer à atténuer le risque en adoptant les bonnes politiques. La plus grande cause sous-jacente de l'agitation sociale est l'inégalité. Les outils politiques permettant de lutter contre des niveaux d'inégalité inacceptables existent et sont souvent entre les mains des gouvernements.

1.3.3. Le retour du « Grand gouvernement »

Selon les mots de John Micklethwait et Adrian Wooldridge : « La pandémie de COVID-19 a redonné de l'importance au gouvernement. Il n'est pas seulement redevenu puissant (prenez ces sociétés autrefois puissantes qui supplient qu'on les aide), il est aussi redevenu vital : il est extrêmement important que votre pays dispose d'un bon service de santé, de bureaucrates compétents et de finances saines. Un bon gouvernement, c'est la différence entre vivre et mourir. »[65]

L'une des grandes leçons à tirer des cinq derniers siècles en Europe et en Amérique est la suivante : les crises sévères contribuent à renforcer le pouvoir de l'État. Cela a toujours été le cas et il n'y a pas de raison que ce soit différent avec la pandémie de COVID-19. Les historiens soulignent le fait que l'augmentation des ressources fiscales des pays capitalistes à partir du 18ème siècle a toujours été étroitement associée à la nécessité de mener des guerres, en particulier celles qui se sont déroulées dans des pays lointains et nécessitaient des capacités maritimes. C'est le cas de la guerre de Sept Ans de 1756-1763, décrite comme la première guerre véritablement mondiale à avoir impliqué toutes les grandes puissances européennes de l'époque. Depuis lors, les réponses aux crises majeures ont toujours consolidé le pouvoir de l'État, à commencer par l'imposition : « un attribut inhérent et essentiel de la souveraineté appartenant *de droit* à tout gouvernement indépendant. »[66] Quelques exemples illustrent ce point suggèrent fortement qu'ici, comme par le passé, l'imposition va augmenter. Comme ce fut le cas auparavant, la logique sociale et la justification politique qui sous-tendent les augmentations seront basées sur le récit des « pays en guerre » (mais cette fois-ci contre un ennemi invisible).

Le taux d'impôt sur le revenu le plus faible en France était de zéro en 1914 ; un an après la fin de la Première Guerre mondiale, il était de 50 %. Le Canada a introduit l'impôt sur le revenu en 1917 en tant que mesure « temporaire » pour financer la guerre, puis l'a étendu de façon spectaculaire pendant la Seconde Guerre mondiale avec une surtaxe fixe de 20 % sur tous les impôts sur le revenu payables par des personnes autres que les sociétés et l'introduction de taux marginaux d'imposition élevés (69 %). Les taux ont baissé après la guerre mais sont restés sensiblement plus élevés qu'avant. De même, pendant la Seconde Guerre mondiale, l'impôt sur le revenu en Amérique est passé d'un « impôt des classes » à un « impôt de masse », le nombre de contribuables passant de 7 millions en 1940 à 42 millions en 1945. Les années fiscales les plus progressives de l'histoire des États-Unis ont été 1944 et 1945, avec un taux de 94 % appliqué à tout revenu supérieur à 200 000 dollars (l'équivalent en 2009 de 2,4 millions de dollars). Ces taux maximaux, souvent accusés de confiscatoires par ceux qui devaient les payer, sont restés supérieurs à 80 % pendant encore 20 ans. À la fin de la Seconde Guerre mondiale, de nombreux autres pays ont adopté des mesures fiscales similaires et souvent extrêmes. Au Royaume-Uni, pendant la guerre, le taux d'imposition le plus élevé a atteint le pourcentage remarquablement stupéfiant de 99,25 % ![67]

Parfois, le pouvoir souverain de l'État en matière de fiscalité s'est manifesté par des avantages sociétaux concrets dans différents domaines, comme la création d'un système de protection sociale. Cependant, ces transitions massives vers quelque chose de totalement « nouveau » ont toujours été définies en termes de réponse à un choc externe violent ou à la menace d'un choc à venir. La Seconde Guerre mondiale, par exemple, a conduit à l'introduction de systèmes publics de protection sociale « du berceau à la tombe » dans la plupart des pays européens. La guerre froide aussi : les gouvernements des pays capitalistes étaient tellement préoccupés par une rébellion communiste interne qu'ils ont mis en place un modèle d'État pour la contrecarrer. Ce système, dans lequel les bureaucrates de l'État géraient de grandes parties de l'économie, allant des transports à l'énergie, est resté en place jusque dans les années 1970.

Aujourd'hui, la situation est fondamentalement différente ; au cours des décennies écoulées (dans le monde occidental), le rôle de l'État a considérablement diminué. Cette situation est appelée à changer car il est difficile d'imaginer comment un choc exogène d'une ampleur de celle infligée par la COVID-19 pourrait être traité avec des solutions purement basées sur le marché. Quasiment du jour au lendemain, le coronavirus a déjà réussi à modifier les perceptions sur l'équilibre complexe et délicat entre les domaines privé et public en faveur de ce dernier. Il a révélé que l'assurance sociale est efficace et que se décharger d'un nombre toujours plus grand de responsabilités (comme la santé et l'éducation) sur les individus et les marchés n'est peut-être pas dans l'intérêt de la société. Dans un revirement surprenant et soudain, l'idée, qui aurait été un anathème il y a encore quelques années, selon laquelle les gouvernements peuvent promouvoir le bien public tandis que des économies à la dérive, sans supervision peuvent faire des ravages sur le bien-être social, pourrait maintenant devenir la norme. Sur le cadran qui mesure le continuum entre le gouvernement et les marchés, l'aiguille s'est sans aucun doute déplacée vers la gauche.

Pour la première fois depuis que Margaret Thatcher a dépeint le *zetgeist* de l'époque avec sa célèbre affirmation « la société n'existe pas », les gouvernements ont le dessus. Tout ce qui arrive dans l'ère post-pandémique nous amènera à repenser le rôle des gouvernements. Au lieu de se contenter de corriger les défaillances du marché lorsqu'elles surviennent, ils devraient, comme le suggère l'économiste Mariana Mazzucato : « s'orienter vers la création et le façonnage actifs de marchés qui assurent une croissance durable et inclusive. Ils devraient également veiller à ce que les partenariats avec les entreprises impliquant des fonds publics soient motivés par l'intérêt public et non par le profit. »[68]

Comment ce rôle élargi des gouvernements se manifestera-t-il ? Un élément important du nouveau gouvernement « plus grand » est déjà en place avec le contrôle gouvernemental considérablement accru et quasi-immédiat de l'économie. Comme expliqué au chapitre 1, l'intervention économique publique s'est faite très rapidement et à une échelle sans précédent. En avril 2020, au moment où la pandémie a commencé à se propager à l'échelle internationale, les gouvernements du monde entier avaient annoncé des programmes de relance s'élevant à plusieurs billions de dollars, comme si huit ou neuf plans Marshall avaient été mis en place presque simultanément pour répondre aux besoins fondamentaux des plus pauvres, préserver les emplois chaque fois que possible et aider les entreprises à survivre. Les banques centrales ont décidé de réduire les taux et se sont engagées à fournir toutes les liquidités nécessaires, tandis que les gouvernements ont commencé à étendre les prestations sociales, à effectuer des transferts directs d'argent liquide, à couvrir les salaires et à suspendre les paiements de prêts et d'hypothèques, entre autres réponses. Seuls les gouvernements avaient le pouvoir, la capacité et la portée nécessaires pour prendre de telles décisions, sans lesquelles une calamité économique et un effondrement social complet auraient prévalu.

À l'avenir, les gouvernements décideront très probablement, mais avec des degrés d'intensité différents, qu'il est dans le meilleur intérêt de la société de réécrire certaines règles du jeu et d'accroître leur rôle de façon permanente. Comme cela s'est produit dans les années 1930 aux États-Unis, lorsque le chômage massif et l'insécurité économique ont été progressivement traités par un gouvernement au rôle plus important, aujourd'hui, une ligne de conduite similaire est susceptible de caractériser l'avenir proche. Nous passerons en revue dans d'autres sous-chapitres la forme que cela prendra (le prochain abordera le nouveau contrat social), mais voici brièvement certains des points principaux.

L'assurance santé et l'assurance chômage devront soit être créées de toutes pièces, soit être renforcées lorsqu'elles existent déjà. Les filets de sécurité sociale devront également être renforcés - dans les sociétés anglo-saxonnes les plus « orientées vers le marché » ; des allocations de chômage prolongées, des congés de maladie et de nombreuses autres mesures sociales devront être mises en œuvre pour amortir l'effet du choc et deviendront ensuite la norme. Dans de nombreux pays, un engagement syndical renouvelé facilitera ce processus. La valeur pour les actionnaires deviendra une considération secondaire, plaçant au premier plan la primauté du capitalisme des parties prenantes. La financiarisation du monde qui avait tant progressé ces dernières années va probablement s'inverser. Les gouvernements, en particulier dans les pays qu'elle a le plus touchés - les États-Unis et le Royaume-Uni - seront contraints de reconsidérer de nombreux aspects de cette obsession de la finance. Ils pourraient prendre un large éventail de mesures, telles que rendre le rachat d'actions illégal ou interdire aux banques d'encourager l'endettement des consommateurs. La vigilance du public par rapport aux entreprises privées va s'intensifier, en particulier (mais pas seulement) pour toutes les entreprises ayant bénéficié de l'argent public. Certains pays choisiront la nationalisation, tandis que d'autres préféreront prendre des parts au capital ou accorder des prêts. En règle générale, il y aura davantage de réglementation couvrant de nombreuses questions diverses, telles que la sécurité des travailleurs ou l'approvisionnement domestique de certains biens. Les entreprises seront également tenues de rendre des comptes sur les fractures sociales et environnementales, et on attendra d'elles qu'elles fassent partie de la solution à ces problèmes. En outre, les gouvernements encourageront fortement les partenariats public-privé afin que les entreprises privées s'impliquent davantage dans l'atténuation des risques mondiaux. Indépendamment des détails, le rôle de l'État va s'accroître et, ce faisant, affecter matériellement la manière dont sont menées les affaires. À des degrés divers, les dirigeants d'entreprises de tous les secteurs et de tous les pays devront s'adapter à une plus grande intervention du gouvernement. La recherche et le développement sur les biens publics mondiaux tels que la santé et les solutions au changement climatique seront activement poursuivis. La fiscalité va augmenter, en particulier pour les plus privilégiés, car les gouvernements devront renforcer leurs capacités de résilience et souhaiter investir davantage dans ces dernières. Comme le préconise Joseph Stiglitz :

> La première priorité est (...) d'accroître le finance-
> ment du secteur public, en particulier des parties
> de celui-ci destinées à protéger contre la multitude
> de risques auxquels une société complexe est con-
> frontée, et de financer les progrès de la science et
> un enseignement de meilleure qualité, dont dépend
> notre prospérité future. Ce sont des domaines dans
> lesquels des emplois productifs - les chercheurs, les
> enseignants et tous ceux qui aident à gérer les in-
> stitutions qui les soutiennent - peuvent être créés
> rapidement. Même lorsque nous sortirons de cette
> crise, nous devrons être conscients qu'une autre
> crise se profile à l'horizon. Nous ne pouvons pré-
> dire à quoi ressemblera la prochaine, nous savons
> seulement qu'elle sera différente de la précédente.[69]

Cette intrusion des gouvernements, dont la forme peut être bénigne ou maligne selon le pays et la culture, ne se manifestera jamais avec plus de vigueur que dans la redéfinition du contrat social.

1.3.4. Le contrat social

Il est presque inévitable que la pandémie incitera de nombreuses sociétés dans le monde à reconsidérer et à redéfinir les termes de leur contrat social. Nous avons déjà fait allusion au fait que la COVID-19 a agi comme un amplificateur des conditions préexistantes, mettant en évidence des problèmes de longue date résultant de profondes fragilités structurelles qui n'avaient jamais été correctement traitées. Cette dissonance et une remise en question émergente du statu quo se traduisent par un appel pressant à réviser les contrats sociaux auxquels nous sommes tous plus ou moins liés.

Au sens large, le « contrat social » désigne l'ensemble (souvent implicite) des dispositions et des attentes qui régissent les relations entre les individus et les institutions. En termes simples, c'est la « colle » qui lie les sociétés entre elles ; sans elle, le tissu social se défait. Pendant des décennies, elle a lentement et presque imperceptiblement évolué dans une direction qui a forcé les individus à assumer une plus grande responsabilité pour leur propre vie et leurs résultats économiques, amenant une grande partie de la population (plus manifestement dans les tranches de revenus faibles) à conclure que le contrat social était au mieux en train de s'éroder, voire, dans certains cas, de s'effondrer complètement. L'illusion apparente d'une inflation faible ou nulle est un exemple pratique, illustrant bien la manière dont cette érosion se produit dans la vie réelle. Depuis de nombreuses années dans le monde entier, le taux d'inflation a baissé pour de nombreux biens et services, à l'exception des trois choses qui comptent le plus pour une grande majorité d'entre nous : le logement, la santé et l'éducation. Pour ces trois domaines, les prix ont fortement augmenté, absorbant une proportion toujours plus grande des revenus disponibles et, dans certains pays, obligeant même les familles à s'endetter pour recevoir un traitement médical. De même, à l'époque pré-pandémique, les possibilités de travail s'étaient élargies dans de nombreux pays, mais l'augmentation des taux d'emploi a souvent coïncidé avec la stagnation des revenus et la polarisation du travail. Cette situation a fini par saper le bien-être économique et social d'une grande majorité de personnes dont les revenus ne suffisaient plus à garantir un mode de vie modérément décent (y compris parmi la classe moyenne du monde riche). Aujourd'hui, les raisons fondamentales qui sous-tendent la perte de confiance dans nos contrats sociaux se rejoignent autour des questions d'inégalité, de l'inefficacité de la plupart des politiques de redistribution, du sentiment d'exclusion et de marginalisation et d'un sentiment général d'injustice. C'est pourquoi de nombreux citoyens ont commencé à dénoncer une rupture du contrat social, exprimant avec de plus en plus de force une perte générale de confiance dans les institutions et les dirigeants.[70] Dans certains pays, cette exaspération généralisée a pris la forme de manifestations pacifiques ou violentes ; dans d'autres, elle a conduit à des victoires électorales de partis populistes et extrémistes. Quelle que soit sa forme, dans presque tous les cas, la réponse de la classe dirigeante est restée insuffisante - mal préparée à la rébellion et à court d'idées et de leviers politiques pour résoudre le problème. Bien que complexes, les solutions politiques existent et consistent dans l'ensemble à adapter l'État-providence au monde d'aujourd'hui en donnant du pouvoir aux gens et en répondant aux demandes d'un contrat social plus juste. Au cours des dernières années, plusieurs organisations internationales et groupes de réflexion se sont adaptés à cette nouvelle réalité et ont formulé des propositions sur la manière de la concrétiser.[71] La pandémie va marquer un tournant en accélérant cette transition. Elle a donné une dimension concrète à ce problème et rendu impossible un retour au statu quo pré-pandémique.

Quelle forme pourrait prendre le nouveau contrat social ? Il n'existe pas de modèles standard prêts à l'emploi, car chaque solution potentielle dépend de l'histoire et de la culture du pays auquel elle s'applique. Inévitablement et cela se comprend, un « bon » contrat social pour la Chine sera différent de celui destiné aux États-Unis, qui à son tour ne ressemblera pas à celui de la Suède ou du Nigeria. Cependant, ils pourraient tous partager des caractéristiques et des principes communs, dont la nécessité absolue a été rendue encore plus évidente par les conséquences sociales et économiques de la crise pandémique. Deux se distinguent en particulier :

1. Une offre plus large, voire universelle, d'assistance sociale, d'assurance sociale, de soins de santé et de services de base de qualité

2. Une évolution vers une protection renforcée des travailleurs et des personnes les plus vulnérables actuellement (comme celles participant à la *gig economy*, dans laquelle les employés à plein temps sont remplacés par des sous-traitants indépendants et des freelances).

On dit souvent que la réponse d'une nation à une catastrophe en dit long sur ses forces et ses dysfonctionnements, et avant tout sur la « qualité » et la solidité de son contrat social. Tandis que nous nous éloignons progressivement des moments les plus graves de la crise et que nous commençons à examiner en profondeur ce qui a bien marché et ce qui n'a pas fonctionné, nous devons nous attendre à un grand examen de conscience, qui conduira finalement à une redéfinition des termes de notre contrat social. Dans les pays qui ont été perçus comme apportant une réponse médiocre à la pandémie, de nombreux citoyens commenceront à poser des questions critiques telles que : Comment se fait-il qu'en pleine pandémie, mon pays a souvent manqué de masques, de respirateurs et autres protections respiratoires ? Pourquoi n'était-il pas correctement préparé ? Est-ce lié à l'obsession du court terme ? Pourquoi sommes-nous si riches en termes de PIB et si inefficaces pour fournir de bons soins de santé à tous ceux qui en ont besoin ? Comment se fait-il qu'une personne ayant suivi une formation de plus de dix ans pour devenir médecin et dont les « résultats » de fin d'année se mesurent en vies, reçoive une rémunération dérisoire comparée à celle d'un trader ou d'un gestionnaire de fonds spéculatifs ?

La crise de COVID-19 a mis en évidence le statut inapproprié de la plupart des systèmes de santé nationaux, tant en termes de coût de la vie des patients que des infirmiers et des médecins. Dans les pays riches où les services de santé financés par l'impôt souffrent depuis longtemps d'un manque de ressources (le service national de santé britannique en est l'exemple le plus extrême) en raison des préoccupations politiques liées à l'augmentation des impôts, les appels à une augmentation des dépenses (et donc des impôts) se feront de plus en plus pressants, avec une prise de conscience croissante qu'une « gestion efficace » ne peut compenser le sous-investissement.

La COVID-19 a également révélé un gouffre béant dans la plupart des systèmes de protection sociale. À première vue, les nations qui ont réagi de la manière la plus inclusive sont celles qui disposent d'un système de protection sociale élaboré, notamment les pays scandinaves. À titre d'exemple, dès mars 2020, la Norvège a garanti 80 % des revenus moyens des travailleurs indépendants (sur la base des déclarations d'impôts des trois années précédentes), tandis que le Danemark en a garanti 75 %. À l'autre extrémité du spectre, les économies les plus orientées vers le marché ont rattrapé leur retard et fait preuve d'indécision quant à la manière de protéger les segments les plus vulnérables du marché du travail, en particulier les travailleurs de la *gig economy*, les entrepreneurs indépendants et les travailleurs sur appel et temporaires, dont l'emploi implique des activités génératrices de revenus ne relevant pas de la relation employeur-employé traditionnelle.

Autre sujet important susceptible d'avoir un impact décisif sur le nouveau contrat social : le congé de maladie. Les économistes s'accordent généralement à dire que l'absence de congé de maladie payé rend plus difficile la maîtrise de la propagation d'une épidémie, ceci pour la simple raison que si les employés se voient refuser l'accès à ce congé, ils peuvent être tentés ou forcés d'aller travailler tout en étant infectés, et ainsi propager la maladie. Cela est particulièrement vrai pour les travailleurs à faible revenu et ceux du secteur des services (les deux vont souvent de pair). Lorsque la pandémie de grippe porcine (H1N1) s'est déclarée en 2009-2010, l'American Public Health Association a estimé qu'environ 7 millions de personnes avaient été infectées et que 1 500 autres étaient décédées parce que les employés contagieux ne pouvaient pas se permettre de ne pas aller travailler. Parmi les économies riches, seuls les États-Unis ont un système qui laisse aux employeurs la liberté de décider d'accorder ou non des congés de maladie payés. En 2019, près d'un quart de tous les travailleurs américains (environ 40 millions, largement concentrés dans des postes à bas salaire) n'en bénéficiaient pas. En mars 2020, lorsque la pandémie a commencé à faire rage aux États-Unis, le président Trump a promulgué une nouvelle loi obligeant temporairement les employeurs à accorder deux semaines de congé de maladie plus un congé familial à salaire partiel, mais uniquement aux travailleurs ayant des problèmes de garde d'enfants. Il faut maintenant voir comment cela s'inscrira dans la redéfinition du contrat social aux États-Unis. En revanche, presque tous les pays européens exigent des employeurs qu'ils accordent des congés de maladie payés pour des périodes variables pendant lesquelles les travailleurs sont également protégés contre le licenciement. Les nouvelles lois promulguées au début de la pandémie impliquaient également que l'État compenserait une partie ou la totalité du salaire des personnes confinées chez elles, y compris celles participant à la *gig economy* et les indépendants. Au Japon, tous les travailleurs ont droit à un maximum de 20 jours de congé payé chaque année, tandis qu'en Chine, ils ont droit à une indemnité de maladie allant de 60 à 100 % du salaire journalier pendant toute période de maladie, la durée du congé de maladie étant convenue par contrat ou définie entre les travailleurs et les employeurs. À mesure que nous avançons, nous devrions nous attendre à ce que ces questions s'immiscent de plus en plus dans la redéfinition de notre contrat social.

Un autre aspect essentiel des contrats sociaux dans les démocraties occidentales concerne les libertés. On craint actuellement de plus en plus que la lutte contre cette pandémie et celles à venir ne conduise à la création de sociétés de surveillance en permanence. Cette question est examinée plus en détail dans le chapitre sur la réinitialisation technologique, mais nous nous contenterons de dire qu'un état d'urgence ne peut être justifié que lorsqu'une menace est publique, universelle et existentielle. En outre, les théoriciens politiques soulignent souvent que des pouvoirs extraordinaires nécessitent une autorisation du peuple et doivent être limités dans le temps et raisonnables. On peut être d'accord avec la première partie de l'affirmation (menace publique, universelle et existentielle), mais qu'en est-il de la seconde ? Attendez-vous à ce qu'elle constitue un élément important des futurs débats sur ce à quoi devrait ressembler notre contrat social.

Redéfinir collectivement les termes de nos contrats sociaux est une tâche d'époque qui lie les défis substantiels du moment présent aux espoirs de l'avenir. Comme l'a rappelé Henry Kissinger : « Les dirigeants ont un défi historique à relever : gérer la crise tout en bâtissant l'avenir. Leur échec pourrait consumer le monde. »[72] Tout en réfléchissant aux contours que pourrait prendre un futur contrat social, nous ignorons à nos risques et périls l'opinion de la jeune génération qui sera amenée à vivre avec. Leur adhésion est décisive, aussi pour mieux comprendre ce qu'ils veulent, nous ne devons pas oublier de les écouter. Ceci est d'autant plus important que la jeune génération est susceptible d'être plus radicale que l'ancienne dans la redéfinition du contrat social. La pandémie a bouleversé leur vie, et toute une génération à travers le monde sera définie par l'insécurité économique et souvent sociale, des millions de personnes devant entrer sur le marché du travail au milieu d'une profonde récession. Ils porteront ces cicatrices pour toujours. Par ailleurs, se lancer dans la vie active avec un déficit - de nombreux étudiants ont des dettes à rembourser - risque d'avoir des effets à long terme. Les Millenials (du moins dans le monde occidental) sont déjà moins bien lotis que leurs parents en termes de revenus, de biens et de richesse. Ils sont moins susceptibles de posséder une maison ou d'avoir des enfants que ne l'étaient leurs parents. À présent, une autre génération (la génération Z) entre dans un système qu'elle considère comme défaillant et qui sera assailli par des problèmes de longue date révélés et exacerbés par la pandémie. Comme l'a dit une étudiante, citée dans le *New York Times* : « Les jeunes ont un profond désir de changement radical parce que nous voyons le chemin tortueux qui nous attend. »[73]

Comment cette génération va-t-elle réagir ? En proposant des solutions radicales (et souvent des actions radicales) pour tenter d'empêcher la prochaine catastrophe de se produire - qu'il s'agisse du changement climatique ou des inégalités sociales. Elle exigera très probablement une alternative radicale aux solutions actuelles, car ses membres sont frustrés et obnubilés par la conviction tenace que le système actuel est irrémédiablement fracturé.

L'activisme des jeunes se développe dans le monde entier,[74] révolutionné par les médias sociaux qui augmentent la mobilisation dans une mesure qui aurait été impossible auparavant.[75] Elle prend de nombreuses formes différentes, allant de la participation politique non institutionnalisée aux manifestations et protestations, et aborde des questions aussi diverses que le changement climatique, les réformes économiques, l'égalité des sexes et les droits des LGBTQ. La jeune génération est fermement à l'avant-garde du changement social. Il ne fait guère de doute qu'elle sera le catalyseur du changement et une source d'impulsion critique pour la Grande réinitialisation.

1.4. Réinitialisation géopolitique

La connectivité entre la géopolitique et les pandémies est réciproque. D'une part, la fin chaotique du multilatéralisme, le vide dans la gouvernance mondiale et la montée de diverses formes de nationalisme[76] rendent plus difficile la lutte contre l'épidémie. Le coronavirus se propage dans le monde entier et n'épargne personne, tandis que les failles géopolitiques qui divisent les sociétés incitent de nombreux dirigeants à se concentrer sur les réponses nationales - une situation qui limite l'efficacité collective et réduit la capacité à éradiquer la pandémie. D'autre part, la pandémie exacerbe et accélère clairement les tendances géopolitiques qui étaient déjà apparentes avant que n'éclate la crise. Quels étaient ces tendances et quel est l'état actuel des affaires géopolitiques ?

Le regretté économiste Jean-Pierre Lehmann (qui a enseigné à l'IMD à Lausanne) avait résumé la situation actuelle avec beaucoup de perspicacité en déclarant : « Il n'y a pas de nouvel ordre mondial, juste une transition chaotique vers l'incertitude. » Plus récemment, Kevin Rudd, président de l'Asia Society Policy Institute et ancien Premier ministre australien, a exprimé des sentiments similaires, s'inquiétant notamment de « l'anarchie post-COVID-19 à venir » : « Diverses formes de nationalisme rampant se substituent à l'ordre et à la coopération. Aussi la nature chaotique des réponses nationales et mondiales à la pandémie constitue-t-elle un avertissement de ce qui pourrait se produire à une échelle encore plus grande. »[77] Cela a pris des années pour y arriver, avec des causes multiples qui se recoupent, mais l'élément déterminant de l'instabilité géopolitique est le rééquilibrage progressif de l'Ouest vers l'Est - une transition qui crée des tensions et, ce faisant, génère également un désordre mondial. C'est ce que l'on appelle le piège de Thucydide - le stress structurel qui se produit inévitablement lorsqu'une puissance montante comme la Chine rivalise avec une puissance dominante comme les États-Unis. Cette confrontation sera source de désordre, de confusion et d'incertitude au niveau mondial pour les années à venir. Que l'on « apprécie » ou non les États-Unis, leur désengagement progressif (l'équivalent d'un « geopolitical taper », selon les termes de l'historien Niall Ferguson, à savoir une réduction progressive géopolitique) de la scène internationale ne peut qu'accroître la volatilité internationale. De plus en plus, les pays qui avaient tendance à s'appuyer sur les biens publics mondiaux fournis par l'« hégémon » américain (pour la sécurité des voies maritimes, la lutte contre le terrorisme international, etc.) devront désormais prendre soin eux-mêmes de leur territoire. Le 21ème siècle sera très probablement une ère dépourvue d'hégémonie totale, durant laquelle aucune puissance ne pourra dominer de manière absolue - en conséquence, le pouvoir et l'influence seront redistribués de manière chaotique et, dans certains cas, à contrecœur.

Dans ce nouveau monde désordonné, défini par un glissement vers la multipolarité et une concurrence intense pour l'influence, les conflits ou les tensions ne seront plus motivés par l'idéologie (à l'exception partielle et limitée de l'Islam radical), mais encouragés par le nationalisme et la compétition pour les ressources. Si aucune puissance ne peut faire respecter l'ordre, notre monde souffrira d'un « déficit d'ordre mondial ». À moins que les nations individuelles et les organisations internationales ne parviennent à trouver des solutions pour mieux collaborer au niveau mondial, nous risquons d'entrer dans une « ère d'entropie » où le repli, la fragmentation, la colère et le chauvinisme définiront de plus en plus notre paysage mondial, le rendant moins intelligible et plus désordonné. La crise pandémique a à la fois exposé et exacerbé ce triste état de fait. L'ampleur et les conséquences du choc qu'elle a infligé sont telles qu'aucun scénario extrême ne peut plus être écarté. L'implosion de certains États ou pétrostats défaillants, le possible effondrement de l'UE, une rupture entre la Chine et les États-Unis menant à la guerre : tous ces scénarios et bien d'autres encore sont désormais devenus plausibles (bien qu'ils soient, espérons-le, peu probables).

Dans les pages qui suivent, nous passons en revue quatre questions principales qui prendront plus de place dans l'ère post-pandémique et qui se regroupent : l'érosion de la mondialisation, l'absence de gouvernance mondiale, la rivalité croissante entre les États-Unis et la Chine, et le sort des États fragiles et défaillants.

1.4.1. Mondialisation et nationalisme

La mondialisation - un mot passe-partout - est une notion large et vague qui fait référence à l'échange mondial entre nations de biens, de services, de personnes, de capitaux et maintenant même de données. Elle a sorti des centaines de millions de personnes de la pauvreté mais, depuis quelques années, elle est remise en cause et a même commencé à reculer. Comme nous l'avons souligné précédemment, le monde d'aujourd'hui est plus interconnecté que jamais mais, depuis plus d'une décennie, l'élan économique et politique qui a plaidé en faveur de la mondialisation et a soutenu son développement s'est essoufflé. Les négociations sur le commerce mondial qui ont débuté au début des années 2000 n'ont abouti à aucun accord, tandis qu'à la même époque, la réaction brutale politique et sociétale contre la mondialisation n'a cessé de s'intensifier. À mesure que les coûts sociaux provoqués par les effets asymétriques de la mondialisation augmentaient (notamment en termes de chômage dans le secteur manufacturier des pays à haut revenu), les risques de la mondialisation financière sont devenus de plus en plus évidents suite à la grande crise financière qui a débuté en 2008. Ainsi combinés, ils ont déclenché la montée de partis populistes et de droite dans le monde entier (plus particulièrement en Occident), qui, lorsqu'ils arrivent au pouvoir, ont souvent recours au nationalisme et font la promotion d'un programme isolationniste, deux notions contraires à la mondialisation.

L'économie mondiale est si étroitement interconnectée que mettre un terme à la mondialisation est chose impossible. Ce qui est possible cependant, c'est de la ralentir et même de la faire reculer. D'après nous, c'est exactement ce que va entraîner la pandémie. Elle a déjà rétabli les frontières avec une véhémence certaine, renforçant à l'extrême des tendances déjà bien visibles avant qu'elle n'éclate avec force en mars 2020 (lorsqu'elle s'est transformée en pandémie mondiale, n'épargnant aucun pays), comme le renforcement des contrôles aux frontières (principalement en raison des craintes liées à l'immigration) et un plus grand protectionnisme (principalement en raison des craintes liées à la mondialisation). Le resserrement des contrôles aux frontières pour gérer la progression de la pandémie est parfaitement logique, mais le risque que la renaissance de l'État-nation conduise progressivement à un nationalisme beaucoup plus grand est réel, une réalité que le cadre du « trilemme de la mondialisation » proposé par Dani Rodrik a bien saisie. Au début des années 2010, alors que la mondialisation devenait une question politique et sociale sensible, l'économiste de Harvard a expliqué pourquoi elle serait la victime inévitable de la montée du nationalisme. Le trilemme suggère que les trois notions de mondialisation économique, de démocratie politique et d'État-nation sont mutuellement irréconciliables, si l'on suit la logique selon laquelle seules deux d'entre elles peuvent effectivement coexister à un moment donné.[78] La démocratie et la souveraineté nationale ne sont compatibles que si la mondialisation est contenue. En revanche, si l'État-nation et la mondialisation prospèrent tous deux, la démocratie devient intenable. Enfin, si la démocratie et la mondialisation se développent toutes deux, il n'y a plus de place pour l'État-nation. Par conséquent, on ne peut choisir que deux des trois - c'est l'essence même du trilemme. L'Union européenne a souvent été utilisée comme exemple pour illustrer la pertinence du cadre conceptuel offert par ce trilemme. Combiner l'intégration économique (un substitut à la mondialisation) et la démocratie implique que les décisions importantes doivent être prises à un niveau supranational, ce qui d'une certaine manière affaiblit la souveraineté de l'État-nation. Dans le contexte actuel, le cadre du « trilemme politique » suggère que la mondialisation doit nécessairement être contenue si nous ne voulons pas renoncer à une certaine souveraineté nationale ou à la démocratie. Par conséquent, la montée du nationalisme rend le recul de la mondialisation inévitable dans la plus grande partie du monde ; une impulsion particulièrement remarquable en Occident. Le vote en faveur du Brexit et l'élection du président Trump et de son programme protectionniste sont deux indicateurs importants de la réaction brutale de l'Occident contre la mondialisation. Des études subséquentes valident non seulement le trilemme de Rodrik, mais montrent aussi que le rejet de la mondialisation par les électeurs est une réponse rationnelle lorsque l'économie est forte et les inégalités élevées.[79]

La forme la plus visible de la dé-mondialisation progressive se produira au cœur de son « réacteur nucléaire » : la chaîne d'approvisionnement mondiale devenue emblématique de la mondialisation. Comment et pourquoi cela va-t-il se passer ? Le raccourcissement ou la relocalisation des chaînes d'approvisionnement seront encouragés par : 1) les entreprises qui y voient une mesure d'atténuation des risques par rapport à la rupture de la chaîne d'approvisionnement (le compromis entre la résilience et l'efficacité) ; et 2) la pression politique de la droite comme de la gauche. Depuis 2008, la tendance à une plus grande localisation a été fermement inscrite à l'ordre du jour politique dans de nombreux pays (en particulier en Occident), mais elle va maintenant s'accélérer au cours de la période post-pandémique. Du côté de la droite, la résistance à la mondialisation est menée par les protectionnistes et les défenseurs de la sécurité nationale qui montaient déjà en puissance avant le début de la pandémie. Maintenant, ils vont créer des alliances et parfois fusionner avec d'autres forces politiques qui verront un avantage à adopter un programme anti-mondialisation. Du côté de la gauche, les militants et les partis verts qui stigmatisaient déjà le transport aérien et demandaient un recul de la mondialisation seront enhardis par l'effet positif de la pandémie sur notre environnement (beaucoup moins d'émissions de carbone et de pollution de l'air et de l'eau). Même sans la pression de l'extrême droite et des militants écologistes, de nombreux gouvernements se rendront compte que certaines situations de dépendance commerciale ne sont plus politiquement acceptables. Comment l'administration des États-Unis, par exemple, peut-elle accepter que 97 % des antibiotiques fournis dans le pays proviennent de Chine ?[80]

Ce processus d'inversion de la mondialisation ne se fera pas du jour au lendemain ; le raccourcissement des chaînes d'approvisionnement sera à la fois très difficile et très coûteux. Par exemple, un découplage complet et global vis-à-vis de la Chine nécessiterait de la part des entreprises concernées un investissement de centaines de milliards de dollars dans des usines nouvellement implantées, et de la part des gouvernements des montants équivalents pour financer de nouvelles infrastructures, comme les aéroports, les liaisons de transport et les logements, afin de desservir les chaînes d'approvisionnement relocalisées. Bien que le désir politique de découplage puisse dans certains cas être plus fort que la capacité réelle à le faire, la direction que prend la tendance est néanmoins claire. Le gouvernement japonais l'a bien compris lorsqu'il a mis de côté 243 milliards de yens japonais sur les 108 billions de son plan de sauvetage afin d'aider les entreprises japonaises à retirer leurs opérations de Chine. À plusieurs reprises, l'administration des États-Unis a fait allusion à des mesures similaires.

Le résultat le plus probable de ce continuum « mondialisation-absence de mondialisation » réside dans une solution intermédiaire : la régionalisation. Le succès de l'Union européenne en tant que zone de libre-échange ou le nouveau partenariat économique régional global en Asie (un projet d'accord de libre-échange entre les dix pays qui composent l'ANASE) sont des exemples parlants de la façon dont la régionalisation pourrait bien devenir une nouvelle version édulcorée de la mondialisation. Même les trois États qui composent l'Amérique du Nord réalisent aujourd'hui davantage d'échanges commerciaux entre eux qu'avec la Chine ou l'Europe. Comme le souligne Parag Khanna : « Le régionalisme était clairement en train de prendre le dessus sur le mondialisme avant que la pandémie n'expose les vulnérabilités de notre interdépendance à longue distance. »[81] Pendant des années, à l'exception partielle du commerce direct entre les États-Unis et la Chine, la mondialisation (mesurée par l'échange de biens) devenait déjà plus intrarégionale qu'interrégionale. Au début des années 1990, l'Amérique du Nord absorbait 35 % des exportations de l'Asie de l'Est. Aujourd'hui, cette proportion est tombée à 20 %, principalement parce que la part des exportations de l'Asie de l'Est vers sa propre région augmente chaque année ; une situation naturelle car les pays asiatiques remontent la chaîne de valeur et consomment davantage ce qu'ils produisent. En 2019, alors que les États-Unis et la Chine déclenchaient une guerre commerciale, les échanges commerciaux des États-Unis ont augmenté avec le Canada et le Mexique tout en diminuant avec la Chine. Parallèlement, le commerce de la Chine avec l'ANASE a dépassé pour la première fois les 300 milliards de dollars. En bref, la dé-mondialisation sous la forme d'une plus grande régionalisation était déjà en cours.

La COVID-19 ne fera qu'accélérer cette divergence mondiale à mesure que l'Amérique du Nord, l'Europe et l'Asie se concentreront de plus en plus sur leur auto-suffisance régionale plutôt que sur les chaînes d'approvisionnement mondiales distantes et complexes qui, autrefois, incarnaient l'essence de la mondialisation. Quelle forme cela pourrait-il prendre ? Cela pourrait ressembler à la séquence d'événements qui a mis fin à une période de mondialisation par le passé, mais avec une tournure régionale. L'anti-mondialisation a été forte pendant la période précédant 1914 et jusqu'en 1918, puis moins pendant les années 1920, mais elle a repris dans les années 1930 à la suite de la Grande Dépression, déclenchant une augmentation des barrières tarifaires et non tarifaires qui a détruit de nombreuses entreprises et infligé beaucoup de souffrances aux plus grandes économies de l'époque. La même chose pourrait se produire à nouveau, avec une forte volonté de repositionnement, étendu au-delà des soins de santé et de l'agriculture pour inclure de grandes catégories de produits non stratégiques. Tant l'extrême droite que l'extrême gauche profiteront de la crise pour promouvoir un programme protectionniste avec des barrières plus élevées pour freiner la libre circulation des biens et des personnes. D'après plusieurs enquêtes menées au cours des premiers mois de 2020, les entreprises internationales craignent un retour et une aggravation du protectionnisme aux États-Unis, non seulement en matière de commerce, mais aussi de fusions et acquisitions transfrontalières et de marchés publics.[82] Ce qui se passe aux États-Unis va inévitablement ricocher ailleurs, d'autres économies avancées imposant davantage de barrières au commerce et à l'investissement, rejetant ainsi les appels des experts et des organisations internationales à s'abstenir de tout protectionnisme.

Ce sombre scénario n'est pas inévitable mais, au cours des prochaines années, nous devrions nous attendre à ce que les tensions entre les forces du nationalisme et de l'ouverture se manifestent dans trois dimensions essentielles : 1) les institutions mondiales ; 2) le commerce ; et 3) les flux de capitaux. Récemment, les institutions mondiales et les organisations internationales ont été soit affaiblies, comme l'Organisation mondiale du commerce ou l'OMS, soit incapables de faire face à la tâche, cette dernière étant davantage due à un « sous-financement et à une sur-gouvernance »[83] qu'à une inaptitude inhérente.

Le commerce mondial, comme nous l'avons vu dans le chapitre précédent, se contractera presque certainement à mesure que les entreprises raccourciront leur chaîne d'approvisionnement et s'assureront qu'elles ne dépendent plus d'un seul pays ou d'une seule entreprise à l'étranger pour leurs pièces et composants essentiels. Dans le cas d'industries particulièrement sensibles (comme les produits pharmaceutiques ou le matériel de soins de santé) et de secteurs considérés comme présentant un intérêt pour la sécurité nationale (comme les télécommunications ou la production d'énergie), on pourrait même assister à un processus continu de détricotage de l'intégration, ou dé-intégration. Celui-ci est déjà en train de devenir nécessaire aux États-Unis, et il serait surprenant que cette attitude ne s'étende pas à d'autres pays et à d'autres secteurs. La géopolitique inflige également une certaine douleur économique en faisant du commerce une arme, ceci en déclenchant chez les entreprises internationales la crainte de ne plus pouvoir résoudre des conflits commerciaux de façon ordonnée et prévisible par le biais de l'État de droit international.

Quant aux flux de capitaux internationaux, il semble déjà évident qu'ils seront freinés par les autorités nationales et la défiance publique. Comme l'ont déjà montré tant de pays et de régions aussi différents que l'Australie, l'Inde ou l'UE, les considérations protectionnistes seront de plus en plus présentes dans l'ère post-pandémique. Les mesures iront de l'achat par les gouvernements nationaux de participations dans des entreprises « stratégiques » pour empêcher les rachats étrangers ou de l'imposition de diverses restrictions à ces rachats, jusqu'à la soumission des investissements directs étrangers (IDE) à l'approbation du gouvernement. Il est d'ailleurs éloquent qu'en avril 2020, l'administration des États-Unis ait décidé d'empêcher un fonds de pension géré par l'État d'investir en Chine.

Dans les années à venir, il semble inévitable qu'une certaine dé-mondialisation se produise, stimulée par la montée du nationalisme et une plus grande fragmentation internationale. Il est inutile de tenter de rétablir le statu quo ex ante (l'« hyper-mondialisation » a perdu tout son capital politique et social, et il est devenu politiquement impossible de plaider en sa faveur), mais il est important de limiter les inconvénients d'une éventuelle chute libre qui provoquerait des dommages économiques et une souffrance sociale majeurs. Un retrait hâtif de la mondialisation entraînerait des guerres commerciales et monétaires, endommageant l'économie de chaque pays, provoquant des ravages sociaux et déclenchant un nationalisme ethnique ou clanique. Instaurer une forme de mondialisation beaucoup plus inclusive et équitable qui la rendrait durable, tant sur le plan social qu'environnemental, est la seule façon viable de gérer ce retrait. Cela nécessite des solutions politiques abordées dans le chapitre de conclusion et une certaine forme de gouvernance mondiale efficace. Des progrès sont en effet possibles dans les domaines mondiaux qui ont traditionnellement bénéficié de la coopération internationale, comme les accords environnementaux, la santé publique et les paradis fiscaux.

Cela ne sera possible que grâce à une meilleure gouvernance mondiale - le facteur d'atténuation le plus « naturel » et efficace contre les tendances protectionnistes. Toutefois, nous ne savons pas encore comment son cadre évoluera dans un avenir proche. Pour l'instant, les signes laissent présager qu'elle ne va pas dans la bonne direction. Il n'y a pas de temps à perdre. Si nous n'améliorons pas le fonctionnement et la légitimité de nos institutions mondiales, le monde deviendra bientôt ingérable et très dangereux. Il ne peut y avoir de reprise durable sans un cadre stratégique mondial de gouvernance.

1.4.2. Gouvernance mondiale

La gouvernance mondiale est généralement définie comme le processus de coopération entre des acteurs transnationaux visant à apporter des réponses aux problèmes mondiaux (ceux qui affectent plus d'un État ou d'une région). Elle englobe l'ensemble des institutions, politiques, normes, procédures et initiatives par lesquelles les États tentent d'apporter plus de prévisibilité et de stabilité à leurs réponses aux défis transnationaux. Cette définition indique clairement que tout effort mondial sur une question ou une préoccupation internationale est voué à l'échec sans la coopération des gouvernements nationaux et leur capacité à agir et à légiférer pour soutenir leurs objectifs. Les États-nations rendent la gouvernance mondiale possible (l'un guidant l'autre), c'est pourquoi l'ONU affirme qu'« une gouvernance mondiale efficace ne peut être réalisée qu'avec une coopération internationale efficace. »[84] Les deux notions de gouvernance mondiale et de coopération internationale sont si étroitement liées qu'il est pratiquement impossible pour la gouvernance mondiale de s'épanouir dans un monde divisé qui se retranche et se fragmente.

Plus le nationalisme et l'isolationnisme se répandent dans la politique mondiale, plus la gouvernance mondiale risque de perdre sa pertinence et de devenir inefficace. Malheureusement, nous arrivons maintenant à ce stade critique. En clair, nous vivons dans un monde où personne n'est vraiment aux commandes.

La COVID-19 nous a rappelé que les plus grands problèmes auxquels nous sommes confrontés sont de nature mondiale. Qu'il s'agisse de pandémies, de changement climatique, de terrorisme ou de commerce international, ce sont tous des problèmes mondiaux que nous ne pouvons aborder, et dont les risques ne peuvent être atténués, que de manière collective. Mais le monde est devenu, selon les mots de Ian Bremmer, un monde G-Zéro, ou pire, un monde « G moins 2 » (les États-Unis et la Chine), selon l'économiste indien Arvind Subramanian[85] (pour expliquer l'absence de leadership des deux géants par opposition au G7, le groupe des sept nations les plus riches, ou le G20, le G7 plus 13 autres pays et organisations importants, qui sont censés montrer la voie). De plus en plus souvent, les grands problèmes qui nous assaillent échappent même au contrôle des États les plus puissants ; les risques et problèmes que nous rencontrons sont de plus en plus mondialisés, interdépendants et interconnectés, tandis que les capacités de la gouvernance mondiale à cet égard sont dangereusement défaillantes, mises en danger par la réapparition du nationalisme. Une telle déconnexion signifie non seulement que les problèmes mondiaux les plus critiques sont traités de manière très fragmentée, et par conséquent inappropriée, mais aussi qu'ils sont en fait exacerbés par cette incapacité à les traiter correctement. Ainsi, loin de rester constants (au regard du risque qu'ils représentent), ils prennent de l'ampleur et finissent par accroître la fragilité du système. C'est ce que montre l'image 1 ; il existe de fortes interconnexions entre l'échec de la gouvernance mondiale, celui de l'action climatique, celui des gouvernements nationaux (qui s'accompagne d'un effet d'auto-renforcement), l'instabilité sociale et bien sûr la capacité à faire face avec succès aux pandémies. En un mot, la gouvernance mondiale est au cœur de toutes ces autres questions. Par conséquent, on peut craindre que, sans une gouvernance mondiale appropriée, nous soyons paralysés dans nos tentatives de relever les défis mondiaux, en particulier lorsqu'il existe une si forte dissonance entre les impératifs nationaux à court terme et les défis mondiaux à long terme. C'est là une préoccupation majeure, si l'on considère qu'il n'existe aujourd'hui aucun « comité pour sauver le monde » (l'expression a été utilisée il y a plus de 20 ans, au plus fort de la crise financière asiatique : the *Committee to save the world*). En poussant l'argument plus loin, on pourrait même affirmer que la « décadence institutionnelle générale » que Fukuyama décrit dans *Political Order and Political Decay*[86] amplifie le problème d'un monde dépourvu de gouvernance mondiale. On assiste alors à un cercle vicieux : les États font difficilement face aux principaux défis qui les assaillent, ce qui alimente la méfiance du public à l'égard du gouvernement. À son tour, cela conduit à priver l'État d'autorité et de ressources, ce qui entraîne des performances encore plus médiocres et l'incapacité ou le manque de volonté de traiter les questions de gouvernance mondiale.

C'est précisément cet échec de la gouvernance mondiale que

nous dépeint la COVID-19. Dès le début, un vide dans la gouvernance mondiale, exacerbé par les relations tendues entre les États-Unis et la Chine, a sapé les efforts internationaux de réponse à la pandémie. Au début de la crise, la coopération internationale était inexistante ou limitée et, même pendant la période où elle était le plus nécessaire (au plus fort de la crise : le deuxième trimestre 2020), elle a brillé par son absence. Au lieu de déclencher un ensemble de mesures coordonnées au niveau mondial, la COVID-19 a déclenché le contraire : un flot de fermetures des frontières, des restrictions sur les voyages et le commerce sur le plan international introduites presque sans aucune coordination, l'interruption fréquente de la distribution de fournitures médicales et la concurrence pour les ressources qui a suivi, particulièrement visible dans les diverses tentatives de plusieurs États de s'approvisionner en matériel médical dont ils manquaient cruellement par tous les moyens possibles. Même dans l'UE, les pays ont d'abord choisi de faire cavalier seul, mais cette ligne de conduite a ensuite changé, avec une assistance pratique entre les pays membres, un budget européen modifié pour soutenir les systèmes de santé et la mise en commun des fonds de recherche pour développer des traitements et des vaccins. (Des mesures ambitieuses ont également vu le jour, mesures qui auraient semblé inimaginables à l'époque pré-pandémique, susceptibles de pousser l'UE vers une plus grande intégration, notamment un fonds de relance de 750 milliards d'euros proposé par la Commission européenne) Dans le cadre d'une gouvernance mondiale opérationnelle, les nations auraient dû s'unir pour mener une « guerre » mondiale et coordonnée contre la pandémie.

Au lieu de cela, la réaction « mon pays d'abord » a prévalu et a gravement compromis les tentatives de contenir l'expansion de la première vague de pandémie. Elle a également imposé des contraintes à la disponibilité des équipements de protection et des traitements, ce qui a affaibli à son tour la résilience des systèmes de santé nationaux. En outre, cette approche fragmentée a continué à compromettre les tentatives de coordination des politiques de sortie visant à « redémarrer » le moteur économique mondial. Dans le cas de la pandémie, contrairement à d'autres crises mondiales récentes comme le 11 septembre ou la crise financière de 2008, le système de gouvernance mondiale a échoué, s'avérant soit inexistant soit dysfonctionnel. Les États-Unis ont ensuite retiré leur financement à l'OMS mais, quelle que soit la raison sous-jacente de cette décision, il n'en reste pas moins qu'elle est la seule organisation capable de coordonner une réponse mondiale à la pandémie. Cela signifie qu'une OMS bien loin d'être parfaite est infiniment préférable à une organisation inexistante, un argument que Bill Gates a présenté de manière convaincante et succincte dans un tweet : « Leur travail ralentit la propagation de la COVID-19 et si ce travail est arrêté, aucune autre organisation ne pourra les remplacer. Le monde a plus que jamais besoin de @WHO. »

Cet échec n'est pas la faute de l'OMS. L'agence des Nations unies n'est que le symptôme, et non la cause, de l'échec de la gouvernance mondiale. La position défensive de l'OMS envers les pays donateurs reflète sa dépendance totale envers les États qui acceptent de coopérer avec elle. L'organisation des Nations unies n'a pas le pouvoir d'imposer le partage d'informations ou de faire respecter la préparation à une pandémie. Comme d'autres agences similaires des Nations unies, par exemple dans le domaine des droits de l'homme ou du changement climatique, l'OMS est confrontée à des ressources limitées et en baisse : en 2018, elle disposait d'un budget annuel de 4,2 milliards de dollars, minuscule par rapport à n'importe quel budget de santé dans le monde. En outre, elle est à la merci perpétuelle des États membres et ne dispose en réalité d'aucun outil pour surveiller directement les épidémies, coordonner la planification de la pandémie ou assurer la mise en œuvre efficace de la préparation au niveau national, sans parler de l'allocation de ressources aux pays qui en ont le plus besoin. Ce dysfonctionnement est symptomatique d'un système de gouvernance mondiale défaillant, et le jury se demande si les configurations de gouvernance mondiale existantes, telles que l'ONU et l'OMS, peuvent être reconverties pour faire face aux risques mondiaux actuels. Pour l'instant, voici l'essentiel à retenir : face à un tel vide dans la gouvernance mondiale, seuls les États-nations font preuve d'assez de cohésion pour être capables de prendre des décisions collectives, mais ce modèle ne fonctionne pas dans le cas de risques mondiaux qui nécessitent des décisions concertées à l'échelle mondiale.

Le monde sera un endroit très dangereux si nous ne réparons pas les institutions multilatérales. Une coordination mondiale sera encore plus nécessaire au lendemain de la crise épidémiologique, car il est inconcevable que l'économie mondiale puisse « redémarrer » sans une coopération internationale soutenue.

Sans cela, nous nous dirigerons vers « un monde plus pauvre, plus méchant et plus petit ».[87]

1.4.3. La rivalité croissante entre la Chine et les États-Unis

Dans l'ère post-pandémique, la COVID-19 pourrait être considéré comme le tournant qui a inauguré un « nouveau type de guerre froide »[88] entre la Chine et les États-Unis (les deux mots « nouveau type » sont d'une importance considérable : contrairement à l'Union soviétique, la Chine ne cherche pas à imposer son idéologie au monde entier). Avant la pandémie, les tensions entre les deux puissances dominantes s'accumulaient déjà dans de nombreux domaines divers (commerce, droits de propriété, bases militaires dans la mer de Chine méridionale, et technologie et investissement dans les industries stratégiques en particulier), mais après 40 ans d'engagement stratégique, les États-Unis et la Chine semblent maintenant incapables de combler les fossés idéologiques et politiques qui les séparent. Loin de réunir les deux géants géopolitiques, la pandémie a fait exactement le contraire en exacerbant leur rivalité et en intensifiant la concurrence entre eux.

La plupart des analystes s'accordent à dire que, pendant la crise de COVID-19, la fracture politique et idéologique entre les deux géants s'est accrue. Selon Wang Jisi, universitaire chinois de renom et doyen de l'École d'études internationales de l'Université de Pékin, les retombées de la pandémie ont poussé les relations entre la Chine et les États-Unis à leur pire niveau depuis 1979, date à laquelle des liens formels ont été établis. D'après lui, le découplage économique et technologique bilatéral est « déjà irréversible »,[89] et cela pourrait aller jusqu'à la « division du système mondial en deux parties », prévient Huiyao Wang, Directeur général du Centre for China and Globalization à Pékin.[90] Même des personnalités publiques ont exprimé publiquement leur inquiétude. Dans un article publié en juin 2020, Lee Hsien Loong, Premier ministre de Singapour, a mis en garde contre les dangers d'une confrontation entre les États-Unis et la Chine, qui, selon ses propres termes : « soulève de profondes questions sur l'avenir de l'Asie et la forme de l'ordre international qui en émergera. » Il a ajouté que : « Les pays d'Asie du Sud-Est, y compris Singapour, sont particulièrement concernés, car ils vivent à la croisée des intérêts de diverses grandes puissances et doivent éviter d'être pris entre deux feux ou contraints à des choix difficiles. »[91]

Les avis divergent bien sûr radicalement sur la question de savoir quel pays a « raison » ou finira « au sommet » en profitant des faiblesses et des fragilités qu'il aura perçues chez l'autre. Mais il est essentiel de les replacer dans leur contexte. Il n'y a pas de « bon » et de « mauvais » point de vue, mais des interprétations différentes et souvent divergentes qui sont souvent liés à l'origine, la culture et l'histoire personnelle de ceux qui les avancent. Pour garder la métaphore du « monde quantique » mentionnée plus haut, on pourrait déduire de la physique quantique que la réalité objective n'existe pas. Nous pensons que l'observation et la mesure définissent une opinion « objective », mais le micro-monde des atomes et des particules (comme le macro-monde de la géopolitique) est régi par les étranges règles de la mé-canique quantique dans laquelle deux observateurs différents ont droit à leurs propres opinions (c'est ce qu'on appelle une « superposition » : « les particules peuvent se trouver à plusieurs endroits ou dans plusieurs états à la fois »).[92] Dans le monde des affaires internationales, si deux observateurs différents ont droit à leurs propres opinions, cela les rend subjectives, mais ni moins réelles ni moins valables pour autant. Si un obser-vateur ne peut donner un sens à la « réalité » qu'à travers dif-férentes lentilles idiosyncrasiques, cela nous oblige à repenser notre notion d'objectivité. Il est évident que la représentation de la réalité dépend de la position de l'observateur. En ce sens, un point de vue « chinois » et un point de vue « américain » peuvent coexister, ainsi que de multiples autres points de vue au sein de ce continuum - chacun étant réel ! Dans une large mesure et pour des motifs que l'on comprend, la vision chi-noise du monde et de la place qu'occupe le pays dans celui-ci est influencée par l'humiliation subie lors de la première guerre de l'opium en 1840 et de l'invasion qui a suivi en 1900, lor-sque l'Alliance des huit nations a pillé Pékin et d'autres villes chinoises avant de demander des compensations.[93] À l'inverse, la façon dont les États-Unis voient le monde et la place qu'ils occupent repose en grande partie sur les valeurs et les principes qui ont façonné la vie publique américaine depuis la fonda-tion du pays.[94] Ces facteurs ont déterminé à la fois sa position mondiale prééminente et son attrait unique pour de nombreux immigrants depuis 250 ans. La perspective américaine se base également sur la domination sans égale dont elle profite sur le reste du monde depuis quelques décennies et les doutes et insécurités inévitables qui accompagnent une perte relative de suprématie absolue. Pour des raisons compréhensibles, la Chine et les États-Unis ont tous deux une histoire riche (celle de la Chine remonte à 5 000 ans) dont ils sont fiers, ce qui les conduit, comme l'a fait observer Kishore Mahbubani, à surestimer leurs propres forces et à sous-estimer celles de l'autre.

Pour justifier le point ci-dessus, tous les analystes et prévisionnistes spécialisés dans la Chine, les États-Unis ou les deux ont accès à plus ou moins les mêmes données et informations (une marchandise mondiale de nos jours), voient, entendent et lisent plus ou moins les mêmes choses, mais parviennent parfois à des conclusions diamétralement opposées. Certains considèrent les États-Unis comme le vainqueur final, d'autres soutiennent que la Chine a déjà gagné, et un troisième groupe affirme qu'il n'y aura pas de vainqueur. Passons brièvement en revue chacun de leurs arguments à tour de rôle.

La Chine grand vainqueur

L'argument de ceux qui prétendent que la crise pandémique a profité à la Chine tout en exposant les faiblesses des États-Unis se compose de trois parties.

1. La pandémie a rendu insignifiante la force américaine en tant que puissance militaire la plus importante du monde face à un ennemi invisible et microscopique.

2. Selon les termes de l'universitaire américain qui a inventé l'expression, elle a blessé le « soft power » (puissance douce) des États-Unis en raison de « l'incompétence de leur réponse ».[95] (Mise en garde importante : la question de savoir si une réponse publique à la COVID-19 était « compétente » ou « incompétente » a donné lieu à une myriade d'opinions et provoqué de nombreux désaccords. Pourtant, il reste difficile de porter un jugement. Aux États-Unis, par exemple, la réponse politique était dans une large mesure de la responsabilité des États et même des villes. De ce fait, il n'y a donc pas eu de réponse politique nationale américaine en tant que telle. Ce dont il est question ici, ce sont les opinions subjectives qui ont façonné l'attitude du public.)

3. Elle a exposé des aspects de la société américaine que certains pourraient trouver choquants, comme les profondes inégalités face à l'épidémie, l'absence de couverture médicale universelle et la question du racisme systémique soulevée par le mouvement Black Lives Matter.

Tout cela a incité Kishore Mahbubani, un analyste influent de la rivalité qui oppose les États-Unis et la Chine,[96] à affirmer que la COVID-19 a inversé les rôles des deux pays en termes de gestion des catastrophes et de soutien aux autres. Si, par le passé, les États-Unis ont toujours été les premiers à apporter de l'aide là où elle était nécessaire (comme le 26 décembre 2004, lorsqu'un tsunami majeur a frappé l'Indonésie), ce rôle appartient désormais à la Chine, dit-il. En mars 2020, la Chine a envoyé en Italie

31 tonnes de matériel médical (respirateurs, masques et combinaisons de protection) que l'UE ne pouvait pas fournir. Selon lui, les 6 milliards de personnes qui composent « le reste du monde » et vivent dans 191 pays ont déjà commencé à se préparer au concours géopolitique entre les États-Unis et la Chine. Mahbubani affirme que ce sont leurs choix qui détermineront qui gagnera ce concours de rivalité, des choix basés sur « le froid calcul de la raison pour élaborer des analyses coûts-avantages de ce que les États-Unis et la Chine ont à leur offrir. »[97] Les sentiments pourraient ne pas jouer un grand rôle, car tous ces pays baseront leur choix sur celui qui, des États-Unis ou de la Chine, améliorera en fin de compte les conditions de vie de leurs citoyens ; mais une grande majorité d'entre eux ne veulent pas se retrouver coincés dans un jeu géopolitique à somme nulle et préfèrent garder toutes leurs options ouvertes (c'est-à-dire ne pas avoir à choisir entre les États-Unis et la Chine). Toutefois, comme l'a montré l'exemple de Huawei, même les alliés traditionnels des États-Unis comme la France, l'Allemagne et le Royaume-Uni subissent des pressions de la part du pays de l'oncle Sam. Les décisions que les pays prennent face à un choix aussi difficile détermineront au final qui sera le gagnant dans la rivalité croissante entre les États-Unis et la Chine.

Les États-Unis grand vainqueur

Dans le camp des États-Unis pour vainqueur final, les arguments sont centrés sur les forces inhérentes du pays ainsi que sur les faiblesses structurelles perçues de la Chine.

Les partisans des « États-Unis grand vainqueur » considèrent comme prématuré l'annonce d'une fin abrupte de la suprématie du pays dans l'ère post-pandémique et avancent l'argument suivant : le pays est peut-être en déclin, relativement parlant, mais il reste un hégémon formidable en termes absolus et continue de posséder une quantité considérable de « soft power » ; son attrait en tant que destination mondiale diminue peut-être d'une certaine manière, mais il continue néanmoins d'être fort, comme le montrent le succès des universités américaines à l'étranger et l'attrait de son industrie culturelle. En outre, la domination du dollar en tant que monnaie mondiale utilisée dans le commerce et perçue comme un havre de sécurité reste pour l'instant largement incontestée. Cela se traduit par un pouvoir géopolitique considérable, qui permet aux autorités des États-Unis d'exclure des entreprises et même des pays (comme l'Iran ou le Venezuela) du système du dollar. Comme nous l'avons vu dans le chapitre précédent, cela pourrait changer à l'avenir mais, au cours des prochaines années, il n'existe pas d'alternative à la domination mondiale du dollar américain. De manière plus fondamentale, les partisans de l'« irréductibilité » des États-Unis seront d'accord avec Ruchir Sharma sur le fait que : « La suprématie économique des États-Unis a prouvé à plusieurs reprises que les déclinologues avaient tort. »[98] Ils seront également d'accord avec Winston Churchill, qui a un jour observé que les États-Unis avaient une capacité innée à tirer des leçons de leurs erreurs lorsqu'il a fait remarquer que les États-Unis avaient toujours fait ce qu'il fallait lorsque toutes les alternatives étaient épuisées.

Laissant de côté l'argument politique très chargé (démocratie contre autocratie), ceux qui pensent que les États-Unis resteront le « gagnant » pendant encore de nombreuses années soulignent également que la Chine est confrontée à ses propres vents contraires dans son parcours vers le statut de superpuissance mondiale. Les plus fréquemment mentionnés sont les suivants : 1) elle souffre d'un désavantage démographique, avec une population qui vieillit rapidement et une population en âge de travailler qui a atteint son maximum en 2015 ; 2) son influence en Asie est limitée par les conflits territoriaux existants avec Brunei, l'Inde, l'Indonésie, le Japon, la Malaisie, les Philippines et le Vietnam ; et 3) elle est très dépendante de l'énergie.

Aucun gagnant

Que pensent ceux qui affirment que « la pandémie ne présage rien de bon pour les puissances américaine et chinoise - et pour l'ordre mondial » ?[99] Ils affirment que, comme presque tous les autres pays du monde, la Chine et les États-Unis sont certains de subir des dommages économiques massifs qui limiteront leur capacité à étendre leur portée et leur influence. La Chine, dont le secteur commercial représente plus d'un tiers du PIB total, aura du mal à lancer une reprise économique durable lorsque ses grands partenaires commerciaux (comme les États-Unis) se replieront de manière drastique. Quant aux États-Unis, leur surendettement limitera tôt ou tard les dépenses post-reprise, avec le risque omniprésent que la crise économique actuelle se transforme en une crise financière systémique.

141

En référence au coup économique et aux difficultés politiques internes dans le cas des deux pays, les sceptiques affirment que les deux États sont susceptibles de sortir de cette crise sensiblement diminués. « Il n'y aura ni nouvelle Pax Sinica ni Pax Americana renouvelée surgissant des ruines. Au contraire, les deux puissances seront affaiblies, tant au niveau national qu'international. »

Une des raisons sous-jacentes de l'argument « aucun gagnant » est une idée intrigante avancée par plusieurs universitaires, notamment Niall Ferguson. En résumé, elle dit que la crise du coronavirus a révélé l'échec de superpuissances comme les États-Unis et la Chine en mettant en évidence le succès de petits États. Selon les mots de Ferguson : « La véritable leçon à tirer ici n'est pas que les États-Unis sont finis et que la Chine va devenir la puissance dominante du 21ème siècle. Je pense qu'en réalité, toutes les superpuissances - les États-Unis, la République populaire de Chine et l'Union européenne - ont été exposées comme hautement dysfonctionnelles. »[100] Être « grand », comme le prétendent les partisans de cette idée, implique des déséconomies d'échelle : les pays ou les empires se sont développés au point d'atteindre un seuil au-delà duquel ils ne peuvent plus se gouverner efficacement. C'est la raison pour laquelle de petites économies comme Singapour, l'Islande, la Corée du Sud et Israël semblent avoir mieux réussi que les États-Unis à contenir la pandémie et à y faire face.

Faire des prévisions, c'est le jeu des fous. La vérité est que personne ne peut dire avec un degré raisonnable de confiance ou de certitude comment la rivalité entre les États-Unis et la Chine va évoluer - si ce n'est qu'elle va inévitablement s'accroître. La pandémie a exacerbé la rivalité opposant le pouvoir en place et la puissance émergente. Les États-Unis ont trébuché dans la crise de la pandémie et leur influence s'est affaiblie. Parallèlement, la Chine pourrait essayer de tirer profit de la crise en étendant son champ d'action à l'étranger. Nous savons très peu de choses sur ce que l'avenir nous réserve en termes de concurrence stratégique entre la Chine et les États-Unis. Elle oscillera entre deux extrêmes : une détérioration contenue et gérable, tempérée par les intérêts commerciaux d'un côté, et une hostilité permanente et totale de l'autre.

1.4.4. États fragiles et défaillants

Les frontières entre la fragilité des États, un État défaillant et un État en déliquescence sont minces et floues. Dans le monde complexe et adaptatif d'aujourd'hui, le principe de non-linéarité signifie qu'un État fragile peut soudainement se transformer en État en déliquescence et que, inversement, un État en déliquescence peut voir sa situation s'améliorer avec une égale célérité grâce à l'intermédiation des organisations internationales ou même à l'injection de capitaux étrangers. Dans les années à venir, alors que la pandémie infligera des souffrances à l'échelle mondiale, il est fort probable que la dynamique n'ira que dans un sens pour les pays les plus pauvres et les plus fragiles du monde : de mal en pis. En bref, de nombreux États qui présentent des facteurs de fragilité risquent d'échouer.

La fragilité des États reste l'un des défis mondiaux les plus critiques, particulièrement en Afrique. Ses causes sont multiples et imbriquées ; elles vont des disparités économiques, des problèmes sociaux, de la corruption et de l'inefficacité politiques aux conflits externes ou internes et aux catastrophes naturelles. Aujourd'hui, on estime qu'environ 1,8 à 2 milliards de personnes vivent dans des États fragiles, un nombre qui augmentera certainement dans la période post-pandémique car les pays fragiles sont particulièrement vulnérables à une épidémie de COVID-19.[101] L'essence même de leur fragilité - la faible capacité de l'État et l'incapacité qui en découle à assurer les fonctions fondamentales des services publics de base et de la sécurité - les rend moins aptes à faire face au virus. La situation est encore pire dans les États défaillants et en déliquescence, qui sont presque toujours victimes de l'extrême pauvreté et de la violence fratricide et qui, de ce fait, ne peuvent plus, ou à peine, remplir des fonctions publiques de base comme l'éducation, la sécurité ou la gouvernance. Face à leur vide de pouvoir, les personnes sans défense sont victimes de factions rivales et de la criminalité, ce qui oblige souvent l'ONU ou un État voisin (pas toujours bien intentionné) à intervenir en vue d'empêcher une catastrophe humanitaire. Pour beaucoup de ces États, la pandémie sera le choc exogène qui les obligera à échouer et à tomber encore plus bas.

Pour toutes ces raisons, c'est presque un pléonasme d'affirmer que les dommages infligés par la pandémie aux États fragiles et en déliquescence seront beaucoup plus profonds et durables que dans les économies les plus riches et les plus développées. Elle dévastera certaines des communautés les plus vulnérables du monde. Dans de nombreux cas, le désastre économique déclenchera une certaine forme d'instabilité politique et des flambées de violence car les pays les plus pauvres du monde seront confrontés à deux problématiques : premièrement, l'effondrement des échanges commerciaux et des chaînes d'approvisionnement causé par la pandémie provoquera une dévastation immédiate, comme l'absence de transferts de fonds ou une aggravation de la famine ; et, deuxièmement, en aval, ils subiront une perte d'emplois et de revenus grave et prolongée. Voilà pourquoi l'épidémie mondiale est capable de faire des ravages dans les pays les plus pauvres du monde. C'est là que le déclin économique aura un effet encore plus immédiat sur les sociétés. Dans de vastes régions d'Afrique subsaharienne, en particulier, mais aussi dans certaines régions d'Asie et d'Amérique latine, des millions de personnes dépendent d'un maigre revenu quotidien pour nourrir leur famille. Tout confinement ou crise sanitaire engendré par le coronavirus pourrait rapidement créer un désespoir et un désordre généralisés, pouvant déclencher des troubles massifs avec des répercussions mondiales. Les implications seront particulièrement préjudiciables pour tous les pays pris au milieu d'un conflit. Pour eux, la pandémie va inévitablement perturber l'assistance humanitaire et les flux d'aide. Elle limitera également les opérations de paix et reportera les efforts diplomatiques visant à mettre fin aux conflits.

Les chocs géopolitiques ont tendance à prendre les observateurs par surprise, entraînant des effets domino qui créent des conséquences de deuxième, de troisième ordre et plus, mais actuellement où les risques sont-ils les plus apparents ?

Tous les pays producteurs de matières premières sont menacés (la Norvège et quelques autres pays ne sont pas concernés). À l'heure où nous écrivons ces lignes, ces pays sont particulièrement touchés par l'effondrement des prix de l'énergie et des matières premières, ce qui exacerbe les difficultés posées par la pandémie et tous les autres problèmes connexes (chômage, inflation, systèmes de santé inadéquats et, bien sûr, pauvreté). Pour les économies riches et relativement développées dépendantes de l'énergie, comme la Fédération de Russie et l'Arabie saoudite, l'effondrement des prix du pétrole représente « seulement » un coup considérable porté à l'économie, mettant à rude épreuve les budgets et les réserves de devises étrangères, et présentant de graves risques à moyen et long terme. Mais pour les pays à faible revenu comme le Soudan du Sud, où le pétrole représente la quasi-totalité des exportations (99 %), le coup pourrait tout simplement être dévastateur. Cela s'applique à de nombreux autres pays fragiles producteurs de matières premières. Un effondrement total n'est pas un scénario inconcevable pour des États comme l'Équateur ou le Venezuela, où le virus pourrait très rapidement submerger les quelques hôpitaux en état de marche. Pendant ce temps, en Iran, les sanctions américaines aggravent les problèmes liés au taux élevé d'infection par la COVID-19.

De nombreux pays du Moyen-Orient et du Maghreb, déjà gravement affectés par la souffrance économique avant la pandémie, et caractérisées par des populations jeunes et agitées et un chômage endémique, sont aujourd'hui particulièrement menacés Le triple coup de la COVID-19, l'effondrement des prix du pétrole (pour certains) et le gel du tourisme (une source vitale d'emplois et de rentrées de devises étrangères) pourraient déclencher une vague de manifestations antigouvernementales massives rappelant le printemps arabe de 2011. Signe inquiétant, fin avril 2020 et en pleine période de confinement, des émeutes liées au chômage et à l'accroissement de la pauvreté ont eu lieu au Liban.

La pandémie a remis au centre des préoccupations la question de la sécurité alimentaire et, dans de nombreux pays, elle pourrait entraîner une catastrophe humanitaire et une crise alimentaire. Les responsables de l'Organisation des Nations unies pour l'alimentation et l'agriculture (FAO) prévoient que le nombre de personnes souffrant d'insécurité alimentaire aiguë pourrait doubler en 2020 pour atteindre 265 millions. La combinaison des restrictions de déplacement et de commerce causées par la pandémie avec une augmentation du chômage et un accès limité ou inexistant à la nourriture pourrait déclencher des troubles sociaux à grande échelle suivis de mouvements massifs de migration et de réfugiés. Dans les États fragiles et défaillants, la pandémie exacerbe les pénuries alimentaires existantes en raison des obstacles au commerce et de la perturbation des chaînes d'approvisionnement alimentaire mondiales. À tel point que le 21 avril 2020, David Beasley, directeur exécutif du Programme alimentaire mondial des Nations unies, a averti le Conseil de sécurité des Nations unies que « de multiples famines aux proportions bibliques » étaient devenues possibles dans une trentaine de pays, notamment au Yémen, au Congo, en Afghanistan, au Venezuela, en Éthiopie, au Soudan du Sud, en Syrie, au Soudan, au Nigeria et en Haïti.

Dans les pays les plus pauvres du monde, le confinement et la récession économique qui se produisent dans les pays à revenu élevé entraîneront des pertes de revenus importantes pour les travailleurs pauvres et tous ceux qui en dépendent. La diminution des transferts de fonds de l'étranger qui représentent une si grande proportion du PIB (plus de 30 %) dans certains pays comme le Népal, les Tonga ou la Somalie en est un exemple. Cela infligera un choc dévastateur à leurs économies, avec des implications sociales dramatiques. Selon la Banque mondiale, l'impact des confinements et l'« hibernation » économique associée dans de nombreux pays du monde entier entraînera une baisse de 20 % des transferts de fonds vers les pays à faible revenu et à revenu intermédiaire, qui passeront de 554 milliards de dollars l'année dernière à 445 milliards en 2020.[102] Dans les grands pays comme l'Égypte, l'Inde, le Pakistan, le Nigeria et les Philippines, dans lesquels les transferts de fonds sont une source cruciale de financement extérieur, cela créera beaucoup de difficultés et rendra leur situation économique, sociale et politique encore plus fragile, avec la possibilité très réelle d'une déstabilisation. Puis, il y a le tourisme, l'une des industries les plus touchées par la pandémie, qui représente une bouée de sauvetage économique pour de nombreux pays pauvres. Dans des pays comme l'Éthiopie, où les revenus du tourisme représentent près de la moitié (47 %) des exportations totales, la perte de revenus et d'emplois qui en résulte infligera des souffrances économiques et sociales considérables. Il en va de même pour les Maldives, le Cambodge et plusieurs autres pays.

Ensuite, il y a toutes les zones de conflit où de nombreux groupes armés réfléchissent à la manière d'utiliser l'excuse de la pandémie pour faire avancer leur programme (comme en Afghanistan où les talibans demandent la libération de leurs prisonniers, ou en Somalie où le groupe al-Shabaab fait passer la COVID-19 pour une tentative de déstabilisation). L'appel au cessez-le-feu mondial lancé le 23 mars 2020 par le secrétaire général de l'ONU n'a pas trouvé d'écho. Sur les 43 pays dans lesquels ont été rapportés au moins 50 événements de violence organisée en 2020, seuls 10 ont répondu positivement (le plus souvent par de simples déclarations de soutien, mais sans s'engager à agir). Parmi les 31 autres pays où des conflits sont en cours, les acteurs ont non seulement échoué à prendre des mesures pour répondre à l'appel, mais beaucoup ont même augmenté le niveau de violence organisée.[103] Les premiers espoirs que les préoccupations liées à la pandémie et à l'urgence sanitaire qui en découle puissent freiner les conflits de longue date et catalyser les négociations de paix se sont évaporés. Il s'agit là d'un autre exemple de la pandémie qui non seulement ne parvient pas à arrêter une tendance inquiétante ou dangereuse, mais qui en fait l'accélère.

Les pays les plus riches ignorent la tragédie qui se déroule dans les pays fragiles et défaillants à leurs risques et périls. D'une manière ou d'une autre, ces risques auront pour conséquences une plus grande instabilité, voire le chaos. Pour les régions les plus riches du monde, l'un des effets domino les plus évidents de la misère économique, du mécontentement et de la faim dans les États les plus fragiles et les plus pauvres consistera en une nouvelle vague de migration massive dans leur direction, comme celles qui se sont produites en Europe en 2016.

1.5. Réinitialisation environnementale

À première vue, la pandémie et l'environnement pourraient passer pour des cousins éloignés ; mais ils sont bien plus proches et imbriqués que nous le pensons. Les deux ont et continueront d'avoir des interactions imprévisibles et distinctes, allant du rôle joué par la diminution de la biodiversité dans le comportement des maladies infectieuses à l'effet que la COVID-19 pourrait avoir sur le changement climatique ; illustrant ainsi l'équilibre dangereusement subtil et les interactions complexes entre l'humanité et la nature.

En outre, en termes de risque global, c'est avec le changement climatique et l'effondrement des écosystèmes (les deux principaux risques environnementaux) qu'on peut le plus facilement comparer la pandémie. Les trois représentent, par nature et à des degrés divers, des menaces existentielles pour l'humanité, et il se peut que la COVID-19 nous ait déjà donné un aperçu, ou un avant-goût, de ce qu'une crise climatique et un effondrement des écosystèmes à part entière pourraient entraîner d'un point de vue économique : les chocs combinés de la demande et de l'offre, la perturbation des échanges et des chaînes d'approvisionnement avec des répercussions et des effets secondaires amplifiant les risques (et dans certains cas les opportunités) liés aux autres catégories macro : la géopolitique, les questions sociétales et la technologie. Si le changement climatique, l'effondrement des écosystèmes et les pandémies se ressemblent tellement en tant que risques mondiaux, quelles sont leurs véritables similitudes ? Ils possèdent de nombreux attributs communs tout en affichant de fortes différences.

Les cinq principaux attributs communs sont les suivants : 1) ce sont des risques systémiques connus (c'est-à-dire un Cygne blanc) qui se propagent très rapidement dans notre monde interconnecté et, ce faisant, amplifient d'autres risques issus de différentes catégories ; 2) ils sont non linéaires, ce qui signifie qu'au-delà d'un certain seuil, ou point de bascule, ils peuvent avoir des effets catastrophiques (comme la « super-propagation » dans un endroit particulier, suivie de la surcharge des capacités du système de santé en cas de pandémie) ; 3) les probabilités et la répartition de leurs effets sont très difficiles, voire impossibles, à mesurer - elles évoluent constamment et doivent être reconsidérées en fonction d'hypothèses révisées, ce qui les rend extrêmement difficiles à gérer d'un point de vue politique ; 4) elles concernent l'ensemble du globe par nature et ne peuvent donc être traitées correctement que de manière coordonnée au niveau mondial ; et 5) elles touchent de manière disproportionnée les pays et segments de population qui sont déjà les plus vulnérables.

Et quelles sont leurs différences ? Il en existe plusieurs, dont la plupart sont de nature conceptuelle et méthodologique (par exemple, une pandémie comprend un risque de contagion tandis que le changement climatique et l'effondrement des écosystèmes s'apparentent à des risques d'accumulation), mais les deux qui comptent le plus sont les suivantes : 1) la différence d'horizon temporel (elle a une incidence critique sur les politiques et les mesures d'atténuation) ; et 2) le problème de causalité (il rend plus difficile l'acceptation des stratégies d'atténuation par le public) :

1. Les pandémies représentent un risque quasi instantané, dont l'imminence et le danger sont visibles par tous. Une épidémie menace notre survie - en tant qu'individus ou en tant qu'espèce - et nous réagissons donc immédiatement et avec détermination lorsque nous sommes face à ce risque. En revanche, le changement climatique et le déclin de la nature sont progressifs et cumulatifs, avec des effets qui sont surtout perceptibles à moyen et long terme (et en dépit d'un nombre croissant d'événements « exceptionnels » liés au climat et au déclin de la nature, il reste beaucoup de personnes qui ne sont toujours pas convaincues du caractère immédiat de la crise climatique). Cette différence cruciale entre les horizons temporels respectifs d'une pandémie et ceux du changement climatique et du déclin de la nature signifie qu'un risque de pandémie nécessite une action immédiate qui sera suivie d'un résultat rapide tandis que le changement climatique et le déclin de la nature exigent également une action immédiate, mais dont le résultat (ou la récompense future dans le jargon des économistes) n'apparaîtra qu'avec un certain décalage. Mark Carney, l'ancien gouverneur de la Banque d'Angleterre qui est aujourd'hui l'Envoyé spécial des Nations unies pour le financement de l'action climatique, a fait remarquer que

ce problème d'asynchronisme temporel génère une « tragédie de l'horizon » : contrairement aux risques immédiats et observables, les risques liés au changement climatique peuvent sembler lointains (en termes de temps et de géographie), auquel cas ils ne seront pas traités avec la gravité qu'ils méritent et nécessitent. Par exemple, le risque matériel que posent le réchauffement climatique et la montée des eaux pour un bien physique (comme un centre de vacances en bord de mer) ou une entreprise (comme un groupe hôtelier) ne sera pas nécessairement considéré comme important par les investisseurs et ne sera donc pas pris en compte par les marchés.

2. Le problème de la causalité est facile à comprendre, tout comme les raisons qui rendent les politiques respectives tellement plus difficiles à mettre en œuvre. Dans le cas de la pandémie, le lien de causalité entre le virus et la maladie est évident : Le SRAS-CoV-2 est à l'origine de la COVID-19. Hormis une poignée de théoriciens du complot, personne ne le contestera. Dans le cas des risques environnementaux, il est beaucoup plus difficile d'attribuer une causalité directe à un événement spécifique. Souvent, les scientifiques ne peuvent pas établir de lien direct de cause à effet entre le changement climatique et un événement météorologique spécifique (comme un épisode de sécheresse ou la gravité d'un ouragan). De même, ils ne sont pas toujours d'accord sur la manière dont une activité humaine spécifique affecte des espèces particulières en voie d'extinction. Il est donc incroyablement plus difficile d'atténuer les risques de changement climatique et de

déclin de la nature. Tandis que pour une pandémie, une majorité de citoyens auront tendance à s'entendre sur la nécessité d'imposer des mesures coercitives, ils refuseront des politiques contraignantes dans le cas de risques environnementaux dont les preuves peuvent être contestées. Il existe aussi une raison plus fondamentale : la lutte contre une pandémie n'exige pas un changement substantiel du modèle socio-économique sous-jacent et de nos habitudes de consommation, contrairement à la lutte contre les risques environnementaux.

1.5.1. Le coronavirus et l'environnement

1.5.1.1. Nature et maladies zoonotiques

Les maladies zoonotiques sont celles qui se transmettent des animaux aux humains. La plupart des experts et des défenseurs de l'environnement s'accordent à dire qu'elles ont considérablement augmenté ces dernières années, notamment en raison de la déforestation (un phénomène également lié à une augmentation des émissions de dioxyde de carbone), qui augmente le risque d'interaction étroite entre l'homme et l'animal et de contamination. Pendant de nombreuses années, les chercheurs ont pensé que les environnements naturels comme les forêts tropicales et leur faune abondante représentaient une menace pour l'homme car on y trouvait les agents pathogènes et les virus à l'origine de nouvelles maladies apparaissant chez l'homme, comme la dengue, le virus Ebola et le VIH. Aujourd'hui, nous savons que ce n'est pas le cas, car le lien de cause à effet est en fait dans l'autre sens. Comme l'a avancé David Quammen, auteur de *Spillover: Animal Infections and the Next Human Pandemic*, « Nous envahissons les forêts tropicales et autres paysages sauvages, qui abritent tant d'espèces d'animaux et de plantes - et chez ces créatures, tant de virus inconnus. Nous coupons les arbres ; nous tuons les animaux ou les mettons en cage et les envoyons sur des marchés. Nous perturbons les écosystèmes, et nous débarrassons les virus de leurs hôtes naturels. Lorsque cela se produit, ils ont besoin d'un nouvel hôte. Et c'est souvent nous qui jouons ce rôle. »[104] À ce jour, un nombre croissant de scientifiques ont montré que c'est en fait la destruction de la biodiversité causée par l'homme qui est à l'origine de nouveaux virus comme celui qui est à l'origine de la COVID-19. Ces chercheurs se sont regroupés autour de la nouvelle discipline de la « santé planétaire », qui étudie les liens subtils et complexes entre le bien-être des humains, d'autres espèces vivantes et d'écosystèmes entiers, et leurs conclusions ont clairement montré que la destruction de la biodiversité augmentera le nombre de pandémies.

Dans une lettre récente au Congrès des États-Unis, 100 groupes de défense de la faune et de l'environnement estiment que les maladies zoonotiques ont quadruplé au cours des 50 dernières années.[105] Depuis 1970, les changements d'affectation des sols ont eu l'impact négatif relatif le plus important sur la nature (et, ce faisant, ont causé un quart des émissions d'origine humaine). À elle seule, l'agriculture couvre plus d'un tiers de la surface terrestre et constitue l'activité économique qui perturbe le plus la nature. Une récente étude universitaire conclut que les facteurs agricoles sont associés à plus de 5 % des zoonoses.[106] Comme les activités humaines telles que l'agriculture (mais aussi de nombreuses autres activités, comme l'exploitation minière, l'exploitation forestière ou le tourisme) empiètent sur les écosystèmes naturels, elles brisent les barrières entre les populations humaines et les animaux, créant les conditions nécessaires à l'émergence de maladies infectieuses en se propageant des animaux vers les humains. La perte de l'habitat naturel des animaux et le commerce des espèces sauvages sont particulièrement importants car lorsque des animaux connus pour être liés à des maladies particulières (comme les chauves-souris et les pangolins avec le coronavirus) sont arrachés à la nature et déplacés vers les villes, cela revient à transporter un réservoir de maladies de la faune sauvage dans une zone densément peuplée. C'est ce qui a pu se produire sur le marché de Wuhan, d'où l'on pense que le nouveau coronavirus serait originaire (les autorités chinoises ont depuis lors interdit définitivement le commerce et la consommation d'animaux sauvages). Aujourd'hui, la plupart des scientifiques s'accordent à dire que plus la croissance démographique est importante, plus nous perturbons l'environnement, plus l'agriculture intensive se développe sans biosécurité adéquate, plus le risque de nouvelles épidémies est élevé. L'antidote clé dont nous disposons actuellement pour contenir la progression des zoonoses est le respect et la préservation de l'environnement naturel et la protection active de la biodiversité. Pour y parvenir efficacement, il nous incombera à tous de repenser notre relation avec la nature et de nous demander pourquoi nous nous en sommes tant éloignés. Dans le dernier chapitre, nous proposons quelques recommandations spécifiques sur la forme que peut prendre une reprise « respectueuse de la nature. »

1.5.1.2. Pollution de l'air et risque de pandémie

On sait depuis des années que la pollution atmosphérique, en grande partie causée par des émissions qui contribuent également au réchauffement de la planète, est un tueur silencieux, en lien avec divers problèmes de santé, allant du diabète et du cancer aux maladies cardiovasculaires et respiratoires. Selon l'OMS, 90 % de la population mondiale respire un air qui ne répond pas à ses directives de sécurité, entraînant la mort prématurée de sept millions de personnes chaque année et amenant l'organisation à qualifier la pollution atmosphérique d'« urgence de santé publique ».

Nous savons maintenant que la pollution atmosphérique aggrave l'impact de tout coronavirus particulier (pas seulement l'actuel SRAS-CoV-2) sur notre santé. Dès 2003, une étude publiée en pleine épidémie de SRAS suggérait que la pollution de l'air pourrait expliquer la variation du niveau de létalité[107] en précisant pour la première fois que plus le niveau de pollution de l'air est élevé, plus la probabilité de décès dû à une maladie causée par un coronavirus est grande. Depuis lors, un nombre croissant de recherches ont montré comment le fait de respirer de l'air pollué pendant toute sa vie pouvait rendre les gens plus sensibles au coronavirus. Aux États-Unis, un récent article médical a conclu que les régions où l'air est plus pollué connaîtront des risques plus élevés de décès dus à la COVID-19, montrant que les comtés des États-Unis aux niveaux de pollution les plus élevés connaîtront un plus grand nombre d'hospitalisations et de décès.[108] Un consensus s'est formé au sein de la communauté médicale et publique sur l'existence d'un effet synergique entre l'exposition à la pollution atmosphérique et l'apparition possible de la COVID-19, et des conséquences plus graves lorsque le virus frappe. Les recherches, encore au stade embryonnaire mais à l'expansion rapide, n'ont pas encore prouvé l'existence d'un lien de causalité, mais elles exposent sans ambiguïté une forte corrélation entre la pollution de l'air et la propagation du coronavirus et sa gravité. Il semble que la pollution atmosphérique en général, et la concentration de particules en particulier, altèrent les voies respiratoires, la première ligne de défense des poumons, ce qui signifie que les personnes (quel que soit leur âge) qui vivent dans des villes très polluées courent un risque plus élevé d'attraper la COVID-19 et d'en mourir. Cela pourrait expliquer pourquoi les personnes ayant contracté le virus en Lombardie (l'une des régions les plus polluées d'Europe) auraient deux fois plus de chances de mourir de la COVID-19 que presque partout ailleurs en Italie.

1.5.1.3. *Confinement et émissions de carbone*

Il est trop tôt pour estimer l'ampleur de la baisse des émissions mondiales de dioxyde de carbone en 2020, mais l'AIE estime dans son *Global Energy Review* qu'elles diminueront de 8 %.[109] Ce chiffre correspondrait à la plus grande réduction annuelle jamais enregistrée, mais il reste minuscule par rapport à l'ampleur du problème, et il reste inférieur à la réduction annuelle des émissions de 7,6 % au cours de la prochaine décennie que les Nations unies estiment nécessaire pour contenir la hausse mondiale des températures en dessous de 1,5 °C.[110]

Compte tenu de la rigueur des confinements, le chiffre de 8% semble plutôt décevant. Il semble suggérer que les petites actions individuelles (consommer beaucoup moins, ne pas utiliser nos voitures et ne pas prendre l'avion) ont peu d'importance par rapport à l'ampleur des émissions générées par l'électricité, l'agriculture et l'industrie : les gros émetteurs qui ont continué à fonctionner pendant le confinement (à l'exception partielle de certaines industries). Il révèle également que les plus grands « coupables » en termes d'émissions de carbone ne sont pas toujours ceux qui sont souvent perçus comme les fautifs évidents. Un récent rapport sur la durabilité montre que le total des émissions de carbone générées par la production d'électricité nécessaire pour alimenter nos appareils électroniques et transmettre leurs données est à peu près équivalent à celui de l'industrie aérienne mondiale.[111] Conclusion ? Même des confinements sans précédent et draconiens, avec un tiers de la population mondiale confinée chez elle pendant plus d'un mois, est loin d'être une stratégie de décarbonisation viable car, malgré cela, l'économie mondiale a continué à émettre de grandes quantités de dioxyde de carbone. À quoi pourrait donc ressembler une telle stratégie ? L'ampleur et la portée considérables de ce défi ne peuvent être abordées qu'en combinant plusieurs éléments : 1) un changement systémique radical et majeur dans notre façon de produire l'énergie dont nous avons besoin pour fonctionner ; et 2) des changements structurels dans notre comportement de consommation. Si, à l'ère post-pandémique, nous décidons de reprendre notre vie comme avant (en conduisant les mêmes voitures, en prenant l'avion vers les mêmes destinations, en mangeant les mêmes choses, en chauffant notre maison de la même manière, etc.), la crise de COVID-19 n'aura servi à rien en termes de politiques climatiques. À l'inverse, si certaines des habitudes que nous avons été forcés d'adopter pendant la pandémie se traduisent par des changements structurels de comportement, le résultat climatique pourrait être différent. Se déplacer moins, travailler un peu plus à distance, faire du vélo et marcher au lieu de conduire pour garder l'air de nos villes aussi propre qu'il l'était pendant le confinement, passer des vacances plus près de chez soi : tous ces éléments, s'ils sont cumulés à grande échelle, pourraient conduire à une réduction durable des émissions de carbone. Cela nous amène à la question primordiale de savoir si la pandémie aura finalement un effet positif ou négatif sur les politiques de lutte contre le changement climatique.

1.5.2. Impact de la pandémie sur le changement climatique et autres politiques environnementales

La pandémie devrait dominer le paysage politique pendant des années, et risque sérieusement d'éclipser les préoccupations environnementales. Anecdote intéressante, le centre de convention de Glasgow où aurait dû se tenir le sommet climatique COP-26 de l'ONU en novembre 2020 a été converti en avril en hôpital pour les patients atteints de la COVID-19. Aujourd'hui, les négociations sur le climat sont retardées et les initiatives politiques reportées, ce qui confirme le scénario selon lequel, pendant un long moment, les dirigeants gouvernementaux ne prêteront attention qu'à l'éventail multidimensionnel des problèmes immédiats créés par la crise pandémique. Un autre scénario a également vu le jour, élaboré par certains dirigeants nationaux, cadres supérieurs d'entreprises et éminents leaders d'opinion. Il concorde avec l'idée selon laquelle la crise de COVID-19 ne peut pas n'avoir servi à rien et qu'il est temps de mettre en place des politiques environnementales durables.

En réalité, les actions de lutte contre le changement climatique dans l'ère post-pandémique pourraient prendre deux directions opposées. La première correspond au scénario ci-dessus : les conséquences économiques de la pandémie sont si douloureuses, difficiles à traiter et complexes à mettre en œuvre que la plupart des gouvernements du monde entier pourraient décider de mettre « temporairement » de côté les préoccupations relatives au réchauffement climatique pour se concentrer sur la reprise économique. Si tel est le cas, les décisions politiques soutiendront et stimuleront les industries des combustibles fossiles et émettrices de carbone en les subventionnant. Elles feront également reculer les normes environnementales strictes considérées comme un obstacle sur la voie d'une reprise économique rapide et encourageront les entreprises et les consommateurs à produire et à consommer autant d'objets et de services en tous genres que possible. La seconde direction est stimulée par un scénario différent, dans lequel les entreprises et les gouvernements sont encouragés par une nouvelle conscience sociale parmi de larges segments de la population générale, selon laquelle la vie peut être différente, et des activistes encouragent à suivre cette voie : il faut saisir l'occasion et profiter de cette fenêtre d'opportunité unique pour redessiner une économie plus durable pour le bien de nos sociétés.

Examinons plus en détail les deux résultats divergents possibles. Il va sans dire qu'ils dépendent du pays et de la région (UE). Aucun pays n'adoptera les mêmes politiques ni n'avancera à la même vitesse mais, en fin de compte, ils devraient tous s'engager vers la tendance à une utilisation moindre de carbone.

Trois raisons principales pourraient expliquer pourquoi ce n'est pas une évidence et pourquoi l'attention portée à l'environnement pourrait s'estomper lorsque la pandémie commencera à reculer :

1. Les gouvernements pourraient décider qu'il est dans le meilleur intérêt collectif de poursuivre la croissance « à tout prix » afin d'amortir l'impact sur le chômage.

2. Les entreprises seront soumises à une telle pression pour augmenter leurs revenus que la durabilité en général et les considérations climatiques en particulier passeront au second plan.

3. Le pétrole à prix bas (si cela se maintient, ce qui est probable) pourrait encourager les consommateurs et les entreprises à dépendre encore plus des énergies à forte intensité de carbone.

Ces trois raisons sont suffisamment pertinentes pour les rendre incontournables, mais d'autres arguments pourraient faire évoluer la tendance dans l'autre sens. Il en existe quatre en particulier qui pourraient réussir à rendre le monde plus propre et plus durable :

1. Un leadership éclairé. Certains dirigeants et décideurs qui étaient déjà à l'avant-garde de la lutte contre le changement climatique pourraient vouloir profiter du choc infligé par la pandémie pour mettre en œuvre des changements environnementaux durables et plus vastes. Ils feront, en effet, « bon usage » de la pandémie en empêchant que la crise n'ait servi à rien. L'exhortation de différents dirigeants, allant de SAR le Prince de Galles à Andrew Cuomo, à « mieux reconstruire » va dans ce sens. Il en va de même pour une déclaration conjointe de l'AIE et Dan Jørgensen, ministre danois du Climat, de l'Énergie et des Services publics, qui suggère que la transition vers les énergies propres pourrait aider à relancer les économies : « Dans le monde entier, les dirigeants se préparent maintenant à élaborer des plans de relance économique massifs. Certains d'entre eux donneront des impulsions à court terme, d'autres façonneront les infrastructures pour les décennies à venir. Nous pensons qu'en faisant de l'énergie propre une partie intégrante de leurs plans, les gouvernements peuvent créer des emplois et de la croissance économique tout en veillant à ce que leurs systèmes énergétiques soient modernisés, plus résistants et moins polluants. »[112] Les gouvernements dirigés par des dirigeants éclairés associeront leurs plans de relance à des engagements écologiques. Ils offriront, par exemple, des conditions financières plus généreuses aux entreprises ayant des modèles économiques à faibles émissions de carbone.

2. **Sensibilisation aux risques.** La pandémie aura tiré la sonnette d'alarme, nous faisant prendre conscience des risques auxquels nous sommes collectivement confrontés, et nous rappelant au passage que notre monde est étroitement interconnecté. La COVID-19 a clairement montré que nous fermons les yeux sur la science et l'expertise à nos risques et périls, et que les conséquences de nos actions collectives peuvent être considérables. Espérons que certaines de ces leçons nous permettant de mieux comprendre ce que signifie et implique réellement un risque existentiel seront désormais appliquées aux risques climatiques. Comme l'a déclaré Nicholas Stern, président du Grantham Research Institute on Climate Change and the Environment : « Ce que nous avons appris de tout cela, c'est que nous pouvons faire des changements (...). Nous devons accepter qu'il y aura d'autres pandémies et être mieux préparés. [Mais] nous devons également reconnaître que le changement climatique est une menace plus profonde et plus grande, qu'elle n'ira nulle part, et qu'elle est tout aussi urgente. »[113] Après nous être inquiétés pendant des mois de la pandémie et de ses effets sur nos poumons, nous allons devenir obsédés par la pureté de l'air ; pendant les confinements, un nombre important d'entre nous a vu et

senti sur lui-même les avantages d'un air moins pollué, ce qui a peut-être provoqué une prise de conscience collective : nous n'avons que quelques années pour faire face aux pires conséquences du réchauffement de la planète et du changement climatique. Si tel est le cas, des changements sociétaux (collectifs et individuels) suivront.

3. Changement de comportement. Conséquence du point ci-dessus, les attitudes et les demandes de la société pourraient évoluer vers une meilleure durabilité dans une plus large mesure que celle communément admise. Nos modes de consommation ont changé de façon spectaculaire pendant la période de confinement, en nous obligeant à nous concentrer sur l'essentiel et en ne nous laissant d'autre choix que d'adopter un « mode de vie plus vert ». Cela pourrait être amené à durer, nous incitant à laisser de côté tout ce dont nous n'avons pas vraiment besoin et mettant en marche un cercle vertueux bénéfique pour l'environnement. De même, nous pouvons décider que le télétravail (lorsqu'il est possible) est bon pour l'environnement et pour notre bien-être individuel (les trajets domicile-travail-domicile sont un « destructeur » de bien-être - plus ils sont longs, plus ils sont préjudiciables à notre santé physique et mentale). Ces changements structurels dans notre façon de travailler, de consommer et d'investir peuvent prendre un peu de temps avant de se généraliser suffisamment pour faire une réelle différence mais, comme précédemment avancé, ce qui compte, c'est la direction et la force de la tendance. Le poète et philosophe Lao Tseu avait raison : « Un voyage de mille lieues commence toujours par un premier pas. » Nous ne sommes qu'au début d'une longue et douloureuse convalescence et, pour beaucoup d'entre nous, penser à la durabilité peut sembler un luxe, mais lorsque les choses commenceront à s'améliorer, nous nous souviendrons tous de la relation de causalité entre la pollution atmosphérique et la COVID-19. La durabilité cessera alors d'être secondaire et le changement climatique (si étroitement corrélé à la pollution atmosphérique) passera au premier plan de nos préoccupations. Ce que les spécialistes des sciences sociales appellent la « contagion comportementale » (la manière dont les attitudes, les idées et les comportements se répandent dans la population) pourrait alors faire opérer sa magie !

4. **L'activisme**. Certains analystes se sont risqués à dire que la pandémie provoquerait l'obsolescence de l'activisme, mais c'est le contraire qui pourrait bien s'avérer vrai. Selon un groupe d'universitaires américains et européens, le coronavirus a renforcé la motivation en faveur du changement et a déclenché de nouveaux outils et stratégies en termes d'activisme social. En quelques semaines seulement, ce groupe de chercheurs a recueilli des données sur diverses formes d'activisme social et a identifié près de 100 méthodes distinctes d'action non violente, y compris des actions physiques, virtuelles et hybrides. Leur conclusion : « Bien souvent, les situations d'urgence s'avèrent être la forge dans laquelle de nouvelles idées et opportunités sont martelées. Bien qu'il soit impossible de prévoir les effets à long terme de ces

compétences et de cette prise de conscience croissantes, il est clair que le pouvoir du peuple n'a en rien diminué. Au contraire, les mouvements du monde entier s'adaptent à l'organisation à distance, construisent leurs bases, affinent leurs messages et planifient des stratégies pour la suite. »[114] Si leur évaluation est correcte, l'activisme social, réprimé par nécessité pendant le confinement et ses diverses mesures de distanciation physique et social, pourrait ressurgir avec davantage de vigueur une fois les périodes de confinement terminées. Enhardis par leur constat en temps de confinement (pas de pollution atmosphérique), les militants du climat vont redoubler d'efforts, imposant une pression supplémentaire aux entreprises et aux investisseurs. Comme nous le verrons dans le chapitre 2, l'activisme des investisseurs sera également une force à prendre en compte. Il renforcera la cause des militants sociaux en lui ajoutant une dimension supplémentaire et puissante. Imaginons la situation suivante pour illustrer ce point : un groupe de militants écologistes pourrait manifester devant une centrale électrique au charbon pour exiger une meilleure application des règlements en matière de pollution, tandis qu'un groupe d'investisseurs ferait de même dans la salle du conseil d'administration en privant la centrale de son accès aux capitaux.

Pour ces quatre raisons, des preuves factuelles dispersées nous donnent l'espoir que la tendance verte finira par l'emporter. Elles proviennent de différents domaines mais convergent vers la conclusion que l'avenir pourrait être plus vert qu'on ne le présume généralement. Pour corroborer cette conviction, quatre observations recoupent les quatre raisons invoquées :

1. En juin 2020, BP, l'une des « supermajors » du pétrole et du gaz, a réduit la valeur de ses actifs de 17,5 milliards de dollars, après être parvenu à la conclusion que la pandémie accélérerait le passage à des formes d'énergie plus propres à l'échelle mondiale. D'autres entreprises énergétiques sont sur le point d'aller dans le même sens.[115] Dans cet esprit, les grandes entreprises mondiales comme Microsoft se sont engagées à avoir un bilan carbone négatif d'ici 2030.

2. Le Green deal européen lancé par la Commission européenne est un effort massif et la manifestation la plus tangible à ce jour de la décision des autorités publiques d'empêcher que la crise de COVID-19 n'ait servi à rien.[116] Le plan prévoit un billion d'euros pour réduire les émissions et investir dans l'économie circulaire, dans le but de faire de l'UE le premier continent neutre en carbone d'ici 2050 (en termes d'émissions nettes) et de découpler la croissance économique et l'utilisation des ressources.

3. Diverses enquêtes internationales montrent qu'une grande majorité des citoyens du monde entier souhaitent que la reprise économique après la crise du coronavirus donne la priorité au changement climatique.[117] Dans les pays qui composent le G20, une majorité non négligeable de 65 % des citoyens est favorable à une reprise verte.[118]

4. Certaines villes comme Séoul renforcent leur engagement en faveur des politiques climatiques et environnementales en mettant en œuvre leur propre « New Deal vert », conçu comme un moyen d'atténuer les retombées de la pandémie.[119]

L'orientation de la tendance est claire mais, en fin de compte, le changement systémique viendra des décideurs politiques et des chefs d'entreprise désireux de profiter des plans de relance liés à la COVID pour stimuler une économie favorable à la nature. Il ne s'agira pas seulement d'investissements publics. La clé pour attirer les capitaux privés vers de nouvelles sources de valeur économique favorable à la nature sera de déplacer les principaux leviers politiques et les incitations financières publiques dans le cadre d'une réinitialisation économique plus large. Il existe de solides arguments en faveur d'une action plus énergique en matière d'aménagement du territoire et de réglementation de l'utilisation des terres, de la réforme des finances publiques et des subventions, de politiques d'innovation qui contribuent à stimuler l'expansion et le déploiement en plus de la R&D, de financements mixtes et d'une meilleure mesure du capital naturel en tant qu'actif économique clé. De nombreux gouvernements commencent à agir, mais il faut faire beaucoup plus pour faire basculer le système vers une nouvelle norme favorable à la nature et faire comprendre à une majorité de personnes dans le monde entier que ce n'est pas seulement une nécessité impérieuse, mais aussi une opportunité considérable. Un document politique préparé par Systemiq en collaboration avec le Forum Économique Mondial[120] estime que la mise en place d'une économie favorable à la nature pourrait représenter plus de 10 000 milliards de dollars par an d'ici 2030 - en termes de nouvelles opportunités économiques ainsi que de coûts économiques évités. À court terme, le déploiement d'environ 250 milliards de dollars de fonds de relance pourrait générer jusqu'à 37 millions d'emplois favorables à la nature de manière très rentable. La réinitialisation de l'environnement ne doit pas être considérée comme un coût, mais plutôt comme un investissement qui générera une activité économique et des possibilités d'emploi.

Il faut espérer que la menace que représente la COVID-19 ne durera pas. Un jour, elle sera derrière nous. En revanche, le changement climatique et es phénomènes météorologiques extrêmes qui lui sont associés continueront de représenter un danger dans un avenir proche et bien après. Le risque climatique se développe plus lentement que la pandémie, mais il aura des conséquences encore plus graves. Dans une large mesure, son ampleur dépendra de la réponse politique à la pandémie. Toute mesure destinée à relancer l'activité économique aura un effet immédiat sur notre mode de vie, mais également un impact sur les émissions de carbone qui, à leur tour, auront des répercussions sur l'environnement dans le monde entier, qui se mesureront sur plusieurs générations. Comme nous l'avons fait valoir dans ce livre, ces choix sont les nôtres.

1.6. Réinitialisation technologique

Lors de sa publication en 2016, *La quatrième révolution indus-trielle* avançait : « la technologie et la numérisation vont tout révolutionner, ce qui rendra pertinent l'adage utilisé à outrance et souvent à tort « cette fois-ci, c'est différent ». Pour dire les choses simplement, les grandes innovations technologiques sont sur le point d'alimenter un changement capital dans le monde entier. »[121] Au cours des quatre courtes années qui se sont écoulées depuis, le progrès technologique a évolué à une vitesse impressionnante. L'IA est maintenant partout autour de nous, des drones et de la reconnaissance vocale aux assistants virtuels et aux logiciels de traduction. Nos appareils mobiles sont devenus une partie intégrante et permanente de notre vie personnelle et professionnelle, nous aidant sur de nombreux fronts différents, anticipant nos besoins, nous écoutant et nous localisant, même lorsqu'on ne leur demande pas... L'automatisation et les robots reconfigurent le fonctionnement des entreprises avec une rapidité stupéfiante et des rendements d'échelle inconcevables il y a seulement quelques années. L'innovation en génétique, avec la biologie synthétique qui se profile à l'horizon, est également passionnante, ouvrant la voie à des développements révolution-naires dans le domaine des soins de santé. La biotechnologie n'est pas encore parvenue à stopper, et encore moins à préve-nir, une épidémie, mais des innovations récentes ont permis une identification et un séquençage du génome du coronavirus beaucoup plus rapide que par le passé, ainsi que l'élaboration de diagnostics plus efficaces. En outre, les techniques biotechnologiques les plus récentes utilisant des plateformes d'ARN et d'ADN permettent de développer des vaccins plus rapidement que jamais. Elles pourraient également contribuer à la mise au point de nouveaux traitements issus de la bio-ingénierie.

En résumé, la vitesse et l'ampleur de la quatrième révolution industrielle ont été et continuent d'être remarquables. Le présent chapitre fait valoir que la pandémie accélérera encore plus l'innovation, en catalysant les changements technologiques déjà en cours (comparables à l'effet d'amplification qu'elle a eu sur d'autres problèmes mondiaux et nationaux sous-jacents) et en « suralimentant » toute entreprise numérique ou la dimension numérique de toute entreprise. Elle accentuera également l'un des plus grands défis sociétaux et individuels concernés par la technologie : la vie privée. Nous verrons comment le traçage de contacts a une capacité inégalée et une place quasi-essentielle dans l'arsenal nécessaire pour combattre la COVID-19, tout en étant capable de devenir un outil de surveillance de masse.

1.6.1. Accélération de la transformation numérique

Avec la pandémie, la « transformation numérique » à laquelle tant d'analystes font référence depuis des années, sans savoir exactement ce qu'elle signifie, a trouvé son catalyseur. L'un des effets majeurs du confinement sera l'expansion et la progression du monde numérique de manière décisive et souvent permanente. Cela se remarque non seulement dans ses aspects les plus banals et anecdotiques (plus de conversations en ligne, plus de streaming pour se divertir, plus de contenu numérique en général), mais aussi en termes d'incitation à des changements plus profonds dans la façon dont les entreprises fonctionnent, un point examiné plus en détail dans le prochain chapitre. En avril 2020, plusieurs leaders technologiques ont observé avec quelle rapidité et quelle radicalité les nécessités créées par la crise sanitaire avaient précipité l'adoption d'un large éventail de technologies. En l'espace d'un mois seulement, il est apparu que de nombreuses entreprises ont fait un bond de plusieurs années en avant en termes d'adoption de technologies. Cette avancée fut bien accueillie par les adeptes du numérique, mais beaucoup moins par les autres (parfois de façon catastrophique). Satya Nadella, directeur général de Microsoft, a observé que les exigences de distanciation sociale et physique ont créé un monde du « tout à distance », avançant de deux ans l'adoption d'un large éventail de technologies, tandis que Sundar Pichai, PDG de Google, s'est émerveillé du bond impressionnant de l'activité numérique, prévoyant un effet « significatif et durable » sur des secteurs aussi différents que le travail, l'éducation, le shopping, la médecine et les loisirs en ligne.[122]

1.6.1.1. Le consommateur

Pendant la période de confinement, de nombreux consommateurs, auparavant réticents à une trop grande dépendance aux applications et services numériques, ont été contraints de changer leurs habitudes presque du jour au lendemain : regarder des films en ligne au lieu d'aller au cinéma, se faire livrer des repas au lieu d'aller au restaurant, parler à des amis à distance au lieu de les rencontrer en chair et en os, parler à des collègues sur un écran au lieu de bavarder près de la machine à café, suivre des entraînements physiques en ligne au lieu d'aller à la salle de sport, etc. Ainsi, presque instantanément, la plupart des choses sont devenues des « e-choses » : e-learning, e-commerce, e-gaming, e-books, e-attendance. Certaines des vieilles habitudes reviendront certainement (la joie et le plaisir des contacts personnels ne peuvent être égalés - nous sommes des animaux sociaux après tout !), mais beaucoup des comportements technologiques que nous avons été forcés d'adopter pendant le confinement deviendront plus naturels car plus familiers. À mesure que la distanciation sociale et physique persiste, le fait de s'appuyer davantage sur les plateformes numériques pour communiquer, travailler, demander des conseils ou commander quelque chose va, peu à peu, prendre la place d'habitudes autrefois ancrées. En outre, les avantages et les inconvénients des services en ligne par rapport aux services hors ligne seront constamment examinés sous différents angles. Si les considérations de santé deviennent primordiales, nous pourrions décider, par exemple, qu'une séance de vélo devant un écran à la maison ne vaut pas la convivialité et le plaisir de le faire avec un groupe dans un cours en direct, mais est en fait plus sûr (et moins cher !). Le même raisonnement s'applique à de nombreux domaines divers comme se rendre en avion à une réunion (Zoom est plus sûr, moins cher, plus écologique et beaucoup plus pratique), se rendre en voiture à une réunion de famille loin de chez soi pour le week-end (le groupe familial WhatsApp n'est pas aussi amusant mais, là encore, plus sûr, moins cher et plus écologique) ou même assister à un cours universitaire (pas aussi satisfaisant, mais moins cher et plus pratique).

1.6.1.2. Le régulateur

Cette transition vers une plus grande numérisation de tout ce qui a trait à nos vies professionnelles et personnelles sera également soutenue et accélérée par les régulateurs. Jusqu'à présent, les gouvernements ont souvent ralenti le rythme d'adoption des nouvelles technologies en réfléchissant longuement à ce à quoi devrait ressembler le meilleur cadre réglementaire, mais, comme le montrent les exemples de la télémédecine et de la livraison par drone, une accélération spectaculaire imposée par la nécessité est possible. Pendant les périodes de confinement, on a soudainement constaté un assouplissement quasi mondial des réglementations, qui avaient auparavant entravé les progrès dans des domaines où la technologie était disponible depuis des années, parce qu'il n'y avait pas de meilleur choix disponible. Ce qui était impensable jusqu'à récemment est soudainement devenu possible, et une chose est sûre, ni les patients ayant fait l'expérience du côté facile et pratique de la télémédecine, ni les régulateurs qui l'ont rendue possible, ne voudront revenir en arrière. Les nouveaux règlements resteront en place. Dans le même esprit, une histoire similaire se déroule aux États-Unis avec la Federal Aviation Authority, mais aussi dans d'autres pays, en ce qui concerne la réglementation « express » relative à la livraison par drone. L'impératif actuel consistant à propulser, quoi qu'il arrive, l'« économie sans contact »et la volonté subséquente des régulateurs de l'accélérer signifie que tous les coups sont permis. Ce qui est vrai pour des domaines jusqu'à récemment sensibles comme la télémédecine et la livraison par drone l'est également pour des domaines réglementaires plus triviaux et bien couverts, comme les paiements mobiles. Pour ne donner qu'un exemple banal, en pleine période de confinement (en avril 2020), les régulateurs bancaires européens ont décidé d'augmenter le montant que les acheteurs pouvaient payer via leurs appareils mobiles tout en réduisant les exigences d'authentification qui rendaient auparavant difficiles les paiements sur des plateformes comme PayPal ou Venmo. De telles mesures ne feront qu'accélérer la « prévalence » du numérique dans notre vie quotidienne, même si cela pose d'éventuels problèmes de cybersécurité.

1.6.1.3. L'entreprise

Sous une forme ou une autre, les mesures de distanciation sociale et physique risquent de persister après la fin de la pandémie elle-même, ce qui justifie la décision de nombreuses entreprises issues de différentes industries d'accélérer l'automatisation. Au bout d'un certain temps, les préoccupations persistantes au sujet du chômage technologique s'estomperont à mesure que les sociétés mettront l'accent sur la nécessité de restructurer le lieu de travail de manière à réduire au minimum les contacts humains rapprochés. En effet, les technologies d'automatisation sont particulièrement bien adaptées à un monde dans lequel les êtres humains ne peuvent pas être trop près les uns des autres ou sont prêts à réduire leurs interactions. Notre crainte persistante et peut-être durable d'être infecté par un virus (celui de la COVID-19 ou autre) va donc accélérer la marche implacable de l'automatisation, en particulier dans les domaines les plus sensibles à celle-ci. En 2016, deux universitaires de l'université d'Oxford sont arrivés à la conclusion que jusqu'à 86 % des emplois dans les restaurants, 75 % des emplois dans le commerce de détail et 59 % des emplois dans le secteur du divertissement pourraient être automatisés d'ici 2035.[123] Ces trois industries sont parmi les plus durement touchées par la pandémie et c'est dans celles-ci que l'automatisation, pour des raisons d'hygiène et de propreté, sera une nécessité qui, à son tour, accélérera encore la transition vers plus de technologie et plus de numérique. Un autre phénomène est appelé à soutenir l'expansion de l'automatisation : celui où la « distanciation économique » pourrait suivre la distanciation sociale. À mesure que les pays se tournent vers l'intérieur et que les entreprises mondiales raccourcissent leurs chaînes d'approvisionnement super-efficaces mais très fragiles, l'automatisation et les robots qui permettent une production plus locale, tout en maintenant les coûts à un faible niveau, seront très demandés.

Le processus d'automatisation a été lancé il y a de nombreuses années, mais la question cruciale est une fois de plus liée à l'accélération du rythme du changement et de la transition : la pandémie va accélérer l'adoption de l'automatisation sur le lieu de travail et l'introduction de plus de robots dans notre vie personnelle et professionnelle. Dès le début des confinements, il est apparu que les robots et l'IA constituaient une alternative « naturelle » lorsque la main-d'œuvre humaine n'était pas disponible. En outre, ils ont été utilisés à chaque fois que c'était possible de façon à réduire les risques pour la santé des employés. À l'époque où la distanciation physique est devenue une obligation, les robots ont été déployés dans des lieux aussi différents que des entrepôts, des supermarchés et des hôpitaux dans un large éventail d'activités, allant des scanners de rayons (un domaine dans lequel l'IA a fait des avancées considérables) au nettoyage en passant bien sûr par la livraison robotisée - un élément qui sera bientôt important dans les chaînes d'approvisionnement des soins de santé et qui conduira à son tour à la livraison « sans contact » de produits alimentaires et d'autres produits essentiels. Comme pour beaucoup d'autres technologies dont l'adoption était prévue dans un avenir lointain (comme la télémédecine), les entreprises, les consommateurs et les pouvoirs publics se précipitent maintenant pour accélérer les choses. Dans des villes aussi variées que Hangzhou, Washington DC et Tel Aviv, tout est mis en œuvre pour passer de programmes pilotes à des opérations à grande échelle capables de mettre en place une armée de robots de livraison sur la route et dans les airs. Les géants chinois du commerce électronique comme Alibaba et jd.com sont convaincus que, dans les 12 à 18 mois à venir, la livraison autonome pourrait se généraliser en Chine - bien plus tôt que ce qui était prévu avant la pandémie.

Une attention maximale est souvent accordée aux robots industriels car ils sont la face la plus visible de l'automatisation, mais une accélération radicale se produit également dans l'automatisation du lieu de travail par le biais de logiciels et d'apprentissage machine. Ce qu'on appelle l'automatisation robotisée des processus (RPA) rend les entreprises plus efficaces en installant des logiciels qui rivalisent avec les actions d'un travailleur humain et les remplacent. Elle peut prendre plusieurs formes, allant du groupe financier de Microsoft qui consolide et simplifie des rapports, des outils et des contenus disparates dans un portail personnalisé automatisé, basé sur les rôles, à une compagnie pétrolière qui installe un logiciel envoyant les photos d'un pipeline à un moteur IA, dans le but de les comparer avec une base de données existante et d'alerter les employés concernés de problèmes potentiels. Dans tous les cas, la RPA permet de réduire le temps consacré à la compilation et à la validation des données, et donc de réduire les coûts (au détriment d'une augmentation probable du chômage, comme mentionné dans la section « Réinitialisation économique »). Au plus fort de la pandémie, la RPA a gagné ses galons en prouvant son efficacité dans la gestion des hausses de volume ; à l'ère post-pandémique, le processus sera par conséquent déployé et accéléré. Deux exemples prouvent ce point. Les solutions RPA ont aidé certains hôpitaux à diffuser les résultats des tests COVID-19, permettant aux infirmières d'économiser jusqu'à trois heures de travail par jour. Dans le même ordre d'idées, un dispositif numérique d'IA normalement utilisé pour répondre aux demandes des clients en ligne a été adapté pour aider les plateformes numériques médicales à dépister en ligne les symptômes de la COVID-19 chez les patients. Pour toutes ces raisons, Bain & Company (un cabinet de conseil) estime que le nombre d'entreprises mettant en œuvre cette automatisation des processus commerciaux doublera au cours des deux prochaines années, un délai que la pandémie pourrait encore raccourcir.[124]

1.6.2. Traçage des contacts, suivi des contacts et surveillance

On peut tirer une leçon importante des pays qui ont été les plus efficaces dans la lutte contre la pandémie (en particulier les nations asiatiques) : la technologie en général et le numérique en particulier sont d'une grande aide. Un traçage des contacts efficace s'est avéré faire partie des éléments clé d'une stratégie réussie contre la COVID-19. Si les mesures de confinement sont efficaces pour réduire le taux de reproduction du coronavirus, elles n'éliminent pas la menace posée par la pandémie. En outre, elles ont un coût économique et sociétal dangereusement élevé. Il sera très difficile de lutter contre la COVID-19 sans un traitement ou un vaccin efficace. En attendant, le meilleur moyen de réduire ou d'arrêter la transmission du virus consiste à effectuer des tests à grande échelle, puis d'isoler les cas, de tracer les contacts et de mettre en quarantaine les contacts exposés aux personnes infectées. Comme nous le verrons plus loin, dans ce processus, la technologie peut être un formidable raccourci, permettant aux responsables de la santé publique d'identifier très rapidement les personnes infectées, et donc de contenir une épidémie avant qu'elle ne commence à se propager.

Le traçage (contact tracing) et le suivi (contact tracking) des contacts sont donc des éléments essentiels de notre réponse de santé publique à la COVID-19. Les deux termes sont souvent utilisés de manière interchangeable, mais ont des significations légèrement différentes. Une application de suivi permet d'obtenir des informations en temps réel en déterminant, par exemple, la position actuelle d'une personne grâce à des géodonnées via des coordonnées GPS ou la localisation d'une cellule radio. En revanche, le traçage de contacts consiste à obtenir des informations a posteriori, comme l'identification de contacts physiques entre des personnes utilisant le Bluetooth. Ni l'un ni l'autre n'offrent une solution miracle capable d'arrêter dans son intégralité la propagation de la pandémie, mais ils permettent de tirer presque immédiatement la sonnette d'alarme, permettant une intervention précoce, limitant ou contenant ainsi l'épidémie, en particulier lorsqu'elle se produit dans des environnements à forte propagation (comme une communauté ou une réunion de famille). Pour des raisons pratiques et pour faciliter la lecture, nous fusionnerons les deux et les utiliserons de manière interchangeable (comme le font souvent les articles de presse).

La forme de suivi ou de traçage la plus efficace est évidemment celle qui repose sur la technologie : elle permet non seulement de retracer tous les contacts avec lesquels l'utilisateur d'un téléphone portable a été en contact, mais aussi de suivre les mouvements de l'utilisateur en temps réel, ce qui à son tour permet de mieux faire respecter le confinement et d'avertir les autres utilisateurs de téléphones portables à proximité du porteur qu'ils ont été exposés à une personne infectée.

Il n'est pas surprenant que le traçage numérique soit devenu l'une des questions les plus sensibles en termes de santé publique, suscitant de vives inquiétudes dans le monde entier quant au respect de la vie privée. Dans les premières phases de la pandémie, de nombreux pays (principalement en Asie de l'Est, mais aussi d'autres comme Israël) ont décidé de mettre en œuvre le traçage numérique sous différentes formes. Ils sont passés du traçage rétroactif de chaînes de contagion passées au suivi en temps réel des mouvements afin de confiner une personne infectée par la COVID-19 et d'imposer des quarantaines ou des confinements partiels subséquents. Dès le début, la Chine, la RAS de Hong Kong et la Corée du Sud ont mis en œuvre des mesures coercitives et intrusives de traçage numérique. Ils ont pris la décision de suivre des personnes sans leur consentement, grâce aux données de leur téléphone portable et de leur carte de crédit, et ont même eu recours à la vidéosurveillance (en Corée du Sud). En outre, certaines économies ont imposé le port obligatoire de bracelets électroniques aux voyageurs et aux personnes en quarantaine (dans la RAS de Hong Kong) afin d'alerter les personnes susceptibles d'être infectées. D'autres ont opté pour des solutions « intermédiaires » : les personnes placées en quarantaine sont équipées d'un téléphone portable pour surveiller leur localisation, celui-ci permet de les identifier publiquement en cas de violation des règles.

La solution de traçage numérique la plus encensée et connue est l'application TraceTogether, gérée par le ministère de la santé de Singapour. Elle semble offrir un équilibre « idéal » entre efficacité et respect de la vie privée en conservant les données de l'utilisateur sur le téléphone plutôt que sur un serveur, et en attribuant un identifiant de manière anonyme. La détection de contacts ne fonctionne qu'avec les dernières versions de Bluetooth (une limitation évidente dans de nombreux pays moins avancés sur le plan numérique où un grand pourcentage de téléphones portables n'ont pas la capacité Bluetooth suffisante pour une détection efficace). Le Bluetooth identifie les contacts physiques entre l'utilisateur et un autre utilisateur de l'application avec une précision d'environ deux mètres et, si un risque de transmission de la COVID-19 est encouru, l'application avertira le contact, auquel cas l'envoi des données stockées au ministère de la santé devient obligatoire (mais l'anonymat du contact est maintenu). L'application TraceTogether n'est donc pas intrusive en termes de vie privée, et son code, disponible en open source, la rend utilisable par n'importe quel pays partout dans le monde, mais d'après les défenseurs de la vie privée, elle comporte quand même des risques. Si toute la population d'un pays téléchargeait l'application, et s'il y avait une forte augmentation des infections à la COVID-19, l'application pourrait alors finir par identifier la plupart des citoyens. Les cyber-intrusions, les questions de confiance dans l'opérateur du système et la période de conservation des données posent des problèmes supplémentaires en matière de protection de la vie privée.

D'autres options existent. Celles-ci sont principalement liées à la disponibilité de codes sources ouverts et vérifiables, ainsi qu'aux garanties relatives à la supervision des données et à la durée de conservation. Des normes communes pourraient être adoptées, en particulier dans l'UE où de nombreux citoyens craignent que la pandémie n'oblige à faire un compromis entre vie privée et santé. Mais comme l'a fait remarquer Margrethe Vestager, la commissaire européenne à la Concurrence :

> Je pense que c'est un faux dilemme, parce que la technologie permet de faire des tas de choses qui ne portent pas atteinte à votre vie privée. Je pense que, très souvent, lorsque les gens disent que ce n'est faisable que d'une seule manière, c'est parce qu'ils veulent les données pour leur propre usage. Nous avons élaboré un ensemble de lignes directrices, et avec les États membres, nous en avons fait une boîte à outils, afin que vous puissiez faire une application volontaire avec un stockage décentralisé, grâce à la technologie Bluetooth. Vous pouvez utiliser la technologie pour suivre le virus, mais vous pouvez toujours donner aux gens la liberté de choix. Ainsi, ils font confiance à la technologie et savent qu'elle sert à tracer le virus et rien d'autre. Je pense qu'il est essentiel de montrer que nous sommes vraiment sincères lorsque nous disons que vous devez pouvoir faire confiance à la technologie lorsque vous l'utilisez, que ce n'est pas le début d'une nouvelle ère de surveillance. Il s'agit de suivre le virus, et cela peut nous aider à ouvrir nos sociétés.[125]

Une fois de plus, nous voulons souligner qu'il s'agit d'une situation rapide et très volatile. L'annonce faite en avril par Apple et Google de leur collaboration pour développer une application que les responsables de la santé pourraient utiliser afin de retracer les mouvements et les connexions d'une personne infectée par le virus indique une issue possible pour les sociétés les plus préoccupées par la confidentialité des données et craignant par-dessus tout la surveillance numérique. La personne en possession du téléphone portable devra télécharger volontairement l'application et accepter de partager les données, et les deux sociétés ont clairement indiqué que leur technologie ne serait pas fournie aux organismes de santé publique qui ne respecteraient pas leurs directives en matière de protection de la vie privée. Mais les applications volontaires de traçage de contacts posent un problème : elles préservent effectivement la vie privée de leurs utilisateurs mais ne sont efficaces que lorsque le niveau de participation est suffisamment élevé - un problème d'action collective qui souligne une fois de plus la nature profondément interconnectée de la vie moderne sous la façade individualiste des droits et des obligations contractuelles. Aucune application de traçage de contrat volontaire ne fonctionnera si les personnes ne sont pas disposées à fournir leurs propres données personnelles à l'agence gouvernementale qui surveille le système ; si une personne refuse de télécharger l'application (et donc de ne pas dévoiler d'informations sur une éventuelle infection, ses déplacements et ses contacts), tout le monde en subira les conséquences. En fin de compte, les citoyens n'utiliseront l'application que s'ils la jugent digne de confiance, ce qui en soi dépend de la confiance accordée au gouvernement et aux autorités publiques. Fin juin 2020, l'expérience des applications de traçage était encore récente et mitigée. Moins de 30 pays les avaient mis en place.[126] En Europe, certains pays comme l'Allemagne et l'Italie ont déployé des applications basées sur le système développé par Apple et Google, tandis que d'autres pays, comme la France, ont décidé de développer leur propre application, soulevant ainsi des questions d'interopérabilité. En général, les problèmes techniques et les préoccupations relatives à la vie privée semblent affecter l'utilisation et le taux d'adoption de l'application. Pour ne citer que quelques exemples, le Royaume-Uni, suite à des problèmes techniques et aux critiques des défenseurs de la vie privée, a changé d'avis et décidé de remplacer son application de traçage de contacts développée au niveau national par le modèle proposé par Apple et Google. La Norvège a suspendu l'utilisation de son application pour des raisons de protection de la vie privée, tandis qu'en France, trois semaines seulement après son lancement, l'application StopCovid n'avait tout simplement pas décollé, avec un très faible taux d'adoption (1,9 million de personnes) suivi de fréquentes désinstallations.

Aujourd'hui, il existe environ 5,2 milliards de smartphones dans le monde, chacun pouvant aider à identifier qui est infecté, où et souvent par qui. Cette opportunité sans précédent peut expliquer pourquoi différentes enquêtes menées aux États-Unis et en Europe pendant les confinements ont indiqué qu'un nombre croissant de citoyens semblaient favoriser le traçage des smartphones par les autorités publiques (avec des limites très précises).

Mais comme toujours, tout est dans le détail de la politique et de son exécution. Savoir si le traçage numérique doit être obligatoire ou volontaire, si les données doivent être collectées de manière anonyme ou personnelle et si les informations doivent être collectées de manière privée ou divulguées publiquement sont autant de questions contenant de nombreuses nuances, ce qui rend extrêmement difficile l'adoption d'un modèle unifié de traçage numérique de manière collective. Toutes ces questions, et le malaise qu'elles peuvent provoquer, ont été exacerbées par la montée en puissance des entreprises surveillant la santé de leurs employés, apparue dans les premières phases des réouvertures nationales. Leur pertinence ne cessera de croître à mesure que la pandémie de COVID-19 se prolongera et que les craintes concernant d'autres pandémies éventuelles feront surface.

À mesure que la crise du coronavirus se résorbera et que les gens commenceront à retourner au travail, les entreprises s'orienteront vers une surveillance accrue ; pour le meilleur ou pour le pire, elles surveilleront et parfois enregistreront ce que fait leur personnel. La tendance pourrait prendre de nombreuses formes différentes, de la mesure de la température corporelle avec des caméras thermiques à la surveillance, via une application, de la manière dont les employés respectent la distanciation sociale. Cela ne manquera pas de soulever de profondes questions de réglementation et de respect de la vie privée, que de nombreuses entreprises rejetteront en faisant valoir que, à moins d'accroître la surveillance numérique, elles ne pourront pas rouvrir et fonctionner sans risquer de nouvelles infections (dont elles seraient, dans certains cas, tenues responsables). Elles invoqueront la santé et la sécurité pour justifier une surveillance accrue.

La préoccupation constante exprimée par les législateurs, les universitaires et les syndicalistes est que les outils de surveillance risquent de rester en place après la crise et même lorsqu'un vaccin sera finalement trouvé, simplement parce que les employeurs ne seront pas incités à retirer un système de surveillance une fois celui-ci installé, en particulier si l'un de ses avantages indirects est de vérifier la productivité des employés.

C'est ce qui s'est passé après les attaques terroristes du 11 septembre 2001. Partout dans le monde, de nouvelles mesures de sécurité sont devenues la norme, comme l'utilisation généralisée de caméras, l'obligation d'utiliser des cartes d'identité électroniques et l'enregistrement des entrées et sorties des employés ou des visiteurs. À l'époque, ces mesures étaient jugées extrêmes, mais aujourd'hui, elles sont utilisées partout et considérées comme « normales ». Un nombre croissant d'analystes, de décideurs politiques et de spécialistes de la sécurité craignent qu'il en soit de même avec les solutions technologiques mises en place pour contenir la pandémie. Ils prédisent qu'un monde dystopique nous attend.

1.6.3. Le risque de dystopie

Maintenant que les technologies de l'information et de la communication imprègnent presque tous les aspects de notre vie et de nos formes de participation sociale, toute expérience numérique dont nous disposons peut être transformée en un « produit » destiné à surveiller et à anticiper nos comportements. Le risque d'une éventuelle dystopie découle de cette observation. Au cours des dernières années, elle a nourri d'innombrables œuvres d'art, allant de romans comme *La servante écarlate* à la série télévisée « Black Mirror ». Dans le milieu universitaire, elle trouve son expression dans les recherches entreprises par des universitaires comme Shoshana Zuboff. Son livre *Surveillance Capitalism* met en garde contre le fait que les clients sont transformés en sources de données, le « "capitalisme de surveillance" » transformant notre économie, notre politique, notre société et nos propres vies en produisant des asymétries profondément antidémocratiques de la connaissance et du pouvoir qui en découle.

Au cours des mois et des années à venir, le compromis entre les avantages en matière de santé publique et la perte de vie privée sera soigneusement pesé, devenant le sujet de nombreuses conversations animées et de débats passionnés. La plupart des gens, craignant le danger que représente la COVID-19, se poseront la question : N'est-il pas insensé de ne pas exploiter la puissance de la technologie comme moyen de nous aider alors que nous sommes victimes d'une épidémie et confrontés à une question de vie ou de mort ? Ils seront alors prêts à renoncer à une grande partie de leur vie privée et conviendront que, dans de telles circonstances, la puissance publique peut légitimement passer outre les droits individuels. Puis, une fois la crise terminée, certains pourraient se rendre compte que leur pays s'est soudainement transformé en un lieu où ils ne souhaitent plus vivre. Ce processus de réflexion n'est pas nouveau. Au cours des dernières années, les gouvernements comme les entreprises ont utilisé des technologies de plus en plus sophistiquées pour surveiller et parfois manipuler les citoyens et les employés. Si nous ne sommes pas vigilants, avertissent les défenseurs de la vie privée, la pandémie marquera un tournant important dans l'histoire de la surveillance.[127] L'argument avancé par ceux qui craignent avant tout l'emprise de la technologie sur la liberté individuelle est clair et simple : au nom de la santé publique, certains éléments de la vie privée seront abandonnés au profit de l'endiguement d'une épidémie, de la même façon que les attaques terroristes du 11 septembre ont déclenché une sécurité accrue et permanente au nom de la protection de la sécurité publique. Puis, sans nous en rendre compte, nous serons victimes de nouveaux pouvoirs de surveillance qui ne reculeront jamais et qui pourraient être reconvertis comme moyen politique à des fins plus sinistres.

Comme les dernières pages l'ont montré sans aucun doute, la pandémie pourrait ouvrir une ère de surveillance sanitaire active rendue possible par les smartphones à détection de localisation, les caméras de reconnaissance faciale et d'autres technologies qui identifient les sources d'infection et suivent la propagation d'une maladie en temps quasi réel.

Malgré toutes les précautions prises par certains pays pour contrôler le pouvoir de la technologie et limiter la surveillance (d'autres ne sont pas aussi inquiets), certains penseurs s'inquiètent de la façon dont certains des choix rapides que nous faisons aujourd'hui influenceront nos sociétés pour les années à venir. L'historien Yuval Noah Harari en fait partie. Dans un récent article, il affirme que nous aurons un choix fondamental à faire entre la surveillance totalitaire et l'autonomisation des citoyens. Son argumentation vaut la peine d'être exposée en détail :

> La technologie de surveillance se développe à une vitesse fulgurante, et ce qui semblait être de la science-fiction il y a dix ans fait aujourd'hui partie du décor. Voici une expérience de réflexion : imaginez un gouvernement hypothétique qui exigerait que chaque citoyen porte un bracelet biométrique surveillant sa température corporelle et son rythme cardiaque 24 heures sur 24. Les données en résultant seraient stockées et analysées par des algorithmes gouvernementaux. Les algorithmes sauront que vous êtes malade avant vous, et ils sauront également où vous avez été et qui vous avez rencontré. Les chaînes d'infection pourraient être considérablement raccourcies, et même complètement coupées. Un tel système pourrait sans doute stopper l'épidémie en quelques jours. Cela semble merveilleux, non ? L'inconvénient est, bien sûr, que cela légitimerait un nouveau système de surveillance terrifiant. Si vous savez, par exemple, que j'ai cliqué sur un lien de Fox News plutôt que sur un lien de CNN, cela peut vous apprendre quelque chose sur mes opinions politiques et peut-être même sur ma personnalité. Mais si vous pouvez

surveiller ce qui se passe au niveau de ma température corporelle, de ma tension artérielle et de mon rythme cardiaque lorsque je regarde un clip vidéo, vous pouvez apprendre ce qui me fait rire, ce qui me fait pleurer et ce qui me met vraiment, vraiment en colère. Il est essentiel de se rappeler que la colère, la joie, l'ennui et l'amour sont des phénomènes biologiques tout comme la fièvre et la toux. La technologie capable d'identifier la toux pourrait aussi identifier le rire. Si les entreprises et les gouvernements commencent à récolter nos données biométriques en masse, ils peuvent apprendre à nous connaître bien mieux que nous ne nous connaissons nous-mêmes, et ils peuvent alors non seulement prédire nos sentiments mais aussi les manipuler et nous vendre tout ce qu'ils veulent - que ce soit un produit ou un politicien. À côté de la surveillance biométrique, les tactiques de piratage de données de Cambridge Analytica sembleraient dater de l'âge de pierre. Imaginez la Corée du Nord en 2030, où chaque citoyen devra porter un bracelet biométrique 24 heures sur 24. Si vous écoutez un discours du président et que le bracelet capte des signes de colère, vous êtes cuit.[128]

On nous aura prévenus ! Certains commentateurs sociaux comme Evgeny Morozov vont même plus loin, convaincus que la pandémie laisse entrevoir un sombre avenir de surveillance étatique techno-totalitaire. Son argument, fondé sur le concept de « solutionnisme technologique » mis en avant dans un livre écrit en 2012, est le suivant : les « solutions » technologiques proposées pour contenir la pandémie feront nécessairement passer l'état de surveillance au niveau supérieur. Il en voit la preuve dans deux courants distincts de « solutionnisme » dans les réponses gouvernementales apportées à la pandémie qu'il a identifiées. D'une part, il y a les « solutionnistes progressistes », selon lesquels si les bonnes informations sur l'infection sont présentées aux bonnes personnes, via une application, cela pourrait amener les gens à se comporter dans l'intérêt de l'ensemble de la population D'autre part, il y a les « solutionnistes punitifs » déterminés à utiliser la vaste infrastructure de surveillance numérique pour limiter nos activités quotidiennes et punir toute transgression. D'après Morozov, le plus grand risque pour nos systèmes et libertés politiques est que l'exemple « réussi » de l'utilisation de la technologie pour surveiller et contenir la pandémie « consacre la boîte à outils du solutionnisme comme option par défaut pour résoudre tous les autres problèmes existentiels, des inégalités aux changements climatiques. Après tout, il est beaucoup plus facile de déployer des technologies solutionnistes pour influencer le comportement individuel que de poser des questions politiques difficiles sur les causes profondes de ces crises. »[129]

****

Comme l'a dit Spinoza, le philosophe du 17ème siècle qui a résisté toute sa vie à l'autorité oppressive : « La peur ne peut se passer de l'espoir et l'espoir de la peur. » Ce principe directeur est une bonne conclusion à ce chapitre, en plus de la pensée que rien n'est inévitable et que nous devons être symétriquement conscients des bonnes comme des mauvaises conséquences. Les scénarios dystopiques ne sont pas une fatalité. Il est vrai qu'à l'ère post-pandémique, la santé et le bien-être des personnes deviendront une priorité beaucoup plus importante pour la société, c'est pourquoi le génie de la surveillance technologique ne sera pas remis dans la bouteille. Mais il appartient à ceux qui gouvernent et à chacun d'entre nous personnellement de contrôler et d'exploiter les avantages de la technologie sans sacrifier nos valeurs et libertés individuelles et collectives.

2. RÉINITIALISATION « MICRO » (INDUSTRIE ET ENTREPRISES)

Au niveau micro, celui des industries et des entreprises, la Grande réinitialisation entraînera une série de changements et d'adaptations longue et complexe. Face à cela, certains dirigeants et cadres supérieurs de l'industrie pourraient être tentés d'assimiler la réinitialisation à un redémarrage, dans l'espoir de retrouver l'ancienne normalité et de rétablir ce qui a fonctionné dans le passé : des traditions, des procédures éprouvées et des façons familières de faire les choses - en bref, un retour au statu quo. Cela n'arrivera pas car cela ne peut pas arriver. Dans la plupart des cas, le statu quo a été vaincu (ou du moins infecté) par la COVID-19. Certaines industries ont été dévastées par l'hibernation économique déclenchée par les mesures de confinement et de distanciation sociale. D'autres auront du mal à récupérer les revenus perdus avant de s'engager sur une voie vers la rentabilité toujours plus étroite, causée par la récession économique qui frappe le monde entier. Cependant, pour la majorité des entreprises qui se dirigent vers l'avenir post-coronavirus, l'important sera de trouver l'équilibre approprié entre ce qui fonctionnait avant et ce qu'il faut aujourd'hui pour prospérer dans la nouvelle normalité. Pour ces entreprises, la pandémie est une occasion unique de repenser leur organisation et d'opérer un changement positif, durable et viable.

Qu'est-ce qui définira la nouvelle normalité d'un paysage commercial post-coronavirus ? Comment les entreprises pourront-elles trouver le meilleur équilibre possible entre les succès passés et les éléments fondamentaux nécessaires à présent pour réussir dans l'ère post-pandémique ? La réponse est évidemment spécifique à chaque industrie et à la gravité avec laquelle elle a été frappée par la pandémie. Dans l'ère post-COVID-19, hormis pour les quelques secteurs dans lesquels la plupart des entreprises bénéficieront de forts vents contraires (notamment la technologie, la santé et le bien-être), le voyage sera difficile et parfois semé d'embûches. Pour certains, comme le divertissement, les voyages ou l'hôtellerie, un retour à un environnement pré-pandémique est inimaginable dans un avenir proche (et peut-être même après dans certains cas...). Pour d'autres, à savoir l'industrie manufacturière ou l'alimentation, il s'agit plutôt de trouver des moyens de s'adapter au choc et de tirer parti de certaines nouvelles tendances (comme le numérique) pour prospérer dans l'ère post-pandémique. La taille fait également la différence. Les difficultés ont tendance à être plus importantes pour les petites entreprises qui, en général, fonctionnent avec des réserves de trésorerie plus faibles et des marges bénéficiaires plus minces que celles des grandes entreprises. À l'avenir, la plupart d'entre eux seront confrontés à des coefficients d'exploitation qui les désavantageront par rapport à leurs grands rivaux. Mais être petit peut offrir certains avantages dans le monde d'aujourd'hui où la flexibilité et la rapidité peuvent faire toute la différence en termes d'adaptation. Il est plus facile d'être agile pour une petite structure que pour un mastodonte industriel.

Cela dit, et indépendamment de leur secteur d'activité et de la situation spécifique dans laquelle ils se trouvent, presque tous les décideurs d'entreprise du monde entier seront confrontés à des problèmes similaires et devront faire face à certaines questions et défis communs. Les plus évidents sont les suivants :

1. Dois-je encourager le travail à distance pour ceux qui peuvent le faire (environ 30 % de la main-d'œuvre totale aux États-Unis) ?

2. Vais-je réduire les voyages en avion dans mon entreprise, et combien de réunions en face à face puis-je remplacer de manière significative par des interactions virtuelles ?

3. Comment puis-je transformer l'entreprise et notre processus décisionnel pour devenir plus agile et avancer plus rapidement et de manière plus décisive ?

4. Comment puis-je accélérer la numérisation et l'adoption de solutions numériques ?

La réinitialisation « macro » évoquée au chapitre 1 se traduira par une myriade de micro conséquences au niveau de l'industrie et des entreprises. Nous passerons en revue certaines de ces grandes tendances ci-dessous avant de nous pencher sur la question de savoir qui sont les « gagnants et les perdants » de la pandémie et de ses effets sur des industries spécifiques.

2.1. Micro-tendances

Nous sommes encore au début de l'ère post-pandémique, mais de puissantes tendances, nouvelles ou en pleine accélération, sont déjà à l'œuvre. Pour certaines industries, ces mesures seront une bénédiction, pour d'autres un défi majeur. Toutefois, dans tous les secteurs, il appartiendra à chaque entreprise de tirer le meilleur parti de ces nouvelles tendances en s'adaptant rapidement et avec détermination. Les entreprises les plus agiles et les plus flexibles seront celles qui en sortiront plus fortes.

2.1.1. Accélération de la numérisation

À l'époque pré-pandémique, le buzz de la « transformation numérique » était le mantra de la plupart des conseils d'administration et comités exécutifs. Le numérique était « la solution », il devait être « résolument » mis en œuvre et était considéré comme une « condition préalable au succès » ! Depuis lors, en l'espace de quelques mois seulement, ce mantra est devenu un impératif - voire, dans le cas de certaines entreprises, une question de vie ou de mort. Ceci est justifiable et compréhensible. Pendant le confinement, nous dépendions entièrement d'Internet pour la plupart de nos activités : du travail à l'enseignement en passant par la socialisation. Ce sont des services en ligne qui nous ont permis de garder un semblant de normalité, et il est tout à fait naturel qu'ils soient les principaux bénéficiaires de la pandémie, donnant un formidable coup de pouce aux technologies et aux processus nous permettant de faire des choses à distance : l'Internet universel à haut débit, les paiements mobiles et à distance, et des services de gouvernement électronique fonctionnels, entre autres. Conséquence directe, les entreprises déjà présentes en ligne sont appelées à bénéficier d'un avantage concurrentiel durable. À mesure que des choses et des services de plus en plus variés nous seront proposés par nos portables et nos ordinateurs, des entreprises de secteurs aussi disparates que le e-commerce, les opérations sans contact, le contenu numérique, les robots et les livraisons par drone (pour n'en citer que quelques-uns) vont prospérer. Ce n'est pas par hasard que des entreprises comme Alibaba, Amazon, Netflix ou Zoom sont sorties « gagnantes » de ces confinements.

Dans l'ensemble, c'est le secteur de la consommation qui a vite fait le premier pas. De l'expérience sans contact nécessaire imposée à de nombreuses entreprises de l'industrie alimentaire et du commerce de détail pendant les confinements aux show rooms virtuels de l'industrie manufacturière permettant aux clients de naviguer et de choisir leurs produits préférés, la plupart des entreprises en B-to-C ont rapidement compris la nécessité d'offrir à leurs clients un voyage numérique « du début à la fin ».

Alors que certains confinements prenaient fin et que certaines économies revenaient à la vie, des opportunités similaires sont apparues dans les applications B-to-B, notamment dans le secteur manufacturier où des règles de distanciation physique ont dû être mises en place à court terme, souvent dans des environnements difficiles (par exemple les chaînes de montage). En conséquence, l'IoT a fait des percées impressionnantes. Certaines entreprises qui avaient mis du temps à adopter l'IoT il y a peu, avant le confinement, s'y sont aujourd'hui volontiers mises avec l'objectif spécifique de faire autant de choses que possible à distance. Maintenance des équipements, gestion des stocks, relations avec les fournisseurs ou stratégies de sécurité : toutes ces différentes activités peuvent désormais être effectuées (dans une large mesure) via un ordinateur. L'IoT offre aux entreprises non seulement les moyens d'exécuter et de faire respecter des règles de distanciation sociale, mais aussi de réduire les coûts et de mettre en œuvre des opérations plus agiles.

Au plus fort de la pandémie, le O2O - le passage du « en ligne » au « hors ligne » - a pris beaucoup d'ampleur, soulignant l'importance d'avoir une présence à la fois en ligne et hors ligne, et ouvrant la porte (ou peut-être même les vannes) à l'« éversion », le fait de se retourner comme un gant. Ce phénomène d'effacement de la distinction entre « en ligne » et « hors ligne », identifié par le célèbre auteur de science-fiction William Gibson qui a déclaré « Notre monde est en plein retournement »[130], avec le cyberespace s'ouvrant de plus en plus, est apparu comme l'une des tendances les plus puissantes de l'ère post-COVID-19. La crise pandémique a accéléré ce phénomène d'éversion car elle nous a simultanément contraints et encouragés à nous diriger plus rapidement que jamais vers un monde numérique, « en apesanteur », à mesure que de plus en plus d'activités économiques ont été obligées de passer au digital : enseignement, consulting, édition et bien d'autres encore. On pourrait même dire que, pendant un certain temps, la téléportation a pris le pas sur le transport : la plupart des réunions du comité exécutif, des conseils d'administration, des réunions d'équipe, des sessions de brainstorming et d'autres formes d'interaction personnelle ou sociale ont dû se dérouler à distance. Cette nouvelle réalité est illustrée par la capitalisation boursière de Zoom (la société de vidéoconférence) qui a atteint la somme phénoménale de 70 milliards de dollars en juin 2020, soit plus (à cette époque) que celle de toute autre compagnie aérienne aux États-Unis. Parallèlement, de grandes entreprises en ligne comme Amazon et Alibaba se sont développées de manière décisive dans le domaine de l'O2O, en particulier dans la distribution alimentaire et la logistique.

Des tendances telles que la télémédecine ou le travail à distance qui se sont largement développées pendant le confinement ont peu de chances de reculer - pour elles, il n'y aura pas de retour au statu quo qui prévalait avant la pandémie. La télémédecine, en particulier, en bénéficiera considérablement. Pour des raisons évidentes, le secteur des soins de santé est l'un des plus réglementés au monde, ce qui ralentit inévitablement le rythme de l'innovation. Mais la nécessité de s'adapter à la pandémie avec tous les moyens disponibles (plus, pendant l'épidémie, la nécessité de protéger les travailleurs de la santé en leur permettant de travailler à distance) a supprimé certains des obstacles réglementaires et législatifs liés à l'adoption de la télémédecine. À l'avenir, il est certain que davantage de soins médicaux seront dispensés à distance. Cela accélérera à son tour la tendance à des dispositifs de diagnostic plus faciles à porter et utilisables à la maison, comme des toilettes intelligentes capables de suivre les données de santé et d'effectuer des analyses. De même, la pandémie pourrait se révéler être une aubaine pour l'enseignement en ligne. En Asie, le passage à l'enseignement en ligne a été particulièrement remarquable, avec une forte augmentation des inscriptions numériques des étudiants, une valorisation beaucoup plus élevée des entreprises d'enseignement en ligne et davantage de capitaux disponibles pour les start-ups « Ed-tech » (technologie éducative). Le revers de la médaille sera une pression accrue sur les institutions proposant des méthodes d'enseignement plus traditionnelles pour qu'elles valident leur valeur ajoutée et justifient leurs frais (nous y reviendrons plus loin).

La vitesse d'expansion a été tout simplement époustouflante. « En Grande-Bretagne, moins de 1 % des premières consultations médicales ont eu lieu par liaison vidéo en 2019 ; en période de confinement, 100 % d'entre elles se font à distance. Autre exemple, une grande enseigne aux États-Unis a voulu lancer en 2019 une activité de livraison en bordure de trottoir ; son plan devait durer 18 mois. Pendant le confinement, l'activité a été opérationnelle en moins d'une semaine, ce qui a permis à l'entreprise de contenter ses clients tout en préservant les moyens de subsistance de sa main-d'œuvre. Les interactions bancaires en ligne sont passées de 10 à 90 % pendant la crise, sans baisse de qualité et avec une augmentation de la conformité tout en offrant une expérience client qui ne se limite pas à la banque en ligne. »[131] On ne compte plus les exemples du même genre.

La stratégie d'atténuation sociale en réponse à la pandémie et les mesures de distanciation physique imposées pendant le confinement auront également pour effet de faire du e-commerce une tendance industrielle toujours plus puissante. Les consommateurs ont besoin de produits et, s'ils ne peuvent pas faire leurs achats de la manière classique, ils se tourneront inévitablement vers la vente en ligne. Avec l'apparition de cette habitude, les personnes qui n'avaient jamais fait d'achats en ligne auparavant se sentiront plus à l'aise pour le faire, tandis que les personnes qui avaient de temps en temps recours à cette pratique auparavant s'y fieront sans doute davantage. Cela a été mis en évidence en période de confinement. Aux États-Unis, Amazon et Walmart ont recruté 250 000 personnes pour faire face à l'augmentation de la demande et ont construit une infrastructure massive pour fournir des services en ligne. Cette accélération de la croissance du e-commerce signifie que les géants du commerce de détail en ligne sortiront probablement de la crise encore plus forts qu'ils ne l'étaient avant la pandémie. Il y a toujours deux versions d'une même histoire : à mesure que l'habitude de faire des achats en ligne se répand, elle va davantage faire décroître le commerce de détail traditionnel (dans les grandes rues et les centres commerciaux), un phénomène qui sera étudié plus en détail dans les sections suivantes.

2.1.2. Des chaînes d'approvisionnement résilientes

La nature même des chaînes d'approvisionnement mondiales et leur fragilité innée font que les arguments en faveur de leur raccourcissement ne datent pas d'hier. Elles ont tendance à être complexes et difficiles à gérer. Il est également difficile de les contrôler en termes de respect des normes environnementales et du droit du travail, ce qui peut exposer les entreprises à des risques de réputation et à une atteinte à leurs marques. À la lumière de ce passé tumultueux, la pandémie a donné le coup de grâce au principe selon lequel les entreprises doivent optimiser les chaînes d'approvisionnement en fonction des coûts des composants individuels et en dépendant d'une source d'approvisionnement unique pour les matériaux critiques, ce qui se résume à favoriser l'efficacité plutôt que la résilience. Dans l'ère post-pandémique, c'est « l'optimisation de la valeur de bout en bout », une idée qui inclut à la fois la résilience et l'efficacité en plus du coût, qui prévaudra. Elle est incarnée par la formule selon laquelle le « au cas où » remplacera à terme le « juste à temps ».

Les chocs subis par les chaînes d'approvisionnement mondiales analysés dans la section « macro » auront des répercussions sur les entreprises, petites ou grandes. Mais que signifie « au cas où » dans la pratique ? Le modèle de mondialisation développé à la fin du siècle dernier, conçu et construit par les entreprises manufacturières mondiales à la recherche de main-d'œuvre, de produits et de composants bon marché, a trouvé ses limites. Il a fragmenté la production internationale en parts de plus en plus complexes et a abouti à un système fonctionnant sur la base du « juste à temps », ou en flux tendus, qui s'est avéré extrêmement allégé et efficace, mais aussi extrêmement complexe et, de ce fait, très vulnérable (la complexité entraîne la fragilité et souvent l'instabilité). La simplification est donc l'antidote, et devrait à son tour générer une plus grande résilience. Cela signifie que les « chaînes de valeur mondiales », qui représentent environ les trois quarts de l'ensemble du commerce mondial, vont inévitablement diminuer. Ce déclin sera aggravé par la nouvelle réalité selon laquelle les entreprises qui dépendent de chaînes d'approvisionnement complexes en flux tendus ne peuvent plus tenir pour acquis que les engagements tarifaires préconisés par l'Organisation mondiale du commerce les protégeront d'une soudaine poussée de protectionnisme quelque part. Elles seront contraintes de se préparer en conséquence en réduisant ou en localisant leur chaîne d'approvisionnement et en élaborant des plans de production ou d'approvisionnement alternatifs pour se prémunir contre une interruption prolongée. Toute entreprise dont la rentabilité dépend du principe de chaîne d'approvisionnement mondiale en flux tendus devra repenser son mode de fonctionnement et probablement sacrifier l'idée de maximiser l'efficacité et les profits au nom de la « sécurité des approvisionnements » et de la résilience. La résilience deviendra donc la considération principale de toute entreprise qui souhaite sérieusement se prémunir contre les perturbations - qu'elles affectent un fournisseur particulier, un éventuel changement de politique commerciale ou un pays ou une région spécifique. Dans la pratique, cela obligera les entreprises à diversifier leur base de fournisseurs, même si cela implique de détenir des stocks et des bâtiments en surplus. Cela obligera également ces entreprises à s'assurer qu'il en va de même au sein de leur propre chaîne d'approvisionnement : elles évalueront la résilience tout au long de cette dernière, jusqu'à leur fournisseur final et, éventuellement, jusqu'aux fournisseurs de leurs fournisseurs. Les coûts de production vont inévitablement augmenter, mais ce sera le prix à payer pour renforcer la résilience. À première vue, les industries qui seront les plus touchées parce qu'elles seront les premières à transformer leurs modes de production sont l'automobile, l'électronique et l'outillage industriel.

2.1.3. Gouvernements et entreprises

Pour toutes les raisons développées dans le premier chapitre, la COVID-19 a réécrit de nombreuses règles du jeu entre les secteurs public et privé. Dans l'ère post-pandémique, les entreprises seront soumises à une ingérence gouvernementale beaucoup plus importante que par le passé. L'intrusion bienveillante (ou non) plus importante des gouvernements dans la vie des entreprises et la façon dont elles font des affaires dépendra du pays et de l'industrie, et prendra donc des formes très différentes. Les trois formes d'impact notables qui apparaîtront avec force dans les premiers mois de la période post-pandémique sont décrites ci-dessous : les sauvetages financiers sous conditions, les marchés publics et la réglementation du marché du travail.

Pour commencer, tous les plans de relance mis en place dans les économies occidentales pour soutenir les industries et les entreprises en difficulté seront assortis de clauses limitant notamment la capacité des emprunteurs à licencier des employés, à racheter des actions et à verser des primes aux cadres supérieurs. Dans le même ordre d'idées, les gouvernements (encouragés, soutenus et parfois « poussés » par les militants et l'opinion publique) prendront pour cible les relevés d'impôt étonnamment bas des entreprises et les rémunérations généreusement élevées des dirigeants. Ils feront preuve de peu de patience à l'égard des cadres supérieurs et des investisseurs qui poussent les entreprises à dépenser davantage dans des rachats, à minimiser les impôts à payer et à verser d'énormes dividendes. Les compagnies aériennes américaines, blâmées pour avoir sollicité l'aide du gouvernement, ayant récemment et systématiquement utilisé de grandes quantités de liquidités leur appartenant pour payer des dividendes aux actionnaires, sont un excellent exemple de la manière dont ce changement d'attitude du public sera répercuté par les gouvernements. En outre, dans les mois et les années à venir, un « changement de régime » pourrait se produire lorsque les décideurs politiques assumeront une part importante du risque de défaillance du secteur privé. Lorsque cela se produira, les gouvernements voudront quelque chose en retour. Le sauvetage de Lufthansa par l'Allemagne illustre bien ce genre de situation : le gouvernement a injecté des liquidités dans le transporteur national, mais à la seule condition que l'entreprise limite la rémunération des dirigeants (y compris les stock options) et s'engage à ne pas verser de dividendes.

Il conviendra d'accorder une attention particulière au risque d'ingérence gouvernementale croissante provoqué par l'amélioration de l'alignement entre les politiques publiques et la planification en entreprise. La ruée vers les respirateurs au plus fort de la pandémie illustre bien pourquoi. En 2010 aux États-Unis, 40 000 respirateurs avaient été commandés dans le cadre d'un contrat gouvernemental mais n'ont jamais été livrés, ce qui explique en grande partie la pénurie du pays, devenue si évidente en mars 2020. Qu'est-ce qui a conduit à cette situation ? En 2012, la société initiale qui avait remporté l'appel d'offres a été rachetée (dans des circonstances quelque peu douteuses et obscures) par un fabricant beaucoup plus important (une société cotée en bourse produisant également des respirateurs) : il est apparu par la suite que la société acheteuse voulait empêcher le soumissionnaire initial de construire un respirateur moins cher qui aurait sapé la rentabilité de sa propre entreprise. Cette société a fait traîner les choses avant d'annuler le contrat et d'être finalement rachetée par un rival. Aucun des 40 000 respirateurs n'a jamais été livré au gouvernement américain[132]. Il est peu probable que ce genre de situation se reproduise à l'ère post-pandémique, car les autorités publiques y réfléchiront à deux fois avant de confier à des entreprises privées des projets ayant des implications critiques pour la santé publique (ou même des implications essentielles pour le public, en termes de sécurité ou autre). En résumé, la maximisation du profit et le court terme qui l'accompagne souvent sont rarement ou, du moins, pas toujours compatibles avec l'objectif public de préparation à une future crise.

Partout dans le monde, la pression pour améliorer la protection sociale et le niveau de salaire des employés mal payés va augmenter. Dans notre monde post-pandémique, l'augmentation du salaire minimum deviendra très probablement une question centrale qui sera traitée par une réglementation plus stricte des normes minimales et une application plus rigoureuse des règles existantes. Il y a de grandes chances que les entreprises aient à payer des impôts plus élevés et diverses formes de financement public (comme les services d'aide sociale). La gig economy ressentira l'impact d'une telle politique plus que tout autre secteur. Avant la pandémie, elle était déjà dans le collimateur du gouvernement. Dans l'ère post-pandémique, pour des raisons liées à la redéfinition du contrat social, cette surveillance s'intensifiera. Les entreprises qui comptent sur les travailleurs de la gig economy pour fonctionner ressentiront également l'effet d'une plus grande ingérence du gouvernement, peut-être même à un degré susceptible de saper leur viabilité financière. La pandémie va radicalement modifier les attitudes sociales et politiques à l'égard des travailleurs de la gig economy, par conséquent, les gouvernements vont obliger les entreprises qui les emploient à proposer des contrats appropriés avec des avantages tels que l'assurance sociale et la couverture maladie. Ils feront face à un problème de main d'œuvre et, s'ils doivent employer des travailleurs de la gig economy aux mêmes conditions que des employés classiques, ils cesseront d'être rentables. Leur *raison d'être* pourrait même disparaître.

2.1.4. Le capitalisme des parties prenantes et l'ESG

Au cours des dix dernières années environ, les changements fondamentaux qui ont eu lieu dans chacune des cinq catégories « macro » examinées au chapitre 1 ont profondément modifié l'environnement dans lequel les entreprises opèrent. Ils ont rendu le capitalisme des parties prenantes et les considérations environnementales, sociales et de gouvernance (ESG) de plus en plus pertinents pour la création de valeur durable (l'ESG peut être considéré comme le critère de référence du capitalisme des parties prenantes).

La pandémie a frappé à un moment où de nombreuses questions diverses, allant de l'activisme en matière de changement climatique à la montée des inégalités en passant par la diversité hommes-femmes et les scandales #MeToo, avaient déjà commencé à faire connaître et renforcer le caractère essentiel du capitalisme des parties prenantes et des considérations ESG dans le monde interdépendant d'aujourd'hui. Personne ne nierait aujourd'hui que l'objectif fondamental des entreprises, qu'il soit adopté ouvertement ou non, ne peut plus être simplement la recherche effrénée du profit financier ; il leur incombe désormais de servir toutes leurs parties prenantes, et pas seulement celles qui détiennent des actions. Ceci est corroboré par les premières preuves anecdotiques indiquant une perspective encore plus positive pour l'ESG dans l'ère post-pandémique. Cela peut s'expliquer en trois points :

1. La crise aura créé, ou renforcé, un sens aigu des responsabilités et de l'urgence sur la plupart des questions relatives aux stratégies ESG - la plus importante étant le changement climatique. Mais d'autres, tels que le comportement des consommateurs, l'avenir du travail et de la mobilité, et la responsabilité de la chaîne d'approvisionnement, passeront au premier plan du processus d'investissement et deviendront une composante à part entière de la diligence raisonnable.

2. La pandémie ne laisse aucun doute au sein des conseils d'administration sur le fait que l'absence de considérations ESG peut détruire une valeur substantielle et même menacer la viabilité d'une entreprise. L'ESG sera donc mieux intégré et internalisé dans la stratégie et la gouvernance de base d'une entreprise. Cela modifiera également la manière dont les investisseurs évaluent la gouvernance d'entreprise. Les dossiers fiscaux, les paiements de dividendes et les rémunérations seront de plus en plus passés à la loupe de peur de nuire à la réputation de l'entreprise si un problème se pose ou est rendu public.

3. Pour améliorer la réputation d'une marque, il sera essentiel d'encourager la bonne volonté des employés et de la communauté. De plus en plus, les entreprises devront prouver qu'elles traitent bien leurs collaborateurs, en adoptant de meilleures pratiques de travail et en prêtant attention à la santé et à la sécurité ainsi qu'au bien-être sur le lieu de travail. Les entreprises n'adhéreront pas nécessairement à ces mesures parce qu'elles sont véritablement « bonnes », mais plutôt parce ne pas les adopter aurait un « coût » trop élevé. En effet, cela déclencherait la colère des militants, tant des investisseurs activistes que des militants sociaux.

La conviction que les stratégies ESG ont bénéficié de la pandémie et sont les plus susceptibles d'en bénéficier davantage est corroborée par diverses enquêtes et rapports. Les premières données montrent que le secteur de la durabilité a surperformé les fonds conventionnels au cours du premier trimestre 2020.

Selon Morningstar, qui a comparé les rendements du premier trimestre de plus de 200 fonds durables et de fonds négociés en bourse, les fonds durables ont obtenu de meilleurs résultats d'un ou deux points de pourcentage, sur une base relative. Un rapport de BlackRock apporte d'autres preuves que les entreprises ayant obtenu de bonnes notes ESG ont surpassé leurs pairs durant la pandémie.[133] Plusieurs analystes ont suggéré que cette surperformance pourrait simplement refléter l'exposition réduite aux combustibles fossiles des fonds et des stratégies ESG, mais BlackRock affirme que les entreprises conformes aux normes ESG (une autre façon de dire qu'elles adhèrent au principe du capitalisme des parties prenantes) ont tendance à être plus résilientes en raison de leur compréhension holistique de la gestion des risques. Il semble que plus le monde devient sensible à un large ensemble de risques et de problèmes « macro », plus il est nécessaire d'adopter le capitalisme des parties prenantes et les stratégies ESG.

Le débat entre ceux qui pensent que le capitalisme des parties prenantes sera sacrifié sur l'autel de la reprise et ceux qui soutiennent qu'il est temps de « mieux reconstruire » est loin d'être clos. Pour chaque Michael O'Leary (PDG de Ryanair) qui pense que la COVID-19 mettra les considérations ESG « en veilleuse pendant quelques années », il y a un Brian Chesky (PDG d'Airbnb) qui s'engage à transformer son entreprise en une « société de parties prenantes ».[134] Cependant, indépendamment de l'opinion de chacun sur les mérites du capitalisme des parties prenantes et des stratégies ESG et sur leur rôle futur dans l'ère post-pandémique, l'activisme fera la différence en renforçant la tendance. Les militants sociaux et de nombreux investisseurs activistes examineront de près comment se sont comportées les entreprises pendant la crise pandémique. Il est probable que les marchés ou les consommateurs, ou les deux, puniront les entreprises qui ont obtenu de mauvais résultats dans le domaine social. Un essai co-écrit en avril 2020 par Leo Strine, un juge influent dans le monde des affaires américain, insiste sur ce point à propos d'un changement nécessaire dans la gouvernance des entreprises : « Nous payons à nouveau le prix d'un système de gouvernance d'entreprise qui ne met pas l'accent sur la solidité financière, la création de richesses durables et le traitement équitable des travailleurs. Pendant trop longtemps, le pouvoir de la bourse sur notre économie s'est accru au détriment des autres parties prenantes, en particulier les travailleurs. Bien que la richesse globale ait augmenté, elle l'a fait d'une manière biaisée qui est injuste pour la majorité des travailleurs américains, qui sont les principaux responsables de cette augmentation. Satisfaire la demande insatiable des marchés boursiers a également entraîné une augmentation des niveaux d'endettement des entreprises et du risque économique ».[135]

Pour les militants, la décence dont feront preuve (ou non) les entreprises pendant la crise sera primordiale. Ces dernières seront jugées sur leurs actions pour les années à venir - pas seulement sur le plan strictement commercial, mais surtout dans une perspective sociale plus large. Peu de gens oublieront, par exemple, qu'au cours des dix dernières années, les compagnies aériennes des États-Unis ont dépensé 96 % de leurs flux de trésorerie pour racheter des actions et qu'en mars 2020, EasyJet a versé un dividende de 174 millions de livres sterling à ses actionnaires (dont 60 millions à son fondateur).[136]

L'activisme auquel les entreprises peuvent désormais être soumises dépasse les limites traditionnelles de l'activisme social (par des personnes extérieures) et de l'activisme des investisseurs ; il se développe en interne par le biais de l'activisme des salariés. En mai 2020, alors que l'épicentre de la pandémie se déplaçait des États-Unis vers l'Amérique latine, les employés de Google, enhardis par un rapport publié par Greenpeace, ont réussi à convaincre l'entreprise de ne plus construire d'algorithmes d'IA et d'apprentissage machine sur mesure au service de l'extraction du pétrole et du gaz.[137] Plusieurs exemples récents illustrent la montée de l'activisme des salariés, au sujet de questions environnementales, de préoccupations sociales et d'inclusion, etc. Ils illustrent de manière éloquente la façon dont différents types de militants apprennent à travailler ensemble pour atteindre les objectifs d'un avenir plus durable.

Parallèlement, la plus ancienne forme de militantisme a connu une forte augmentation, à savoir la grève. Aux États-Unis en particulier, alors que de nombreux cols blancs traversaient la pandémie en travaillant à domicile, beaucoup de travailleurs essentiels à bas salaires « sur le front », qui n'avaient d'autre choix que d'aller travailler, ont organisé une vague de marches, de grèves et de protestations.[138] À mesure que les questions de sécurité, de rémunération et d'avantages sociaux des travailleurs seront mises sur le devant de la scène, le programme du capitalisme des parties prenantes gagnera en pertinence et en force.

2.2. Réinitialisation industrielle

En raison des confinements, la pandémie a eu un effet immédiat sur toutes les industries du monde entier. Cet impact est permanent et continuera à se faire sentir dans les années à venir. À mesure que les chaînes d'approvisionnement mondiales seront reconfigurées, que les demandes des consommateurs changeront, que les gouvernements interviendront davantage, que les conditions du marché évolueront et que la technologie bouleversera le quotidien, les entreprises seront obligées de s'adapter et de se réinventer en permanence. L'objectif de cette section n'est pas d'offrir un compte rendu précis de la manière dont chaque industrie spécifique pourrait évoluer, mais plutôt d'illustrer à coup de petites touches impressionnistes comment certaines des principales caractéristiques et tendances associées à la pandémie auront un impact sur des industries spécifiques.

2.2.1. Interaction sociale et dé-densification
Effets sur les voyages et le tourisme, l'hôtellerie, le divertissement, la vente au détail, l'aérospatiale et même l'industrie automobile

La pandémie a considérablement affecté la manière dont les consommateurs interagissent entre eux ainsi que ce qu'ils consomment et de quelle manière. Par conséquent, la réinitialisation

subséquente dans les différentes industries variera fondamentalement en fonction de la nature des transactions économiques
concernées. Dans les secteurs où les consommateurs effectuent
des transactions sociales et en personne, les premiers mois, voire
les premières années, de l'ère post-pandémique seront beaucoup
plus difficiles que pour ceux où la transaction peut se faire à
une plus grande distance physique ou même de façon virtuelle.
Dans les économies modernes, une grande partie de ce que nous
consommons passe par l'interaction sociale : voyages et vacances,
bars et restaurants, événements sportifs et commerce de détail,
cinémas et théâtres, concerts et festivals, conventions et con-
férences, musées et bibliothèques, enseignement : ce sont toutes
des formes sociales de consommation qui représentent une part
importante de l'activité économique et de l'emploi (les services
représentent environ 80 % du total des emplois aux États-Unis,
dont la plupart « relèvent du social » par nature). Elles ne peuvent pas avoir lieu dans le monde virtuel ou, lorsqu'elles le peuvent, seulement sous une forme tronquée et souvent sous-opti-
male (comme une performance d'orchestre diffusée en direct sur
un écran). Les industries ayant l'interaction sociale au cœur de
leur activité ont été les plus durement touchées par les confinements. Parmi elles figurent de nombreux secteurs qui représentent une part très importante du total de l'activité économique
et de l'emploi : les voyages et le tourisme, les loisirs, le sport, les
événements et le divertissement. Pendant des mois, voire des années, ils seront contraints de fonctionner à capacité réduite, frap-
pés par un double coup dur : les craintes que le virus ne freine
la consommation et l'imposition de réglementations visant à

contrer ces inquiétudes en créant davantage d'espace physique entre les consommateurs. La pression publique en faveur de la distanciation physique perdurera jusqu'à ce qu'un vaccin soit développé et commercialisé à grande échelle (ce qui, là encore, selon la plupart des experts, ne se produira probablement pas avant le premier ou le deuxième trimestre de 2021 au plus tôt). En attendant, il est probable que les gens voyagent beaucoup moins pour les vacances et/ou les affaires, qu'ils se rendent moins souvent au restaurant, au cinéma et au théâtre, et qu'ils décident qu'il est plus sûr d'acheter en ligne plutôt que de se rendre physiquement dans les magasins. Pour ces raisons fondamentales, les industries les plus touchées par la pandémie seront également les plus lentes à se rétablir. Les hôtels, les restaurants, les compagnies aériennes, les magasins et les lieux culturels, en particulier, seront obligés d'apporter des modifications coûteuses à leur façon de proposer leurs services. Ils devront en effet s'adapter à une nouvelle normalité post-pandémique, qui exigera la mise en œuvre de changements drastiques impliquant l'introduction d'espaces supplémentaires, un nettoyage régulier, des protections pour le personnel et une technologie limitant les interactions des clients avec les employés.

Dans bon nombre de ces secteurs, mais surtout dans l'hôtellerie et le commerce de détail, les petites entreprises vont excessivement souffrir de cette situation, car elles devront lutter pour survivre aux fermetures imposées par le confinement (ou à la forte réduction des activités) et éviter la faillite. Si elles sont obligées de fonctionner à capacité réduite avec des marges encore plus étroites, beaucoup ne survivront pas. Les conséquences de leur échec auront des répercussions très importantes tant sur les économies nationales que sur les communautés locales. Les petites entreprises sont le principal moteur de la croissance de l'emploi et représentent, dans la plupart des économies avancées, la moitié des emplois du secteur privé. Si un nombre important d'entre elles se retrouvent au pied du mur, s'il y a moins de magasins, de restaurants et de bars dans un quartier spécifique, c'est toute la communauté qui sera touchée, car le chômage augmente et la demande se tarit. Cela déclenchera une spirale vicieuse et descendante et touchera de plus en plus de petites entreprises dans une communauté donnée. Les répercussions finiront par dépasser les limites de la communauté locale et toucheront, dans une moindre mesure, il faut l'espérer, d'autres régions plus éloignées. La nature hautement interdépendante et interconnectée de l'économie, des industries et des entreprises d'aujourd'hui, comparable à la dynamique qui relie les catégories macro, signifie que chacune d'entre elles a un effet domino rapide sur les autres de multiples façons différentes. Prenez les restaurants. Ce secteur d'activité a été frappé par la pandémie à un point tel que l'on ne sait même pas comment le secteur de la restauration pourra se rétablir un jour. Comme l'a dit un restaurateur : « Comme des centaines d'autres chefs cuistots de cette ville et des milliers dans tout le pays, je me pose maintenant la question de savoir à quoi ressembleront nos restaurants, nos carrières, nos vies, si seulement nous les retrouvons un jour. »[139] En France et au Royaume-Uni, plusieurs voix de l'industrie estiment que jusqu'à 75 % des restaurants indépendants pourraient ne pas survivre au confinement et aux mesures de distanciation sociale consécutives. Cela ne concernera pas les grandes chaînes et les géants de la restauration rapide. Cela laisse supposer que les grandes entreprises deviendront plus grandes tandis que les plus petites diminueront ou disparaîtront. Une grande chaîne de restaurants, par exemple, a de meilleures chances de rester opérationnelle car elle bénéficie de plus de ressources et, en fin de compte, d'une concurrence moindre à la suite des faillites de plus petits établissements. Les petits restaurants qui survivront à la crise devront se réinventer entièrement. En attendant, dans le cas de ceux qui mettront définitivement la clé sous la porte, la fermeture aura un impact non seulement sur le restaurant et son personnel immédiat, mais aussi sur toutes les entreprises qui opèrent dans son orbite : les fournisseurs, les agriculteurs et les chauffeurs de camion.

À l'opposé, certaines très grandes entreprises subiront le même sort que les très petites. Les compagnies aériennes, en particulier, seront confrontées à des contraintes similaires en termes de demande des consommateurs et de règles de distanciation sociale. La fermeture de trois mois a laissé les transporteurs du monde entier dans une situation cataclysmique, avec des recettes pratiquement nulles et la perspective de dizaines de milliers de suppressions d'emplois. British Airways, par exemple, a annoncé qu'elle allait réduire jusqu'à 30 % de ses effectifs actuels de 42 000 employés. Au moment où nous écrivons ces lignes (mi-juin 2020), le redémarrage pourrait bien être sur le point de commencer. Il s'agira d'une tâche extrêmement difficile et le rétablissement devrait prendre des années. L'amélioration concernera d'abord les voyages d'agrément, puis les voyages d'affaires. Toutefois, comme nous le verrons dans la section suivante, les habitudes de consommation pourraient changer de façon permanente. Si de nombreuses entreprises décident de voyager moins pour réduire leurs coûts et de remplacer les réunions physiques par des réunions virtuelles lorsque c'est possible, l'impact sur le rétablissement et la rentabilité finale des compagnies aériennes pourrait être dramatique et durable. Avant la pandémie, les voyages d'affaires représentaient 30 % du volume des compagnies aériennes, mais 50 % des recettes (grâce à des sièges plus chers et aux réservations de dernière minute). À l'avenir, cette situation est appelée à changer, ce qui rendra la rentabilité de certaines compagnies aériennes très incertaine et obligera l'ensemble du secteur à reconsidérer la structure à long terme du marché mondial de l'aviation.

Pour évaluer l'effet final sur une industrie particulière, la chaîne complète des conséquences doit inclure ce qui se passe dans les industries adjacentes, dont le sort dépend largement de ce qui se produit en amont, ou « au sommet ». Pour illustrer cela, examinons brièvement trois industries qui dépendent entièrement du secteur de l'aviation : les aéroports (infrastructure et commerce de détail), les avions (aérospatiale) et la location de voitures (automobile).

Les aéroports sont confrontés aux mêmes défis que les compagnies aériennes : moins les gens prennent l'avion, moins ils transitent par les aéroports. Cela affecte à son tour le niveau de consommation dans les différents magasins et restaurants qui constituent l'écosystème de tous les aéroports internationaux du monde. En outre, l'expérience des aéroports dans un monde post-COVID-19, impliquant des temps d'attente plus longs, des bagages à main très restreints, voire inexistants, et d'autres mesures de distanciation sociale potentiellement peu pratiques, pourrait freiner le désir des consommateurs de voyager par avion pour le plaisir et les loisirs. Selon diverses associations professionnelles, la mise en œuvre de politiques de distanciation sociale non seulement limiterait la capacité des aéroports à 20-40 %, mais rendrait aussi probablement l'expérience si désagréable qu'elle deviendrait dissuasive.

Touchées de plein fouet par les confinements, les compagnies aériennes ont commencé à annuler ou à reporter des commandes de nouveaux avions et à modifier leur choix de modèles particuliers, ce qui a eu de graves répercussions sur l'industrie aérospatiale. En conséquence directe et dans un avenir proche, les principales usines d'assemblage d'avions civils fonctionneront à capacité réduite, ce qui aura des répercussions sur l'ensemble de leur chaîne de valeur et de leur réseau de fournisseurs. À plus long terme, l'évolution de la demande des compagnies aériennes réévaluant leurs besoins entraînera une réévaluation complète de la production d'avions civils. Cela fait du secteur aérospatial dédié à la défense une exception et une valeur relativement sûre. Pour les États-nations, les perspectives géopolitiques incertaines rendent impératif le maintien des commandes et des approvisionnements, mais les gouvernements à court de liquidités exigeront de meilleures conditions de paiement.

Comme les aéroports, les sociétés de location de voitures dépendent presque entièrement des volumes de trafic aérien. Hertz, une entreprise très endettée avec un parc de 700 000 voitures, restées pour la plupart à l'arrêt pendant les confinements, a déposé le bilan en mai. Comme pour un très grand nombre d'autres entreprises, la COVID-19 s'est avérée être la goutte d'eau faisant déborder le vase.

2.2.2. Changements de comportement - permanents ou transitoires
Effets sur le commerce de détail, l'immobilier et l'enseignement

Certains changements de comportement observés pendant les périodes de confinement ne seront probablement pas entièrement inversés dans la période post-pandémique et certains pourraient même devenir permanents. Comment cela se passera-t-il exactement ? Cela reste très incertain. Quelques modèles de consommation pourraient retrouver des lignes de tendance à long terme (comparables aux voyages aériens après le 11 septembre), mais à un rythme différent. D'autres vont sans doute s'accélérer, comme les services en ligne. Certains pourraient être reportés, comme l'achat d'une voiture, tandis que de nouveaux modes de consommation permanents pourraient émerger, comme les achats associés à une mobilité plus verte.

On ignore encore beaucoup de choses pour l'instant. Pendant la période de confinement, de nombreux consommateurs ont dû apprendre à faire des choses par eux-mêmes (cuire leur pain, cuisiner à partir de zéro, se couper les cheveux, etc.) et ont ressenti le besoin de dépenser avec prudence. Dans quelle mesure ces nouvelles habitudes et formes de « do it yourself » et d'autoconsommation vont-elles s'enraciner dans l'ère post-pandémique ? Il pourrait en être de même pour les étudiants qui, dans certains pays, paient des frais d'inscription exorbitants pour l'enseignement supérieur. Après un trimestre passé à regarder leurs professeurs sur leurs écrans, vont-ils commencer à s'interroger sur le coût élevé de l'éducation ?

Pour saisir l'extrême complexité et l'incertitude de cette évolution du comportement des consommateurs, revenons à l'exemple des achats en ligne par rapport au commerce de détail en personne. Comme dit plus haut, il est très probable que les magasins traditionnels soient largement perdants, au profit des achats en ligne. Les consommateurs sont peut-être prêts à payer un peu plus cher pour se faire livrer des produits lourds et encombrants, comme des bouteilles et des articles ménagers. La surface de vente des supermarchés va donc se réduire, pour ressembler à des commerces de proximité où les clients vont acheter des quantités relativement petites de produits alimentaires spécifiques. Mais il se pourrait aussi qu'une moins grande quantité d'argent soit dépensée dans les restaurants. Par conséquent, dans les villes où un pourcentage élevé du budget alimentaire était traditionnellement alloué aux restaurants (60 % à New York par exemple), ces fonds pourraient être dépensés dans les supermarchés urbains, à mesure que les citadins redécouvrent le plaisir de cuisiner chez eux. Le même phénomène pourrait se produire avec le secteur du divertissement. La pandémie pourrait accroître notre anxiété à l'idée de nous retrouver dans un espace clos avec de parfaits étrangers, et beaucoup de gens pourraient décider que rester à la maison pour regarder le dernier film ou opéra est l'option la plus sage. Une telle décision profitera aux supermarchés locaux au détriment des bars et restaurants (bien que l'option de services de livraison de repas à emporter en ligne puisse être une bouée de sauvetage pour ces derniers). De nombreux exemples de cas ont été constatés de manière ponctuelle dans des villes du monde entier pendant les confinements. Cela pourrait-il devenir un élément important du nouveau plan de survie de certains restaurants après la COVID-19 ? D'autres effets de la première vague sont beaucoup plus faciles à anticiper. La propreté est l'un d'entre eux. La pandémie va certainement nous inciter à mettre l'accent sur l'hygiène. Une nouvelle obsession de la propreté entraînera notamment la création de nouvelles formes d'emballages. Nous serons encouragés à ne pas toucher les produits que nous achetons. Des plaisirs simples comme sentir un melon ou presser un fruit seront mal vus et pourraient même être relégués au passé.

Un seul changement d'attitude aura de nombreuses conséquences différentes, chacune avec un effet particulier sur une industrie spécifique, mais en fin de compte un impact sur de nombreuses industries par le biais de réactions en chaîne. L'image suivante illustre ce point pour un seul changement : passer plus de temps à la maison :

Passer plus de temps à la maison: les implications potentielles

Source : Reeves, Martin, et al., « Sensing and Shaping the Post-COVID Era », Institut BCG Henderson, 3 avril 2020, https://www.bcg.com/publications/2020/8-ways-companies-can-shape-reality-post-covid-19.aspx

Le débat passionné sur la question de savoir si (ou dans quelle mesure) nous allons travailler à distance à l'avenir et, par conséquent, passer plus de temps à la maison, a lieu depuis le début de la pandémie. Certains analystes affirment que l'attrait fondamental des villes (en particulier les plus grandes) en tant que centres dynamiques d'activité économique, de vie sociale et de créativité perdurera. D'autres craignent que le coronavirus n'ait déclenché un changement d'attitude fondamental. D'après eux, la COVID-19 a été un point d'inflexion et ils prédisent que, partout dans le monde, les citadins de tous âges confrontés aux inconvénients de la pollution urbaine et des logements sous-dimensionnés et hors de prix décideront de s'installer dans des endroits plus verts, plus spacieux, moins polluants et moins chers. Il est trop tôt pour dire quel camp aura raison, mais il est certain que même un pourcentage relativement faible de personnes s'éloignant des plus grandes villes (comme New York, la RAS de Hong Kong, Londres ou Singapour) exercerait un effet démesuré sur de nombreuses industries diverses, car c'est toujours à la marge que sont créés les bénéfices. C'est dans le secteur de l'immobilier et, en particulier, dans l'immobilier commercial que cette réalité est la plus flagrante.

Le secteur de l'immobilier commercial est un moteur essentiel de la croissance mondiale. Sa valeur marchande totale dépasse celle de toutes les actions et obligations combinées au niveau mondial. Avant la crise pandémique, il souffrait déjà d'une trop grande offre. Si la pratique du travail à distance devient une habitude établie et répandue, il est difficile d'imaginer quelles entreprises (s'il y en a) absorberont cette offre excessive en louant des espaces de bureau excédentaires. Peut-être y aura-t-il peu de fonds d'investissement prêts à le faire, mais ils représenteront l'exception, ce qui laisse croire que l'immobilier commercial a encore beaucoup de chemin à parcourir. La pandémie fera à l'immobilier commercial ce qu'elle a fait à tant d'autres (tant au niveau macro que micro) : accélérer et amplifier la tendance préexistante. La combinaison d'une augmentation du nombre d'entreprises « zombies » (celles qui utilisent la dette pour financer d'autres dettes et qui n'ont pas généré suffisamment de liquidités ces dernières années pour couvrir leurs frais d'intérêt) qui font faillite et d'une hausse du nombre de personnes travaillant à distance signifie qu'il y aura beaucoup moins de personnes qui loueront des immeubles de bureaux vides. Les promoteurs immobiliers (très endettés eux-mêmes pour la plupart) vont alors connaître une vague de faillites, les plus grands et d'importance systémique devant être sauvés financièrement par leurs gouvernements respectifs. Dans de nombreuses villes de premier plan du monde entier, les prix de l'immobilier vont donc baisser sur une longue période, perçant la bulle immobilière mondiale qui s'était formée il y a des années. Dans une certaine mesure, la même logique s'applique à l'immobilier résidentiel dans les grandes villes. Si la tendance au télétravail se développe, la combinaison des trajets domicile-travail supprimés et de l'absence de croissance de l'emploi signifie que la jeune génération ne choisira plus d'assumer la location ou l'achat d'un bien dans les villes coûteuses. Inévitablement, les prix vont alors baisser. En outre, beaucoup auront compris que le travail à domicile est plus respectueux de l'environnement et moins stressant que les déplacements du domicile au bureau.

Avec la possibilité de travailler à distance, les grandes plaques tournantes ayant bénéficié d'une croissance économique plus forte que d'autres villes ou régions à proximité pourraient commencer à perdre des travailleurs au profit des villes en expansion du niveau suivant. Ce phénomène pourrait à son tour créer une vague de villes ou de régions prometteuses attirant des personnes à la recherche d'une meilleure qualité de vie grâce à plus d'espace à des prix moins élevés.

En dépit de tout ce qui précède, l'idée que le télétravail devienne la norme est peut-être trop invraisemblable pour se concrétiser de manière significative. Nous avons si souvent entendu dire que l'optimisation du travail intellectuel (le secteur dans lequel il est le plus simple de travailler à distance) dépendait d'environnements de bureau soigneusement conçus. L'industrie technologique qui a résisté si longtemps à une telle évolution en investissant massivement dans des campus sophistiqués change maintenant d'avis à la lumière de l'expérience du confinement. Twitter a été la première entreprise à miser sur le télétravail. En mai, Jack Dorsey, son PDG, a informé les employés que nombre d'entre eux seraient autorisés à travailler à domicile même après la fin de la pandémie de COVID-19, c'est-à-dire de manière permanente. D'autres entreprises technologiques comme Google et Facebook se sont également engagées à permettre à leurs employés de continuer à travailler à distance au moins jusqu'à la fin de l'année 2020. Des preuves anecdotiques suggèrent que d'autres entreprises mondiales de diverses industries prendront des décisions similaires, laissant une partie de leur personnel travailler à distance une partie du temps. La pandémie a rendu possible une chose qui semblait inimaginable à une telle échelle il y a quelques mois à peine.

Quelque chose de similaire, et tout aussi perturbant, pourrait-il se produire avec l'enseignement supérieur ? Est-il possible d'imaginer un monde dans lequel beaucoup moins d'étudiants recevront leur éducation sur un campus ? En mai ou juin 2020, en pleine période de confinement, les étudiants ont été contraints d'étudier et d'obtenir leur diplôme à distance, beaucoup se demandant à la fin du trimestre s'ils retourneraient physiquement sur leur campus en septembre. Au même moment, les universités ont commencé à réduire leurs budgets, en réfléchissant à ce que cette situation sans précédent pourrait entraîner pour leur modèle économique. Devraient-ils migrer en ligne ou non ? À l'époque pré-pandémique, la plupart des universités proposaient certains cours sur Internet, mais s'abstenaient toujours d'adopter pleinement l'enseignement en ligne. Les universités les plus renommées ont refusé de proposer des diplômes virtuels, de peur que cela ne dilue leur offre exclusive, ne rende certains de leurs professeurs « inutiles » et ne menace même l'existence même du campus physique. Dans l'ère post-pandémique, cela va changer. La plupart des universités - en particulier les plus chères du monde anglo-saxon - devront modifier leur modèle économique ou mettre la clé sous la porte car la COVID-19 les aura rendues obsolètes. Si l'enseignement en ligne devait se poursuivre en septembre (et peut-être après), de nombreux étudiants ne toléreraient pas de payer des frais de scolarité aussi élevés pour un enseignement virtuel, exigeant une réduction ou reportant leur inscription. En outre, de nombreux étudiants potentiels s'interrogeraient sur la pertinence de payer un coût prohibitif pour l'enseignement supérieur dans un monde marqué par des niveaux de chômage élevés. Une solution éventuelle pourrait être d'adopter un modèle hybride. Les universités développeraient alors massivement l'enseignement en ligne tout en maintenant une présence sur le campus pour une population d'étudiants différente. Dans quelques cas, cela a déjà été fait avec succès, notamment à Georgia Tech pour obtenir en ligne une maîtrise en informatique.[140] En empruntant cette voie hybride, les universités élargiraient l'accès à l'enseignement tout en réduisant les coûts. La question est cependant de savoir si ce modèle hybride est évolutif et reproductible pour les universités qui n'ont pas les ressources nécessaires pour investir dans la technologie et dans une bibliothèque exclusive de contenus de premier ordre. Mais le caractère hybride de l'enseignement en ligne peut également prendre une forme différente, en combinant l'étude en personne et en ligne au sein d'un même programme d'études par le biais de chats en ligne et l'utilisation d'applications de tutorat et d'autres formes de soutien et d'aide. Cela présente l'avantage de rationaliser l'expérience d'apprentissage, mais l'inconvénient d'effacer un aspect important de la vie sociale et des interactions personnelles sur un campus. À l'été 2020, la direction que prend la tendance semble claire : le monde de l'enseignement, à l'instar de d'autres industries, deviendra en partie virtuel.

2.2.3. Résilience

Effets sur la Big Tech, la santé et le bien-être, la banque et l'assurance, l'industrie automobile, l'électricité

Pendant la pandémie, la qualité de la résilience, ou la capacité à prospérer dans des circonstances difficiles, est devenue un must et le nouveau mot à la mode - où que ce soit ! Sans grande surprise. Pour ceux qui ont eu la chance de se retrouver dans des industries « naturellement » résistantes à la pandémie, la crise a été non seulement plus supportable, mais a même été source d'opportunités rentables à un moment où le plus grand nombre était en détresse. Trois secteurs en particulier vont prospérer (dans l'ensemble) dans l'ère post-pandémique : la Big Tech, la santé et le bien-être. Dans d'autres secteurs durement touchés par la crise, c'est la résilience qui fera la différence entre rebondir après le choc exogène soudain de la COVID-19 ou y succomber. Les secteurs de la banque, de l'assurance et de l'automobile sont trois exemples différents d'industries qui doivent renforcer leur résilience pour passer au travers de la récession profonde et prolongée causée par la crise sanitaire.

Dans l'ensemble, la Big Tech a été l'industrie résistante *par excellence*, car elle est le principal bénéficiaire de cette période de changement radical. Pendant la pandémie, les entreprises et leurs clients ont été contraints de passer au numérique, d'accélérer les plans en ligne, d'adopter de nouveaux outils de mise en réseau et de commencer à travailler à domicile. La technologie est devenue une nécessité absolue, même pour les clients d'ordinaire réticents. C'est pourquoi la valeur marchande combinée des principales entreprises technologiques a atteint record après record pendant les périodes de confinement, dépassant même les niveaux antérieurs à l'épidémie. Pour des raisons développées dans d'autres sections, il est peu probable que ce phénomène s'atténue bientôt, au contraire.

La résilience, comme toute bonne pratique, commence chez soi. Ainsi, nous pouvons raisonnablement supposer que, dans l'ère post-pandémique, nous prendrons tous ensemble davantage conscience de l'importance de notre propre résilience physique et mentale. Le désir, motivé par un besoin plus grand, de se sentir bien physiquement et mentalement et la nécessité de renforcer notre système immunitaire signifient que le bien-être et les secteurs de l'industrie du bien-être en mesure de nous aider à y parvenir sortiront gagnants. De plus, le rôle de la santé publique va évoluer et s'étendre. Le bien-être doit être abordé de manière holistique ; nous ne pouvons pas nous sentir bien individuellement dans un monde qui souffre. Par conséquent, prendre soin de la planète sera aussi important que prendre soin de soi, une équivalence qui soutient fortement la promotion des principes dont nous avons parlé précédemment, comme le capitalisme des parties prenantes, l'économie circulaire et les stratégies ESG. Au niveau des entreprises, où les effets de la dégradation de l'environnement sur la santé sont de plus en plus évidents, des questions telles que la pollution de l'air, la gestion de l'eau et le respect de la biodiversité deviendront primordiales. Être « clean » sera un impératif pour l'industrie ainsi qu'une nécessité impérieuse imposée par le consommateur.

Comme pour toute autre industrie, le numérique jouera un rôle important dans l'élaboration de l'avenir du bien-être. L'association de l'IA, de l'IoT et des capteurs et technologies portables permettra d'obtenir de nouvelles informations sur le bien-être personnel. Ils surveilleront comment nous allons, comment nous nous sentons, et effaceront progressivement les frontières entre les systèmes de santé publique et les systèmes de création de santé personnalisés - une distinction qui finira par disparaître. Des flux de données dans de nombreux domaines distincts, allant de notre environnement à nos situations personnelles, nous permettront de mieux contrôler notre santé et bien-être. Dans le monde post-COVID-19, des informations précises sur notre empreinte carbone, notre impact sur la biodiversité, sur la toxicité de tous les ingrédients que nous consommons et sur les environnements ou contextes spatiaux dans lesquels nous évoluons vont générer des progrès significatifs en termes de prise de conscience du bien-être collectif et individuel. Les industries devront en prendre note.

La recherche collective de résilience favorise également l'industrie du sport, étroitement liée au bien-être. Il est désormais établi que l'activité physique contribue fortement à la santé, le sport sera donc de plus en plus reconnu comme un outil peu coûteux pour une société plus saine. Par conséquent, les gouvernements encourageront sa pratique, en tenant compte d'un avantage supplémentaire : le sport constitue l'un des meilleurs outils disponibles pour l'inclusion et l'intégration sociale. Pendant un certain temps, la distanciation sociale pourrait limiter la pratique de certains sports, ce qui profitera à l'expansion toujours plus puissante des sports électroniques. La technologie et le numérique ne sont jamais bien loin !

Quatre industries qui ont été confrontées à une série de défis particuliers posés par la crise pandémique illustrent la nature diverse de la résilience. Dans le secteur bancaire, il s'agit de se préparer à la transformation numérique. Dans le domaine de l'assurance, il s'agit de se préparer aux litiges à venir. Dans le secteur automobile, il s'agit de se préparer au raccourcissement à venir des chaînes d'approvisionnement. Dans le secteur de l'électricité, il s'agit de se préparer à la transition énergétique inévitable. Les défis sont les mêmes dans chaque industrie, et seules les entreprises les plus résilientes et les mieux préparées au sein de chacune d'entre elles seront capables de « concevoir » une issue favorable

En raison de la nature de leur activité lorsqu'une crise économique se produit, les banques ont tendance à se retrouver à l'épicentre de la tempête. Avec la COVID-19, le risque a doublé en intensité. Tout d'abord, les banques doivent se préparer à l'éventualité que la crise de liquidité des consommateurs se transforme en une crise majeure de solvabilité des entreprises, auquel cas leur résilience sera sévèrement mise à l'épreuve. Deuxièmement, elles doivent s'adapter à la façon dont la pandémie remet en question les habitudes bancaires traditionnelles, une forme différente de résilience qui nécessite des capacités d'adaptation supplémentaires. Le premier risque appartient à la catégorie des risques financiers « traditionnels » ; les banques ont eu des années pour s'y préparer. Il est traité par le biais de réserves de capital et de liquidités qui doivent être suffisamment robustes pour résister à un choc majeur. Dans le cas de la crise de COVID-19, le test de la résilience se fera lorsque le volume de prêts non productifs commencera à augmenter. La situation est tout à fait différente pour la seconde catégorie de risques. Presque du jour au lendemain, les banques de détail, commerciales et d'investissement ont été confrontées à une situation (souvent) inattendue de transition en ligne. L'impossibilité de rencontrer des collègues, des clients ou des partenaires commerciaux en personne, la nécessité d'utiliser le paiement sans contact et l'exhortation des régulateurs à utiliser la banque et le commerce en ligne dans des conditions de travail à distance ont fait que l'ensemble du secteur bancaire s'est transformé en banque numérique du jour au lendemain. La COVID-19 a forcé toutes les banques à accélérer une transformation numérique, désormais bien établie, qui a intensifié les risques de cybersécurité (qui pourraient à leur tour augmenter les implications en termes de stabilité systémique s'ils ne sont pas atténués comme il se doit). Ceux qui ont pris du retard et ont raté le train numérique à grande vitesse auront beaucoup de mal à s'adapter et à survivre.

Dans le secteur de l'assurance, de nombreuses demandes d'indemnisation liées à la COVID-19 ont été faites au titre de divers types d'assurance commerciale et habitation, qui comprennent les biens commerciaux et les pertes d'exploitation, les voyages, la vie, la santé et la responsabilité (comme l'indemnisation des travailleurs et la responsabilité civile liée aux pratiques d'emploi). La pandémie représente un risque particulier pour le secteur de l'assurance car son existence et son fonctionnement reposent sur le principe de la diversification des risques, qui a été effectivement supprimé lorsque les gouvernements ont décidé d'imposer un confinement. Pour cette raison, des centaines de milliers d'entreprises dans le monde n'ont pas pu déposer de demande d'indemnisation et sont confrontées soit à des mois (voire des années) de litige, soit à la ruine. En mai 2020, le secteur de l'assurance a estimé que la pandémie pourrait coûter plus de 200 milliards de dollars, ce qui en fait l'un des événements les plus coûteux de l'histoire du secteur de l'assurance (le coût augmentera si les confinements se prolongent au-delà de la période considérée au moment de la prévision). Pour le secteur de l'assurance, le défi post-COVID-19 consiste à répondre à l'évolution des besoins de protection de ses clients en développant une plus grande résilience face à un large éventail de chocs catastrophiques potentiellement « non assurables » comme les pandémies, les événements climatiques extrêmes, les cyberattaques et le terrorisme. Elle doit le faire tout en naviguant dans un environnement de taux d'intérêt excessivement bas et en se préparant à des litiges anticipés et à la possibilité de réclamations et de pertes sans précédent.

Au cours des dernières années, l'industrie automobile a été plongée dans une tempête croissante de défis, allant de l'incertitude commerciale et géopolitique, de la baisse des ventes et des pénalités en matière de CO_2 à l'évolution rapide de la demande des clients et à la nature multiforme de la concurrence croissante en matière de mobilité (véhicules électriques, voitures autonomes, mobilité partagée). La pandémie a exacerbé ces défis en augmentant l'incertitude considérable à laquelle l'industrie est confrontée, notamment en ce qui concerne les chaînes d'approvisionnement. Au début de l'épidémie, la pénurie de composants chinois a eu un impact négatif sur la production automobile mondiale. Dans les mois et les années à venir, l'industrie devra repenser toute son organisation et ses modes de fonctionnement dans un contexte de réduction des chaînes d'approvisionnement et de baisse probable des ventes de véhicules.

Tout au long des étapes successives de la pandémie, et en particulier pendant les périodes de confinement, le secteur de l'électricité a joué un rôle essentiel en permettant à la plus grande partie du monde de poursuivre ses activités de façon numérique, aux hôpitaux d'être opérationnels et à toutes les industries essentielles de fonctionner normalement. Malgré les défis considérables posés par les cybermenaces et les changements dans la structure de la demande, l'électricité a tenu bon, prouvant sa résilience face aux chocs. Pour aller de l'avant, le secteur de l'électricité doit relever le défi d'accélérer sa transition énergétique. La combinaison d'investissements dans des infrastructures énergétiques progressives (comme les énergies renouvelables, les hydrogénoducs et les réseaux de recharge des véhicules électriques) et la reconversion des grappes industrielles (comme l'électrification de l'énergie nécessaire à la production chimique) peut soutenir la reprise économique (en créant des emplois et de l'activité économique) tout en augmentant la résilience globale du secteur énergétique en termes de production d'énergie propre.

*****

La réinitialisation « micro » obligera chaque entreprise de chaque secteur à expérimenter de nouvelles façons de faire des affaires, de travailler et de fonctionner. Ceux qui essaieront de revenir à l'ancienne façon de faire échoueront. Ceux qui s'adaptent avec agilité et imagination finiront par tourner la crise de COVID-19 à leur avantage.

3. RÉINITIALISATION INDIVIDUELLE

Comme pour les effets macro et micro, la pandémie aura des conséquences profondes et diverses pour nous tous en tant qu'individus. Elle a déjà bouleversé la vie de beaucoup d'entre nous. À ce jour, la COVID-19 a forcé une majorité de personnes dans le monde entier à s'isoler de leur famille et de leurs amis, a jeté le désordre complet dans leurs projets personnels et professionnels et a profondément ébranlé leur sentiment de sécurité économique et parfois psychologique et physique. Elle a rappelé à chacun de nous sa fragilité humaine innée, ses faiblesses et ses défauts. Cette prise de conscience, combinée au stress engendré par le confinement et au profond sentiment d'incertitude au sujet de ce qui nous attend, pourrait, bien que subrepticement, nous changer et changer notre rapport avec les autres et avec notre monde. Pour certains, ce qui a commencé comme un changement pourrait finir comme une réinitialisation individuelle.

3.1. Redéfinir notre humanité

3.1.1. Le meilleur de nous-mêmes ?

Les psychologues soulignent que la pandémie, comme la plupart des événements transformateurs, a la capacité de faire ressortir le meilleur et le pire en nous. Ange ou démon : lequel l'emporte jusqu'à présent ?

À première vue, il semble que la pandémie ait pu rassembler les gens. En mars 2020, des images en provenance d'Italie, le pays le plus touché à l'époque, donnaient l'impression que l'« effort de guerre » collectif était l'un des seuls aspects positifs inattendus de la catastrophe COVID-19 qui engloutissait le pays. Alors que toute la population était confinée chez elle, d'innombrables exemples ont montré que les gens avaient non seulement plus de temps les uns pour les autres, mais semblaient aussi être plus gentils. Les exemples de cette sensibilité collective accrue allaient des célèbres chanteurs d'opéra poussant la chansonnette pour leurs voisins depuis leur balcon, à un rituel nocturne où la population chantait les louanges des professionnels de santé (un phénomène qui s'est étendu à presque toute l'Europe), en passant par divers actes d'entraide et de soutien aux personnes dans le besoin. L'Italie a en quelque sorte ouvert la voie, et depuis, pendant la période de confinement et dans le monde entier, il y a eu de nombreux exemples comparables de solidarité personnelle et sociale remarquable. Partout, de simples actes de gentillesse, de générosité et d'altruisme semblent devenir la norme. En termes de valeurs, les notions de coopération, d'idées communautaires, de sacrifice de l'intérêt personnel pour le bien commun et de bienveillance ont été mises en avant. À l'inverse, les manifestations de pouvoir, de popularité et de prestige individuels ont été mal vues, éclipsant même l'attrait des « riches et célèbres » qui s'est estompé à mesure que la pandémie progressait. Un commentateur a observé que le coronavirus avait pour effet de rapidement « démanteler le culte de la célébrité », un élément clé de notre modernité : « Le rêve de la mobilité des classes se dissipe lorsque la société se confine, que l'économie stagne, que le nombre de morts augmente et que l'avenir de chacun est gelé dans son propre appartement surpeuplé ou palais somptueux. La différence entre les deux n'a jamais été aussi évidente. »[141] Diverses observations de ce type ont incité non seulement les commentateurs sociaux mais aussi le grand public lui-même à se demander si la pandémie avait réussi à faire ressortir le meilleur de nous et, ce faisant, à nous amener à rechercher plus de sens. De nombreuses questions sont venues à l'esprit, comme : La pandémie pourrait-elle donner naissance à des êtres meilleurs et à un monde meilleur ? Sera-t-elle suivie d'un changement de valeurs ? Serons-nous plus enclins à entretenir nos liens humains et plus désireux de maintenir nos connexions sociales ? En termes simples : allons-nous devenir plus attentionnés et plus compatissants ?

Si l'on se fie à l'histoire, les catastrophes naturelles, comme les ouragans et les tremblements de terre, rapprochent les gens, tandis que les pandémies font le contraire : elles les éloignent. La raison pourrait être la suivante : confrontées à une catastrophe naturelle soudaine, violente et souvent brève, les populations se lient entre elles et ont tendance à se rétablir relativement vite. En revanche, les pandémies sont des événements de plus longue durée, qui suscitent souvent des sentiments de méfiance permanents (vis-à-vis des autres) enracinés dans une peur primitive de mourir. Psychologiquement, la conséquence la plus importante de la pandémie est de générer une quantité phénoménale d'incertitude, qui se transforme souvent en source d'angoisse. Nous ne savons pas de quoi demain sera faut (y aura-t-il une autre vague de COVID-19 ? Affectera-t-elle les personnes que j'aime ? Vais-je garder mon emploi ?) et un tel manque de sécurité nous rend fragiles et troublés. En tant qu'êtres humains, nous avons soif de certitude, d'où la nécessité d'une « fermeture cognitive », tout ce qui peut contribuer à effacer l'incertitude et l'ambiguïté qui paralysent notre capacité à fonctionner « normalement ». Dans le contexte d'une pandémie, les risques sont complexes, difficiles à appréhender et largement inconnus. Face à eux, nous sommes plus susceptibles de nous replier sur nous-mêmes que de nous tourner vers les besoins des autres, comme cela tend à se produire lors de catastrophes naturelles (ou non) soudaines (contrairement aux premières impressions dominantes véhiculées par les médias). Cela devient à son tour une profonde source de honte, un sentiment clé qui détermine les attitudes et les réactions des gens pendant les pandémies. La honte est une émotion morale qui équivaut à se sentir mal : un sentiment inconfortable qui combine le regret, la haine de soi et un vague sentiment de « déshonneur » de ne pas avoir fait « ce qu'il fallait ». La honte a été décrite et analysée dans d'innombrables romans et textes littéraires rédigés sur des épidémies historiques. Elle peut prendre des formes aussi radicales et horribles que des parents abandonnant leurs enfants à leur sort. Au début du *Décaméron*, une série de nouvelles qui racontent l'histoire d'un groupe d'hommes et de femmes abrités dans une villa alors que la peste noire ravage Florence en 1348, Boccaccio écrit que : « les pères et les mères abandonnaient leurs propres enfants à leur sort, sans soins, sans visite. » Dans la même veine, de nombreux récits littéraires sur les pandémies passées, comme *Journal de l'Année de la Peste* de Defoe ou *Les Fiancés* de Manzoni, racontent comment, si souvent, la peur de la mort finit par l'emporter sur toutes les autres émotions humaines. Dans chaque situation, des individus sont contraints de prendre des décisions pour sauver leur propre vie, ce qui entraîne une honte profonde due à l'égoïsme de leur choix ultime. Heureusement, il y a toujours des exceptions, comme nous l'avons vu de manière très poignante lors de l'épidémie de COVID-19, comme par exemple parmi les infirmières et les médecins dont les multiples actes de compassion et de courage en tant d'occasions ont largement dépassé le devoir professionnel. Mais il semble que ce ne soit que cela - des exceptions ! Dans *La grande grippe*,[142] un livre qui analyse les effets de la grippe espagnole sur les États-Unis à la fin de la Première Guerre mondiale, l'historien John Barry raconte que les travailleurs de la santé ne trouvaient pas assez de volontaires pour les aider. Plus la grippe devenait virulente, moins les gens étaient prêts à se porter volontaires. Le sentiment de honte collective qui s'en est suivi pourrait être l'une des raisons pour lesquelles nos connaissances générales sur la pandémie de 1918-1919 sont si faibles, malgré le fait que, aux États-Unis seulement, elle a tué 12 fois plus de personnes que la guerre elle-même. Cela explique peut-être aussi pourquoi, à ce jour, si peu de livres ou de pièces ont été écrits sur le sujet.

D'après les psychologues, la fermeture cognitive implique souvent une façon de penser en noir et blanc et des solutions simplistes[143] - un terrain propice aux théories du complot et à la propagation de rumeurs, de fausses nouvelles, de demi-vérités et d'autres idées pernicieuses. Dans un tel contexte, nous recherchons le leadership, l'autorité et la clarté, ce qui signifie que la question de savoir à qui nous faisons confiance (au sein de notre communauté immédiate et parmi nos dirigeants) devient critique. En conséquence, il en va de même pour le contraire : de qui nous méfions-nous ? Dans des conditions de stress, l'attrait de la cohésion et de l'unité augmente, ce qui nous amène à nous regrouper autour de notre clan ou de notre groupe, et à devenir généralement plus sociable en son sein, mais pas en dehors. Il semble tout à fait naturel que notre sentiment de vulnérabilité et de fragilité s'intensifie, tout comme notre dépendance vis-à-vis de notre entourage, comme pour un bébé ou une personne fragile. Notre attachement à nos proches se renforce, avec un sentiment d'appréciation renouvelé pour tous ceux que nous aimons : la famille et les amis. Mais il y a un côté plus sombre à tout cela. Cela déclenche également une montée des sentiments patriotiques et nationalistes, avec des considérations religieuses et ethniques troublantes qui entrent également en ligne de compte. En fin de compte, ce mélange toxique fait ressortir ce qu'il y a de pire en nous en tant que groupe social. Orhan Pamuk (l'auteur turc qui a reçu le prix Nobel de littérature en 2006 et dont le dernier roman, *Nights of Plague*, doit être publié fin 2020) raconte comment les gens ont toujours réagi aux épidémies en répandant des rumeurs et de fausses informations et en présentant la maladie comme étrangère et introduite avec des intentions malveillantes. Cette attitude nous amène à chercher un bouc émissaire - le point commun de toutes les épidémies de l'histoire - et c'est la raison pour laquelle « ces accès de violence aussi imprévisibles qu'incontrôlables, ces ouï-dire, ces mouvements de panique et de rébellion apparaissent dès la Renaissance dans nombre de récits d'épidémies. »[144] Pamuk ajoute : « L'histoire et la mémoire littéraire des épidémies nous montrent que l'intensité de la souffrance, la peur de la mort, la terreur métaphysique et le sens du surnaturel chez la population affligée étaient proportionnels à l'intensité de leur colère et de leur insatisfaction politique. »

La pandémie de COVID-19 nous a montré à tous sans équivoque que nous vivons dans un monde interconnecté et pourtant largement dépourvu de solidarité entre les nations et souvent même en leur sein. Tout au long des périodes de confinement, des exemples remarquables de solidarité personnelle ont fait surface, ainsi que des contre-exemples de comportement égoïste. Au niveau mondial, la vertu de l'entraide a brillé par son absence - et ce malgré les preuves anthropologiques que ce qui nous distingue en tant qu'êtres humains est la capacité de coopérer les uns avec les autres et de former dans le processus quelque chose de plus grand et de plus important que nous-mêmes. La COVID-19 entraînera-t-elle un repli sur soi ou nourrira-t-elle le sens inné de l'empathie et de la collaboration, encourageant les humains à une plus grande solidarité ? Les exemples des pandémies précédentes ne sont pas encourageants, mais cette fois une différence fondamentale existe : nous sommes tous conscients que sans une plus grande collaboration, nous ne pourrons pas relever les défis mondiaux auxquels nous sommes confrontés collectivement. Pour le dire le plus simplement possible, si, en tant qu'êtres humains, nous ne collaborons pas pour faire face à nos défis existentiels (l'environnement et la chute libre de la gouvernance mondiale, entre autres), nous sommes condamnés. Ainsi, nous n'avons pas d'autre choix que de faire appel au meilleur de nous-mêmes.

3.1.2. Les choix moraux

La pandémie nous a tous obligés, citoyens et décideurs politiques, volontairement ou non, à entrer dans un débat philosophique sur la manière la moins dommageable possible de maximiser le bien commun. Avant tout, elle nous a incités à réfléchir davantage à ce que signifie réellement le bien commun. Le bien commun est ce qui profite à la société dans son ensemble, mais comment décider collectivement ce qui est le mieux pour nous en tant que communauté ? S'agit-il de préserver à tout prix la croissance du PIB et l'activité économique pour tenter d'éviter une hausse du chômage ? S'agit-il de prendre soin des membres les plus fragiles de notre communauté et de faire des sacrifices les uns pour les autres ? S'agit-il d'une situation intermédiaire et, si oui, quels sont les compromis à faire ? Certaines écoles de pensée philosophiques, comme le libertarianisme (pour lequel la liberté individuelle est la plus importante) et l'utilitarisme (pour lequel la recherche du meilleur résultat pour le plus grand nombre a plus de sens) pourraient même contester que le bien commun est une cause qui mérite d'être défendue, mais les conflits entre des théories morales concurrentes peuvent-ils être résolus ? La pandémie les a portés à ébullition, et provoqué des débats ardents entre les camps opposés. De nombreuses décisions qualifiées de « froides » et rationnelles, motivées exclusivement par des considérations économiques, politiques et sociales, sont en fait profondément influencées par la philosophie morale - la recherche d'une théorie capable d'expliquer ce que nous devrions faire. En fait, presque toutes les décisions relatives à la meilleure façon de faire face à la pandémie pourraient être considérées comme un choix éthique, ce qui montre que, dans presque tous les cas, les pratiques humaines obéissent à des considérations morales. Dois-je donner à ceux qui n'ont rien et faire preuve d'empathie envers ceux dont l'opinion diffère de la mienne ? Est-il normal de mentir au public pour le plus grand bien ? Est-il acceptable de ne pas aider mes voisins infectés par la COVID-19 ? Dois-je licencier un certain nombre d'employés dans l'espoir de maintenir mon entreprise à flot pour les autres ? Puis-je me retirer dans ma résidence secondaire pour ma propre sécurité et mon propre confort ou dois-je la prêter à quelqu'un dont les besoins dépassent les miens ? Dois-je ignorer l'ordre d'enfermement pour aider un ami ou un membre de ma famille ? Chaque décision, petite ou grande, a une composante éthique, et la façon dont nous répondons à toutes ces questions est ce qui nous permet finalement d'aspirer à une vie meilleure.

Comme toutes les notions de philosophie morale, l'idée de bien commun est insaisissable et contestable. Depuis le début de la pandémie, elle a provoqué de furieux débats sur la question de savoir s'il fallait utiliser un calcul utilitariste pour tenter d'apprivoiser la pandémie ou s'en tenir au sacro-saint principe du caractère sacré de la vie.

Rien ne résume mieux la question du choix éthique que le débat qui a fait rage pendant les premiers confinements sur le compromis entre la santé publique et le coup porté à la croissance. Comme nous l'avons dit précédemment, presque tous les économistes ont brisé le mythe selon lequel le sacrifice de quelques vies sauvera l'économie mais, indépendamment du jugement de ces experts, le débat et les arguments ne se sont pas arrêtés là. Aux États-Unis en particulier, mais pas exclusivement, certains responsables politiques ont estimé qu'il était justifié de donner plus de valeur à l'économie qu'à la vie, approuvant un choix politique qui aurait été inimaginable en Asie ou en Europe, où de telles déclarations auraient été synonymes de suicide politique. (Cette prise de conscience explique probablement le retrait précipité du Premier ministre britannique Johnson d'une politique initiale prônant l'immunité collective, souvent présentée par les experts et les médias comme un exemple de darwinisme social). Faire passer l'économie avant la vie remonte à une longue tradition, perpétrée par les marchands de Sienne pendant la Grande Peste et ceux de Hambourg qui ont tenté de dissimuler l'épidémie de choléra en 1892. Cependant, il semble presque incongru qu'elle soit toujours d'actualité aujourd'hui, avec toutes les connaissances médicales et les données scientifiques dont nous disposons. L'argument avancé par certains groupes tels que « Americans for Prosperity » est que les récessions tuent les gens. C'est sans doute vrai, mais c'est un fait qui est lui-même ancré dans des choix politiques fondés sur des considérations éthiques. Aux États-Unis, les récessions tuent en effet beaucoup de gens parce que l'absence ou la nature limitée de tout filet de sécurité sociale met leur vie en danger. Comment ? Lorsque les gens perdent leur emploi sans aide de l'État et sans assurance maladie, ils ont tendance à « mourir de désespoir » par suicide, overdose ou alcoolisme, comme le montrent et l'analysent de manière approfondie Anne Case et Angus Deaton.[145] Les récessions économiques provoquent également des décès en dehors des États-Unis, mais grâce à des choix politiques en matière d'assurance maladie et de protection des travailleurs, il y en a beaucoup moins. Il s'agit en fin de compte d'un choix moral sur la priorité à donner aux qualités de l'individualisme ou à celles qui favorisent le destin de la communauté. C'est un choix individuel aussi bien que collectif (qui peut s'exprimer par le biais d'élections), mais l'exemple de la pandémie montre que les sociétés très individualistes ne sont pas très douées pour exprimer leur solidarité.[146]

Dans la période post-pandémique immédiate, après la première vague au début de 2020 et alors que de nombreuses économies dans le monde s'engouffrent dans de profondes récessions, la perspective de confinements plus stricts semble politiquement inconcevable. Même les pays les plus riches ne peuvent pas « se permettre » de supporter un confinement indéfini, même pas pendant un an environ. Les conséquences, en particulier en termes de chômage, seraient terribles, entraînant des retombées dramatiques pour les gens les plus pauvres de la société, et le bien-être des individus en général. Comme l'a dit l'économiste et philosophe Amartya Sen : « La présence de la maladie tue les gens, l'absence de moyens de subsistance aussi. »[147] Par conséquent, maintenant que les capacités de test et de traçage de contacts sont largement disponibles, de nombreuses décisions individuelles et collectives impliqueront nécessairement des analyses coûts-avantages complexes et parfois même un calcul utilitariste « cruel ». Chaque décision politique deviendra un compromis extrêmement délicat entre le fait de sauver le plus grand nombre de vies possible et celui de permettre à l'économie de tourner à plein régime. Les bioéthiciens et les philosophes moraux se mettent rarement d'accord sur le fait de compter les années de vie perdues ou sauvées plutôt que de compter uniquement le nombre de décès qui se sont produits ou qui auraient pu être évités. Peter Singer, professeur de bioéthique et auteur de *The Life You Can Save*, est une voix éminente parmi ceux qui adhèrent à la théorie selon laquelle nous devrions prendre en compte le nombre d'années de vie perdues, et pas seulement le nombre de vies perdues. Il donne l'exemple suivant : en Italie, l'âge moyen des personnes qui meurent de la COVID-19 est de près de 80 ans, ce qui pourrait nous amener à poser la question suivante : combien d'années de vie ont été perdues en Italie, compte tenu du fait qu'un grand nombre des personnes qui sont mortes du virus n'étaient pas seulement âgées mais avaient également des problèmes médicaux sous-jacents ? Certains économistes estiment approximativement que les Italiens ont perdu en moyenne trois ans de vie, un résultat très différent des 40 ou 60 ans de vie perdus lorsque de nombreux jeunes périssent à la guerre.[148]

Le but de cet exemple est le suivant : aujourd'hui, presque tout le monde dans le monde entier se demande si le confinement dans son pays était trop strict ou pas assez, s'il aurait dû être raccourci ou prolongé, s'il a été mis en place de manière appropriée ou non, s'il a été correctement respecté ou non, en présentant souvent le problème comme un « fait objectif ». En réalité, tous ces jugements et déclarations que nous faisons constamment sont déterminés par des considérations éthiques sous-jacentes qui sont éminemment personnelles. En d'autres termes, les faits ou opinions que nous exposons sont des choix moraux que la pandémie a mis à nu. Ils sont faits au nom de ce que nous pensons être juste ou non et nous définissent donc en tant que personnes. Un exemple simple illustre parfaitement ce point : l'OMS et la plupart des autorités sanitaires nationales recommandent de porter un masque en public. Ce qui a été présenté comme une nécessité épidémiologique et une mesure facile d'atténuation des risques s'est transformé en champ de bataille politique. Aux États-Unis et, également, mais dans une moindre mesure, dans quelques autres pays, la décision de porter ou non un masque est devenue un problème politique car elle est considérée comme une atteinte à la liberté individuelle. Mais derrière la déclaration politique, le refus de porter un masque en public est un choix moral, tout comme la décision d'en porter un. Cela nous apprend-il quelque chose sur les principes moraux qui sous-tendent nos choix et nos décisions ? Probablement.

La pandémie nous a également obligés à (re)considérer l'importance cruciale de l'équité, une notion très subjective, pourtant essentielle à l'harmonie de la société. Prendre en compte l'équité nous rappelle que certaines des hypothèses les plus fondamentales que nous faisons sur l'économie comportent un élément moral. Faut-il, par exemple, tenir compte de l'équité ou de la justice lorsqu'on examine les lois de l'offre et de la demande ? Et que nous apprend sur nous-mêmes la réponse à cette question ? Cet enjeu moral fondamental a été mis en évidence lors de la phase la plus grave de la pandémie au début de 2020, lorsque certains produits de première nécessité (comme l'essence et le papier toilette) et équipements essentiels pour faire face à la COVID-19 (comme les masques et les respirateurs) ont commencé à manquer. Comment fallait-il réagir ? En laissant les lois de l'offre et de la demande opérer leur magie pour que les prix montent suffisamment et que le marché s'équilibre ? Ou, plutôt, en régulant la demande ou même les prix pendant un certain temps ? Dans un célèbre article écrit en 1986, Daniel Kahneman et Richard Thaler (qui ont par la suite reçu le prix Nobel d'économie) ont étudié cette question et sont arrivés à la conclusion que la hausse des prix en cas d'urgence est tout simplement inacceptable d'un point de vue sociétal car elle sera perçue comme injuste. Certains économistes pourraient avancer que les prix plus élevés déclenchés par l'offre et la demande sont efficaces dans la mesure où ils découragent les achats de panique, mais la plupart des gens considéreraient que cette question n'a pas grand-chose à voir avec l'économie mais relève davantage d'un sentiment d'équité, donc d'un jugement moral. La plupart des entreprises le comprennent : augmenter le prix d'un bien nécessaire dans une situation extrême comme une pandémie, en particulier s'il s'agit d'un masque ou d'un désinfectant pour les mains, est non seulement choquant mais va à l'encontre de ce qui est considéré comme moralement et socialement acceptable. C'est pourquoi Amazon a interdit les prix abusifs sur son site, et les grandes chaînes de distribution ont répondu aux pénuries non pas en augmentant le prix des marchandises mais en limitant la quantité que chaque client pouvait acheter.

Il est difficile de dire si ces considérations morales constituent une réinitialisation, et si elles auront un effet durable après le coronavirus sur nos attitudes et nos comportements. On peut au moins supposer que nous sommes maintenant plus conscients, sur le plan individuel, du fait que nos décisions sont influencées par des valeurs et éclairées par des choix moraux. Il pourrait s'ensuivre que, si (mais c'est un grand « si ») à l'avenir nous ne donnions plus la priorité à notre intérêt personnel, qui pollue tant de nos interactions sociales, nous pourrions être en mesure d'accorder plus d'attention à des questions comme l'inclusion et l'équité. Oscar Wilde avait déjà souligné ce problème en 1892 en décrivant un cynique comme « un homme qui connaît le prix de tout et la valeur de rien. »

3.2. Santé mentale et bien-être

Depuis des années maintenant, une épidémie de santé mentale a envahi une grande partie du monde. La pandémie a déjà aggravé la situation et continuera de le faire. La plupart des psychologues (et certainement tous ceux à qui nous avons parlé) semblent être d'accord avec le jugement exprimé en mai 2020 par l'un de leurs pairs : « La pandémie a eu un effet dévastateur sur la santé mentale. »[149]

Contrairement aux maladies physiques, les personnes souffrant de problèmes de santé mentale ont souvent des blessures invisibles à l'œil nu d'un non-professionnel. Pourtant, au cours de la dernière décennie, les spécialistes de la santé mentale ont fait état d'une explosion de problèmes de santé mentale allant de la dépression au suicide en passant par la psychose et les troubles addictifs. En 2017, on estime que 350 millions de personnes dans le monde souffraient de dépression. À l'époque, l'OMS avait prédit que la dépression deviendrait la deuxième cause principale de charge mondiale de la maladie d'ici 2020 et deviendrait la première cause d'ici 2030, en dépassant les cardiopathies ischémiques. Aux États-Unis, le CDC a estimé en 2017 que la dépression touchait plus de 26 % des adultes. Environ 1 adulte sur 20 rapporte des symptômes modérés à sévères. À l'époque, il prévoyait également que 25 % des adultes américains souffriraient d'une maladie mentale au cours de l'année et que près de 50 % développeraient au moins une maladie mentale au cours de leur vie.[150] Des chiffres et des tendances similaires (mais peut-être moins graves) existent dans la plupart des pays du monde. Sur le lieu de travail, la question de la santé mentale est devenue l'un des grands sujets tabous. L'épidémie de stress, de dépression et d'anxiété liés au travail semble s'aggraver continuellement. À titre d'exemple révélateur, en 2017-2018 au Royaume-Uni, le stress, la dépression et l'anxiété ont représenté plus de la moitié (57 %) des journées de travail perdues pour cause de maladie.[151]

Pour beaucoup de gens, la traversée de la pandémie de COVID-19 aura été vécue comme un traumatisme personnel. Les cicatrices infligées pourraient durer des années. Tout d'abord, dans les premiers mois de l'épidémie, il était trop facile d'être victime de biais de disponibilité et d'effets de saillance. Ces deux raccourcis mentaux nous ont amenés à ruminer sur la pandémie et ses dangers, nouveaux objets de notre obsession (le biais de disponibilité nous oblige à nous fier aux exemples immédiats qui nous viennent à l'esprit lorsque nous évaluons quelque chose et l'effet de saillance nous prédispose à nous concentrer sur les choses qui sont plus importantes ou plus frappantes sur le plan émotionnel). Pendant des mois, l'actualité concernait presque exclusivement la COVID-19, et les nouvelles, pour la majorité, étaient inévitablement mauvaises. Les rapports incessants de décès, de cas infectieux et de toutes les autres choses qui pourraient mal tourner, ainsi que les images chargées d'émotion, ont permis à notre imagination collective de se déchaîner en termes d'inquiétude pour nous-mêmes et nos proches. Une atmosphère aussi alarmante a eu des effets désastreux sur notre bien-être mental. De plus, l'anxiété amplifiée par les médias peut être très contagieuse. Tout cela a alimenté une réalité qui, pour beaucoup, équivalait à une tragédie personnelle, qu'elle soit définie par l'impact économique de la perte de revenus et d'emploi et/ou l'impact émotionnel de la violence domestique, l'isolement et la solitude intenses ou l'incapacité à faire correctement le deuil de ses proches décédés.

Les humains sont par nature des êtres sociaux. La camaraderie et les interactions sociales sont une composante essentielle de notre humanité. Si nous en sommes privés, nos vies se retrouvent chamboulées. Les relations sociales sont, dans une large mesure, anéanties par les mesures de confinement et la distanciation physique ou sociale et, dans le cas des confinements dus à la COVID-19, cela s'est produit à un moment d'anxiété accrue où nous avions le plus besoin d'interactions. Les rituels inhérents à notre condition humaine - poignées de main, étreintes, embrassades et bien d'autres - ont été supprimés. Il en a résulté solitude et isolement. Pour l'instant, nous ne savons pas si nous pourrons revenir complètement à notre ancien mode de vie. Et si oui, quand ? À chaque étape de la pandémie, mais surtout vers la fin du confinement, l'inconfort mental reste un risque, même après la période de stress aigu, ce que les psychologues ont appelé le « syndrome du troisième quart »[152] en référence aux personnes qui vivent isolées pendant une période prolongée (comme les explorateurs polaires ou les astronautes) : elles ont tendance à connaître des problèmes et des tensions vers la fin de leur mission. Comme chez ces personnes, mais à l'échelle planétaire, notre sentiment collectif de bien-être mental a été sévèrement impacté. Après avoir fait face à la première vague, nous en anticipons désormais une autre qui pourrait venir ou non, et ce mélange émotionnel toxique risque de produire un état d'angoisse collective. L'incapacité de faire des projets ou de s'engager dans des activités spécifiques qui faisaient autrefois partie intégrante de notre vie normale et constituaient des sources vitales de plaisir (comme rendre visite à la famille et aux amis à l'étranger, planifier le prochain semestre à l'université, postuler à un nouvel emploi) peut nous laisser confus et démoralisés. Pour beaucoup de gens, les tensions et le stress des dilemmes immédiats qui ont suivi la fin des confinements vont durer des mois. Peut-on prendre les transports publics en toute sécurité ? Est-il trop risqué d'aller dans son restaurant préféré ? Est-il approprié de rendre visite à ce membre de la famille ou à cet ami plus âgé ? Pendant longtemps encore, ces décisions banales seront entachées d'un sentiment de crainte, en particulier pour ceux qui sont vulnérables en raison de leur âge ou de leur état de santé.

Au moment où nous écrivons ces lignes (juin 2020), l'impact de la pandémie en termes de santé mentale ne peut être quantifié ou évalué de manière généralisée, mais nous en connaissons les grandes lignes. En résumé : 1) les personnes souffrant de problèmes de santé mentale préexistants, comme la dépression, souffriront de plus en plus de troubles anxieux ; 2) les mesures de distanciation sociale, même après avoir été réduites, auront aggravé les problèmes de santé mentale ; 3) dans de nombreuses familles, la perte de revenus consécutive au chômage plongera les gens dans un phénomène de « mort de désespoir » ; 4) la violence et les abus domestiques, en particulier à l'égard des femmes et des enfants, augmenteront tant que la pandémie perdurera ; et 5) les personnes et les enfants « vulnérables » - les personnes prises en charge, défavorisées sur le plan socio-économique ou en situation de handicap nécessitant un niveau de soutien supérieur à la moyenne - seront particulièrement exposés à un risque accru de détresse mentale. Examinons plus en détail certaines de ces situations ci-dessous.

Pour beaucoup, une explosion de problèmes mentaux s'est produite pendant les premiers mois de la pandémie et continuera à progresser dans l'ère post-pandémique. En mars 2020 (au début de la pandémie), un groupe de chercheurs a publié une étude dans *The Lancet* qui a révélé que les mesures de confinement entraînaient une série de graves problèmes de santé mentale, tels que le traumatisme, la confusion et la colère.[153] Bien qu'elle n'ait pas fait l'expérience des problèmes de santé mentale les plus graves, une grande partie de la population mondiale a inévitablement souffert de stress à des degrés divers. Avant tout, c'est parmi les personnes déjà sujettes aux problèmes de santé mentale que les défis inhérents à la réponse au coronavirus (confinement, isolement, angoisse) sont exacerbés. Certains affrontent la tempête, mais pour d'autres, un diagnostic de dépression ou d'anxiété peut dégénérer en un épisode psychotique aigu. On compte également un nombre important de personnes qui présentent pour la première fois des symptômes de troubles graves de l'humeur comme un épisode maniaque, des signes de dépression et diverses expériences psychotiques.

Tous ont été déclenchés par des événements directement ou indirectement liés à la pandémie et au confinement, tels que l'isolement et la solitude, la peur d'attraper la maladie, la perte d'un emploi, le deuil d'un proche et les inquiétudes concernant les membres de sa famille et ses amis. En mai 2020, le directeur du département de la santé mentale de National Health Service en Angleterre a déclaré à une commission parlementaire que « la demande de soins de santé mentale augmenterait "considérablement" une fois le confinement terminé et [que] des personnes souffriraient de traumatismes nécessitant des traitements pendant des années ».[154] Il n'y a aucune raison de croire que la situation sera très différente ailleurs.

La violence domestique a augmenté pendant la pandémie. Il reste difficile de mesurer l'augmentation précise en raison du nombre élevé de cas non signalés, mais il est néanmoins clair que la hausse des incidences a été alimentée par une combinaison d'anxiété et d'incertitude économique. Avec le confinement, tous les ingrédients nécessaires à une augmentation de la violence domestique ont été réunis : isolement des amis, de la famille et du travail, surveillance constante par un partenaire violent et proximité physique avec ce dernier (souvent lui-même encore plus stressé), et possibilités de fuite limitées ou inexistantes. Les conditions de confinement ont amplifié les comportements abusifs existants, ne laissant que peu ou pas de répit aux victimes et à leurs enfants en dehors du foyer. Les projections du Fonds des Nations unies pour la population indiquent que si les violences domestiques augmentent de 20 %

pendant les périodes de confinement, il y aurait 15 millions de cas supplémentaires de violences conjugales en 2020 pour une durée moyenne de confinement de trois mois, 31 millions de cas pour une durée moyenne de six mois, 45 millions pour une durée moyenne de neuf mois, et 61 millions si la période moyenne de confinement devait durer un an. Il s'agit de projections mondiales, incluant les 193 États membres des Nations unies, et qui représentent des niveaux élevés de sous-déclaration caractéristiques des violences basées sur le genre. Ils totalisent 15 millions de nouveaux cas de violences basées sur le genre pour chaque période de confinement de trois mois supplémentaire.[155] Il est difficile de prédire comment les violences domestiques vont évoluer au cours de la période post-pandémique. Les conditions de vie difficiles augmenteront leur probabilité, mais cela dépendra beaucoup de la manière dont chaque pays contrôlera les deux voies qui favorisent les violences domestiques : 1) la réduction des efforts de prévention et de protection, des services sociaux et des soins ; et 2) l'augmentation consécutive de la fréquence des violences.

Ce sous-chapitre se termine sur un point qui peut sembler anecdotique mais qui a gagné en pertinence à une époque de réunions en ligne incessantes, susceptible se développer dans un avenir proche : les conversations vidéo et le bien-être mental font-ils bon ménage ? Pendant les périodes de confinement, les conversations vidéo ont « sauvé la vie » personnelle et professionnelle de beaucoup, nous permettant de maintenir des liens humains, des relations à distance et des liens avec nos collègues. Mais ils ont également généré un phénomène d'épuisement mental, popularisé sous le nom de « Zoom fatigue » : un problème qui s'applique à l'utilisation de toute interface vidéo. Pendant les confinements, les écrans et les vidéos ont tellement été sollic-ités à des fins de communication que cela a constitué une nou-velle expérience sociale menée à grande échelle. La conclusion : notre cerveau trouve difficile et parfois dérangeant de mener des interactions virtuelles, surtout si et quand ces interactions représentent la quasi-totalité de nos échanges professionnels et personnels. Nous sommes des animaux sociaux pour lesquels les nombreux indices mineurs et souvent non verbaux qui se pro-duisent normalement lors d'interactions sociales physiques sont vitaux en termes de communication et de compréhension mutu-elle. Lorsque nous parlons à une personne en chair et en os, nous ne nous concentrons pas seulement sur les mots qu'elle dit, mais aussi sur une multitude de signaux infra-langagiers qui nous aid-ent à donner un sens à l'échange que nous avons : le bas du corps de la personne est-il tourné vers nous ? Que font ses mains ? Quel est le ton de son langage corporel général ? Comment la personne respire-t-elle ? Une conversation vidéo rend impossible l'interprétation de ces indices non verbaux chargés de sens sub-tils, et elle nous oblige à nous concentrer exclusivement sur des mots et des expressions faciales, parfois altérés par la qualité de la vidéo. Lors d'une conversation virtuelle, nous n'avons rien d'au-tre qu'un contact visuel intense et prolongé, qui peut facilement devenir intimidant, voire menaçant, surtout lorsqu'il existe une relation hiérarchique. Ce problème est amplifié par la vue « gal-erie », lorsque la vision centrale de notre cerveau risque d'être perturbée par le nombre de personnes exposées. Il existe un seuil au-delà duquel nous ne pouvons pas décoder trop de personnes en même temps. Les psychologues ont un terme pour désigner cela : l'attention partielle continue. C'est comme si notre cerveau essayait d'être multitâche, en vain bien sûr. À la fin de l'appel, la recherche constante d'indices non verbaux impossibles à trouver submerge tout simplement notre cerveau. Nous avons le sentiment d'être vidés de notre énergie et de nous retrouver avec un sentiment de profonde insatisfaction. Cela affecte à son tour négativement notre sentiment de bien-être mental.

L'impact de la COVID-19 a donné lieu à un éventail plus large et plus profond de problèmes de santé mentale, touchant un plus grand nombre de personnes, dont beaucoup auraient pu être épargnées dans un avenir immédiat s'il la pandémie n'avait pas eu lieu. Vu en ces termes, le coronavirus a renforcé et non réinitialisé les problèmes de santé mentale. Toutefois, ce que la pandémie a permis de réaliser en matière de santé mentale, comme dans tant d'autres domaines, c'est l'accélération d'une tendance préexistante ; la population a alors pris davantage conscience de la gravité du problème. La santé mentale, le facteur le plus important qui influe sur le niveau de satisfaction des gens envers leur vie,[156] était déjà sur le radar des décideurs politiques. Dans l'ère post-pandémique, ces questions pourraient maintenant recevoir la priorité qu'elles méritent. C'est cet aspect qui constituerait une réinitialisation vitale.

3.3. Un changement de priorités

Il y a déjà beaucoup d'écrits sur la façon dont la pandémie pourrait nous changer - sur notre façon de penser et de faire les choses. Pourtant, nous n'en sommes encore qu'au tout début (nous ne savons même pas encore si la pandémie est derrière nous) et, en l'absence de données et de recherches, toutes les conjectures sur nos êtres en devenir sont hautement spéculatives. Néanmoins, nous pouvons prévoir certains changements possibles qui correspondent aux questions macro et micro examinées dans ce livre. La COVID-19 pourrait nous obliger à aborder nos problèmes intérieurs d'une manière que nous n'aurions pas envisagée auparavant. Peut-être commencerons nous à nous poser des questions fondamentales auxquelles nous n'aurions pas pensé sans la crise et les confinements, et ce faisant, à réinventer notre carte mentale.

Les crises existentielles comme la pandémie nous confrontent à nos propres peurs et angoisses et nous offrent de grandes possibilités d'introspection. Elles nous obligent à nous interroger sur ce qui compte vraiment et peuvent également nous rendre plus créatifs dans nos réponses. L'histoire a montré que de nouvelles formes d'organisation individuelle et collective émergeaient souvent après des dépressions économiques et sociales. Nous avons déjà donné des exemples de pandémies passées ayant radicalement changé le cours de l'histoire. Dans les périodes d'adversité, l'innovation prospère souvent, la nécessité a longtemps été reconnue comme mère de l'invention. Cela pourrait s'avérer particulièrement vrai pour la pandémie de COVID-19 qui a obligé beaucoup d'entre nous à ralentir et nous a donné plus de temps pour réfléchir, loin du rythme et de la frénésie de notre monde « normal » (à l'exception très conséquente, bien sûr, des dizaines de millions de travailleurs héroïques dans les soins de santé, les épiceries et les supermarchés, et des parents avec de jeunes enfants ou des personnes s'occupant de parents âgés ou en situation de handicap nécessitant une attention constante). En nous faisant le cadeau de plus de temps, d'un plus grand calme, d'un plus grand isolement (même si un excès de ce dernier se traduit parfois par la solitude), la pandémie nous a donné l'occasion de réfléchir plus profondément à qui nous sommes, à ce qui compte vraiment et à ce que nous voulons, à la fois en tant qu'individus et en tant que société. Cette période de réflexion collective forcée pourrait donner lieu à un changement de comportement qui, à son tour, nous amènera à revoir plus en profondeur nos croyances et convictions. Cela pourrait entraîner un changement de nos priorités qui, à son tour, affecterait notre approche de nombreux aspects de notre vie quotidienne : notre façon de tisser des liens, de prendre soin de nos proches, de faire de l'exercice, de gérer notre santé, de faire nos courses, d'éduquer nos enfants, et même de considérer notre place dans le monde. De plus en plus, des questions évidentes pourraient se poser, comme : Savons-nous ce qui est important ? Sommes-nous trop égoïstes et trop centrés sur nous-mêmes ? Accordons-nous une trop grande priorité et un temps excessif à notre carrière ? Sommes-nous esclaves du consumérisme ? Dans l'ère post-pandémique, grâce à la pause de réflexion dont certains d'entre nous ont profité, nos réponses pourraient bien avoir évolué par rapport à celles que nous avions avant la pandémie.

Considérons, de manière arbitraire et non exclusive, certains de ces changements potentiels dont la probabilité d'occurrence, selon nous, même si elle n'est pas très élevée, est néanmoins plus grande qu'on ne le pense généralement.

3.3.1. La créativité

« Ce qui ne nous tue pas nous rend plus fort », c'est peut-être un cliché, mais Friedrich Nietzsche avait raison. Tous ceux qui survivent à une pandémie n'en sortent pas plus forts, loin de là. Cependant, c'est le cas de quelques personnes, dont les actions et les réalisations pouvaient sembler marginales sur le moment mais qui, avec le recul, semblent avoir eu un impact considérable. Avoir l'esprit créatif est salvateur. Tout comme le fait d'être au bon endroit (comme la bonne industrie) au bon moment. Il ne fait guère de doute, par exemple, que dans les prochaines années, nous assisterons à une explosion de la créativité des start-ups et des nouvelles entreprises dans les espaces numériques et biotechnologiques. La pandémie a donné un nouvel élan à ces deux secteurs, ce qui laisse penser que nous assisterons à de nombreux progrès et à beaucoup d'innovations de la part des personnes les plus créatives et les plus originales dans ces secteurs. Les entrepreneurs les plus doués s'en donneront à cœur joie !
La même chose pourrait bien se produire dans le domaine des sciences et des arts. Des épisodes passés bien connus corroborent le fait que les personnalités créatives prospèrent en temps de confinement. Isaac Newton, par exemple, a connu une période de prospérité pendant la peste. Lorsque l'université de Cambridge a

dû fermer ses portes durant l'été 1665 suite à une épidémie, Newton est retourné dans sa maison familiale du Lincolnshire où il est resté plus d'un an. Pendant cette période d'isolement forcé décrite comme *annus mirabilis* (une « année merveilleuse »), il a eu une effusion d'énergie créatrice qui a constitué le fondement de ses théories sur la gravité et l'optique et, en particulier, le développement de la loi de la gravitation universelle (il y avait un pommier près de sa maison et l'idée lui est venue en comparant la chute d'une pomme au mouvement orbital de la lune).[157]

Un principe similaire de créativité en période difficile s'applique à la littérature et est à l'origine de certaines des œuvres littéraires les plus célèbres du monde occidental. Les universitaires affirment que la fermeture des théâtres de Londres forcée par la peste de 1593 a aidé Shakespeare à se tourner vers la poésie. C'est à cette époque qu'il a publié « Vénus et Adonis », un poème narratif populaire dans lequel la déesse implore un baiser d'un garçon « pour chasser l'infection dans les années dangereuses. » Quelques années plus tard, au début du 17ème siècle, les théâtres de Londres étaient plus souvent fermés qu'ouverts à cause de la peste bubonique. Une règle officielle stipulait que les représentations théâtrales devaient être annulées si les décès causés par la peste dépassaient 30 personnes par semaine. En 1606, Shakespeare est très prolifique précisément parce que les théâtres sont fermés par l'épidémie et que sa troupe ne peut pas jouer. En un an seulement, il a écrit « Le Roi Lear », « Macbeth » et « Antoine et Cléopâtre ».[158] L'auteur russe Alexandre Pouchkine a vécu une expérience similaire. En

1830, suite à une épidémie de choléra qui avait atteint Nijni Novgorod, il se retrouve confiné à la campagne. Soudain, après des années de bouleversements personnels, il se sent soulagé, libre et heureux. Les trois mois qu'il a passés en quarantaine ont été les plus créatifs et les plus productifs de sa vie. Il termine *Eugène Onéguine* - son chef-d'œuvre - et écrit une série de pièces, dont une intitulée « Le festin pendant la peste ».

Si nous citons ces exemples historiques de créativité personnelle florissante chez certains de nos plus grands artistes pendant une peste ou une pandémie, ce n'est pas pour minimiser ou détourner l'impact financier catastrophique que la crise COVID-19 a sur le monde de la culture et du divertissement, mais plutôt pour apporter une lueur d'espoir et une source d'inspiration. C'est dans les secteurs culturels et artistiques de nos sociétés que la créativité est la plus abondante et l'histoire a montré que cette même créativité peut s'avérer être une source majeure de résilience.

Il existe une multitude d'exemples de ce type. C'est une forme inhabituelle de réinitialisation, mais elle ne devrait pas nous surprendre. Lorsque des événements dévastateurs se produisent, la créativité et l'ingéniosité s'épanouissent souvent.

3.3.2. Le temps

Dans le roman de Joshua Ferris (2007) *Then We Came to the End*, un personnage observe : « Certains jours semblaient plus longs que d'autres. D'autres paraissaient être deux jours entiers. » C'est une des conséquences à l'échelle mondiale de la pandémie : elle a modifié notre notion du temps. Au cours de leurs confinements respectifs, de nombreuses personnes ont déclaré que les jours semblaient durer une éternité, tandis que les semaines passaient étonnamment vite. À l'exception fondamentale, encore une fois, de ceux qui se trouvaient « sur le front » (tous les travailleurs essentiels que nous avons déjà mentionnés), de nombreuses personnes en confinement ressentaient la monotonie des jours, chaque jour étant semblable au précédent et au suivant, et pratiquement aucune distinction entre les jours de la semaine et le week-end. C'est comme si le temps était devenu amorphe et indifférencié, tous les repères et divisions habituels ayant disparu. Dans un contexte fondamentalement différent mais au sein d'un type d'expérience similaire, les prisonniers qui sont confrontés à la forme de confinement la plus dure et la plus radicale le confirment. « Les jours s'écoulent, puis vous vous réveillez, un mois s'est écoulé et vous vous dîtes : "Je n'ai rien vu passer. » Victor Serge, un révolutionnaire russe qui a été emprisonné à plusieurs reprises, disait la même chose : « Il y a des heures rapides et de très longues secondes. »[159] Ces observations pourraient-elles contraindre certains d'entre nous à reconsidérer notre rapport au temps, à mieux reconnaître sa valeur et à ne pas le laisser filer ? Nous vivons à une époque d'extrême vélocité, où tout va beaucoup plus vite que jamais parce que la technologie a créé une culture de l'immédiateté. Dans cette société « en temps réel » où tout est nécessaire et souhaité dans l'immédiat, nous nous sentons constamment pressés par le temps et avons le sentiment tenace que le rythme de vie ne cesse de s'accélérer. L'expérience des confinements pourrait-elle changer la donne ? Pourrions-nous expérimenter à notre niveau individuel l'équivalent de ce que les chaînes d'approvisionnement en flux tendus feront dans l'ère post-pandémique - une suppression de l'accélération du temps au profit d'une plus grande résilience et d'une plus grande tranquillité d'esprit ? La nécessité de devenir plus résistant psychologiquement pourrait-elle nous obliger à ralentir et à être plus conscient du temps qui passe ? Peut-être. Cela pourrait être l'un des avantages inattendus de la COVID-19 et des mesures de confinement. Elle nous a sensibilisés aux grands marqueurs du temps : les précieux moments passés avec nos amis et nos familles, les saisons et la nature, les myriades de petites choses qui demandent un peu de temps (comme parler à un étranger, écouter un oiseau ou admirer une œuvre d'art) mais qui contribuent au bien-être. La réinitialisation : à l'ère post-pandémique, nous pourrions avoir une appréciation différente du temps, en le poursuivant pour un plus grand bonheur.[160]

3.3.3. La consommation

Depuis le début de la pandémie, de nombreux articles et analyses ont été consacrés à l'impact que la COVID-19 aura sur nos modes de consommation. D'après un nombre important d'entre eux, à l'ère post-pandémique, nous deviendrons plus conscients des conséquences de nos choix et habitudes et déciderons de réprimer certaines formes de consommation. À l'opposé, quelques analystes prévoient un phénomène de « revenge buying », prenant la forme d'une explosion des dépenses après la fin des confinements, et prédisent un fort regain de nos instincts animaux et un retour à la situation qui prévalait avant la pandémie. Le « revenge buying » n'a pas encore eu lieu. Peut-être n'arrivera-t-il pas du tout si un sentiment de retenue s'installe d'abord.

L'argument sous-jacent qui soutient cette hypothèse est celui auquel nous avons fait référence dans le chapitre sur la réinitialisation environnementale : la pandémie a radicalement ouvert les yeux au grand public sur la gravité des risques liés à la dégradation de l'environnement et au changement climatique.

Une prise de conscience accrue et une grave inquiétude concernant l'inégalité, associées à la compréhension que la menace de troubles sociaux est réelle, immédiate et à notre porte, pourraient avoir le même effet. Lorsqu'un point de bascule est atteint, l'inégalité extrême commence à éroder le contrat social et se traduit de plus en plus par des comportements antisociaux (voire criminels) souvent dirigés contre la propriété. En conséquence, il faut envisager l'évolution des modes de consommation. Comment cela pourrait-il se dérouler ? La consommation ostentatoire pourrait tomber en disgrâce. Le fait de disposer du modèle le plus récent de n'importe quel objet ne sera plus un signe de statut mais sera considéré, au mieux, comme déconnecté de la réalité et, au pire, comme purement et simplement obscène. Les signaux pourraient être complètement inversés. Projeter un message sur soi-même par le biais d'un achat et faire étalage de choses coûteuses pourrait tout simplement appartenir au passé. En termes simples, dans un monde post-pandémique assailli par le chômage, les inégalités insupportables et l'angoisse au sujet de l'environnement, l'étalage ostentatoire de richesses ne sera plus acceptable.

La voie à suivre pourrait s'inspirer de l'exemple du Japon et de quelques autres pays. Les économistes s'inquiètent constamment de la possible « japonisation » du monde (à laquelle nous avons fait référence dans la section macro), mais un exemple de japonisation beaucoup plus positif existe et nous donne une idée de la direction que nous pourrions vouloir prendre en matière de consommation. Le Japon possède deux caractéristiques distinctes qui sont étroitement liées : il a l'un des niveaux d'inégalité les plus faibles parmi les pays à revenu élevé et, depuis l'éclatement de la bulle spéculative à la fin des années 1980, il se distingue par un niveau de consommation ostentatoire plus faible. Aujourd'hui, la valeur positive du minimalisme (rendue virale par la série de Marie Kondo), la recherche permanente d'un sens et d'un but à la vie (*ikigai*) et l'importance de la nature et de la pratique du bain de forêt(*shirin-yoku*) sont imitées dans de nombreuses régions du monde, même si elles adoptent toutes un mode de vie japonais relativement plus « frugal » par rapport aux sociétés plus consuméristes. Un phénomène similaire peut être observé dans les pays nordiques, où la consommation ostentatoire est mal vue et réprimée. Mais rien de tout cela ne les rend moins heureux, bien au contraire.[161] Comme ne cessent de le rappeler les psychologues et les économistes du comportement, la surconsommation n'est pas synonyme de bonheur. Il pourrait s'agir d'une autre réinitialisation personnelle : comprendre qu'une consommation ostentatoire ou excessive, quelle qu'elle soit, n'est bonne ni pour nous ni pour notre planète, et prendre alors conscience que le sentiment d'épanouissement et de satisfaction personnels ne doit pas nécessairement dépendre d'une consommation incessante ; ce serait peut-être même tout le contraire.

3.3.4. La nature et le bien-être

La pandémie s'est avérée être un exercice en temps réel pour gérer notre anxiété et nos craintes pendant une période de confusion et d'incertitude extraordinaires. Un message clair en est ressorti : la nature est un formidable antidote à de nombreux maux actuels. Des recherches récentes et exhaustives expliquent de façon incontestable pourquoi il en est ainsi. Neuroscientifiques, psychologues, médecins, biologistes et microbiologistes, spécialistes des performances physiques, économistes, sociologues : tous, dans leurs domaines respectifs, peuvent désormais expliquer pourquoi la nature nous fait du bien, comment elle atténue la douleur physique et psychologique et pourquoi elle est associée à tant de bienfaits en termes de bien-être physique et mental. Inversement, ils peuvent aussi démontrer pourquoi le fait d'être éloigné de la nature dans toute sa richesse et sa variété - faune, arbres, animaux et plantes - a un effet négatif sur notre esprit, notre corps, notre vie émotionnelle et notre santé mentale.[162]

La COVID-19 et les rappels constants des autorités sanitaires de marcher ou de faire de l'exercice chaque jour pour garder la forme placent ces considérations au premier plan. Tout comme les myriades de témoignages individuels recueillis pendant les périodes de confinement, qui montrent à quel point les habitants des villes aspiraient à la verdure : une forêt, un parc, un jardin ou simplement un arbre. Même dans les pays où le régime de confinement était le plus strict, comme en France, les autorités sanitaires insistaient sur la nécessité de passer un peu de temps à l'extérieur chaque jour. Dans l'ère post-pandémique, beaucoup moins de personnes ignoreront le rôle central et essentiel de la nature dans leur vie. La pandémie a rendu cette prise de conscience possible à grande échelle (car aujourd'hui presque tout le monde est au courant). Cela permettra de créer des liens plus profonds et plus personnels au niveau individuel avec les éléments « macro » que nous avons évoqués plus tôt concernant la préservation de nos écosystèmes et la nécessité de produire et de consommer de manière respectueuse de l'environnement. Nous savons maintenant que sans accès à la nature et à tout ce qu'elle a à offrir en termes de biodiversité, notre potentiel de bien-être physique et mental est gravement compromis.

Tout au long de la pandémie, il nous a été rappelé que les règles de distanciation sociale, de lavage des mains et de port de masque (plus l'auto-isolement pour les personnes les plus vulnérables) sont les outils standard pour se protéger de la COVID-19. Cependant, deux autres facteurs essentiels qui dépendent fortement de notre exposition à la nature jouent également un rôle vital dans notre résistance physique au virus : l'immunité et l'inflammation. Les deux contribuent à nous protéger, mais l'immunité diminue avec l'âge, tandis que l'inflammation augmente. Pour améliorer nos chances de résister au virus, l'immunité doit être renforcée et l'inflammation supprimée. Quel est le rôle de la nature dans ce scénario ? C'est elle qui mène la danse, affirme désormais ! Le faible niveau d'inflammation constante que connaît notre corps entraîne toutes sortes de maladies et de troubles, allant des maladies cardiovasculaires à la dépression et à l'affaiblissement du système immunitaire. Cette inflammation résiduelle est plus fréquente chez les personnes qui vivent dans les villes, les environnements urbains et les zones industrialisées. Il est maintenant établi que le manque de connexion avec la nature est un facteur contribuant à une plus grande inflammation, des études montrant que deux heures à peine passées dans une forêt peuvent atténuer l'inflammation en abaissant les niveaux de cytokines (un marqueur de l'inflammation).[163]

Tout cela se résume à des choix de vie : non seulement le temps que nous passons dans la nature, mais aussi ce que nous mangeons, comment nous dormons, à quelle fréquence nous faisons de l'exercice. Ce sont des choix qui laissent entrevoir un constat encourageant : vieillir n'est pas forcément une fatalité. De nombreuses recherches montrent que la nature, l'alimentation et l'exercice physique combinés peuvent ralentir, voire parfois inverser, notre déclin biologique. Il n'y a rien de fataliste là-dedans ! L'exercice, la nature, les aliments non transformés... Ils ont tous le double avantage d'améliorer l'immunité et de supprimer l'inflammation.[164] Cela concorde avec ce que nous venons de dire sur les habitudes de consommation. Il serait surprenant que toutes ces nouvelles preuves ne conduisent pas à une plus grande sensibilisation à la consommation responsable. Au moins, la direction que prend la tendance - moins de déprédation, plus de durabilité - semble claire.

La réinitialisation pour les individus : la pandémie a attiré notre attention sur l'importance de la nature. À l'avenir, il deviendra progressivement primordial d'accorder une plus grande attention à nos atouts naturels.

CONCLUSION

En juin 2020, à peine six mois après le début de la pandémie, le monde n'est plus celui que nous connaissions. Dans ce court laps de temps, la COVID-19 a à la fois déclenché des changements considérables et amplifié les divisions qui assaillent déjà nos économies et nos sociétés. Des inégalités croissantes, un sentiment d'injustice généralisé, l'approfondissement des clivages géopolitiques, la polarisation politique, des déficits publics croissants et des niveaux d'endettement élevés, une gouvernance mondiale inefficace ou inexistante, une financiarisation excessive, la dégradation de l'environnement : tels sont quelques-uns des défis majeurs qui existaient avant la pandémie. La crise du coronavirus les a tous exacerbés. La débâcle de la COVID-19 pourrait-elle être l'éclair avant le tonnerre ? Aurait-elle la force de déclencher une série de changements profonds ? Nous ne pouvons pas savoir à quoi ressemblera le monde dans dix mois, encore moins dans dix ans, mais ce que nous savons, c'est que si nous ne faisons rien pour réinitialiser le monde d'aujourd'hui, celui de demain sera profondément touché. Dans la *Chronique d'une mort annoncée* de Gabriel Garcia Marquez, un village entier prévoit une catastrophe imminente, et pourtant aucun des villageois ne semble capable ou désireux d'agir pour l'empêcher, jusqu'à ce qu'il soit trop tard. Nous ne voulons pas être ce village. Pour éviter d'en arriver là, nous devons sans tarder mettre en route la Grande réinitialisation. Ce n'est pas un « bonus » mais une nécessité absolue. Ne pas traiter et réparer les maux profondément enracinés de nos sociétés et de nos économies pourrait accroître le risque, comme tout au long de l'histoire, d'une réinitialisation finalement imposée par des chocs violents comme des conflits et même des révolutions. Il nous incombe de prendre le taureau par les cornes. La pandémie nous donne cette chance : elle « représente une fenêtre d'opportunité rare mais étroite pour réfléchir, réimaginer et réinitialiser notre monde. »[165]

La crise profonde provoquée par la pandémie nous a donné de nombreuses occasions de réfléchir à la manière dont nos économies et nos sociétés fonctionnent et aux impasses qu'elles rencontrent. Le verdict semble clair : nous devons changer. Mais en sommes-nous capables ? Allons-nous tirer les leçons des erreurs que nous avons commises dans le passé ? La pandémie ouvrira-t-elle la porte à un avenir meilleur ? Allons-nous mettre de l'ordre dans notre grande maison, le monde ? En termes simples, allons-nous mettre en œuvre la Grande réinitialisation ? Cette réinitialisation est une tâche ambitieuse, peut-être trop ambitieuse, mais nous n'avons pas d'autre choix que de faire tout notre possible pour l'accomplir. Il s'agit de rendre le monde moins clivant, moins polluant, moins destructeur, plus inclusif, plus équitable et plus juste que celui dans lequel nous vivions à l'ère pré-pandémique. Ne rien faire, ou trop peu, revient à avancer aveuglément vers toujours plus d'inégalités sociales, de déséquilibres économiques, d'injustice et de dégradation de l'environnement. Ne pas agir équivaudrait à laisser notre monde devenir plus méchant, plus divisé, plus dangereux, plus égoïste et tout simplement insupportable pour de larges segments de la population mondiale. Ne rien faire n'est pas une option viable.

La Grande réinitialisation est loin d'être une affaire conclue cependant. Certains pourraient rejeter la nécessité de suivre cette voie, craignant l'ampleur de la tâche et espérant que le sentiment d'urgence s'estompera et que la situation reviendra bientôt à la « normale ». L'argument en faveur de la passivité est le suivant : nous avons déjà traversé des chocs similaires - des pandémies, des récessions brutales, des divisions géopolitiques et des tensions sociales - et nous les traverserons à nouveau. Comme toujours, les sociétés vont se reconstruire, et nos économies aussi. La vie continue ! Les arguments allant à l'encontre de la réinitialisation sont également fondés sur la conviction que le monde ne va pas si mal et que régler quelques détails suffira à l'améliorer. Il est vrai que l'état du monde est en moyenne bien meilleur aujourd'hui que par le passé. Il faut l'admettre, en tant qu'êtres humains, nous n'avons jamais eu une telle chance. Presque tous les indicateurs clés qui mesurent notre bien-être collectif (comme le nombre de personnes en situation de pauvreté ou mourant en raison de conflits, le PIB par habitant, l'espérance de vie ou le taux d'alphabétisation, et même le nombre de décès causés par des pandémies) n'ont cessé de s'améliorer au cours des siècles passés, et ce de manière impressionnante au cours des dernières décennies. Mais ces améliorations ne concernent que la moyenne - une réalité statistique qui n'a aucun sens pour ceux qui se sentent (et sont si souvent) exclus. Par conséquent, la conviction que le monde d'aujourd'hui est meilleur qu'il ne l'a jamais été, bien qu'elle soit correcte, ne peut servir d'excuse pour se contenter du statu quo et ne pas remédier aux nombreux maux qui continuent à affliger notre monde.

La mort tragique de George Floyd (un Afro-Américain tué par un policier en mai 2020) illustre parfaitement ce point. C'est le premier domino ou la dernière goutte d'eau qui a marqué un point de bascule important, au cours duquel un sentiment d'injustice profond et accumulé, ressenti par la communauté afro-américaine des États-Unis, a finalement explosé sous la forme de protestations massives. Leur faire remarquer qu'en « moyenne » leur sort est meilleur aujourd'hui que par le passé aurait-il apaisé leur colère ? Bien sûr que non ! Ce qui importe pour les Afro-Américains, c'est leur situation *actuelle*, et non pas la mesure dans laquelle leur condition s'est « améliorée » par rapport à il y a 150 ans, lorsque beaucoup de leurs ancêtres étaient réduits à l'esclavage (aboli aux États-Unis en 1865), ou même il y a 50 ans, lorsque se marier avec un Américain blanc était illégal (le mariage interracial n'est devenu légal dans tous les États qu'en 1967). Deux points peuvent être reliés à la Grande réinitialisation ici : 1) nos actions et réactions humaines ne sont pas ancrées dans des données statistiques mais sont plutôt déterminées par des émotions et des sentiments - les récits déterminent notre comportement ; et 2) à mesure que notre condition humaine s'améliore, notre niveau de vie augmente, ainsi que nos attentes d'une vie meilleure et plus juste.

En ce sens, les vastes manifestations sociales qui ont eu lieu en juin 2020 reflètent le besoin urgent de s'engager dans la Grande réinitialisation. En établissant un lien entre un risque épidémiologique (COVID-19) et un risque sociétal (manifestations), elles ont clairement montré que, dans le monde actuel, c'est la connectivité systémique entre les risques, les problèmes, les défis et aussi les opportunités qui importe et détermine l'avenir. Au cours des premiers mois de la pandémie, l'attention du public s'est naturellement portée sur les effets épidémiologiques et sanitaires de la COVID-19. Mais, à l'avenir, les problèmes les plus importants concerneront l'enchaînement des risques économiques, géopolitiques, sociétaux, environnementaux et technologiques qui découleront de la pandémie, et de leur impact permanent sur les entreprises et les individus.

Il est indéniable que le virus à l'origine de de la COVID-19 a dans la majorité des cas été une catastrophe personnelle pour les millions de personnes qu'il a infectées, ainsi que pour leurs familles et leurs communautés. Toutefois, au niveau mondial, si l'on considère le pourcentage de la population mondiale touchée, la crise du coronavirus est (jusqu'à présent) l'une des pandémies les moins meurtrières que le monde ait connues au cours des 2 000 dernières années. Selon toute vraisemblance, à moins que la pandémie n'évolue de manière imprévue, les conséquences de la COVID-19 en termes de santé et de mortalité seront légères par rapport aux pandémies précédentes. Fin juin 2020 (alors que l'épidémie fait toujours rage en Amérique latine, en Asie du Sud et dans une grande partie des États-Unis), la COVID-19 a tué moins de 0,006 % de la population mondiale. Pour replacer ce chiffre bas dans son contexte en termes de mortalité, la grippe espagnole a tué 2,7 % de la population mondiale et le VIH/SIDA 0,6 % (de 1981 à aujourd'hui). La peste de Justinien, depuis ses débuts en 541 jusqu'à sa disparition définitive en 750, a tué près d'un tiers de la population de Byzance selon diverses estimations, et la peste noire (1347-1351) aurait tué entre 30 et 40 % de la population mondiale de l'époque. La pandémie de COVID-19 est différente. Elle ne constitue pas une menace existentielle, ni un choc qui laissera son empreinte sur la population mondiale pendant des décennies. Elle comporte cependant des perspectives inquiétantes pour toutes les raisons déjà mentionnées ; dans le monde interdépendant d'aujourd'hui, les risques se confondent, amplifiant leurs effets réciproques et magnifiant leurs conséquences. Nous ignorons en grande partie ce qui va se passer, mais nous pouvons être sûrs de ce qui suit : dans le monde post-pandémique, des questions d'équité vont se poser, allant de la stagnation des revenus réels pour une grande majorité à la redéfinition de nos contrats sociaux. De même, de profondes préoccupations concernant l'environnement ou des questions sur la manière dont la technologie peut être déployée et gérée au profit de la société feront leur chemin dans l'agenda politique. Toutes ces questions sont antérieures à la pandémie, mais la COVID-19 les a mises à nu et amplifiées. La direction que prennent les tendances n'a pas changé mais, dans le sillage de la COVID-19, elle est devenue beaucoup plus rapide.

CONCLUSION

La condition préalable absolue pour une réinitialisation appropriée est une collaboration et une coopération accrues au sein des pays et entre eux. La coopération - une « capacité cognitive propre à l'humain » qui a mis notre espèce sur sa trajectoire unique et extraordinaire - peut se résumer à une « intention partagée » d'agir ensemble vers un but commun.[166] Nous ne pouvons tout simplement pas progresser sans elle. L'ère post-pandémique sera-t-elle caractérisée par une coopération supérieure ou réduite ? Il existe un risque très réel que le monde de demain soit encore plus divisé, nationaliste et sujet à des conflits qu'il ne l'est aujourd'hui. Bon nombre des tendances examinées dans la section « macro » suggèrent que, à l'avenir, notre monde sera moins ouvert et moins coopératif qu'avant la pandémie. Mais un autre scénario est possible, dans lequel une action collective au sein des communautés et une plus grande collaboration entre les nations permettront une sortie plus rapide et plus pacifique de la crise du coronavirus. Le redémarrage des économies offre la possibilité d'intégrer plus d'égalité sociétale et de durabilité dans la reprise, en accélérant plutôt qu'en retardant les progrès vers les objectifs de développement durable de 2030 et en déclenchant une nouvelle ère de prospérité.[167] Qu'est-ce qui pourrait rendre cela possible et augmenter la probabilité d'un tel résultat ?

Le fait de voir les échecs et les failles sous la lumière crue apportée par la crise du coronavirus peut nous obliger à agir plus rapidement en remplaçant les idées, les institutions, les processus et les règles qui ont échoué par de nouvelles mieux adaptées aux besoins actuels et futurs. C'est l'essence même de la Grande réinitialisation. L'expérience de la pandémie, partagée au niveau mondial, pourrait-elle contribuer à atténuer certains des problèmes que nous avions au début de la crise ? Une société meilleure peut-elle émerger du confinement ? C'est ce que pense Amartya Sen, lauréat du prix Nobel d'économie : « La nécessité d'agir ensemble peut certainement susciter une appréciation du rôle constructif de l'action publique »,[168] en citant comme preuve certains exemples, tels que la Seconde Guerre mondiale, qui ont fait prendre conscience de l'importance de la coopération internationale, et en convainquant des pays comme le Royaume-Uni des avantages d'une meilleure répartition de l'alimentation et des soins de santé (et de la création éventuelle de l'État providence). Jared Diamond, l'auteur de *Upheaval: How Nations Cope with Crisis and Change*, partage cet avis, espérant que la crise du coronavirus nous obligera à faire face à quatre risques existentiels auxquels nous sommes collectivement confrontés : 1) les menaces nucléaires ; 2) le changement climatique ; 3) l'utilisation non durable des ressources essentielles comme les forêts, les produits de la mer, la couche arable et l'eau douce ; et 4) les conséquences des énormes différences de niveau de vie entre les peuples du monde : « Aussi étrange que cela puisse paraître, la résolution de la crise pandémique peut nous motiver à nous attaquer à ces problèmes plus importants que nous avions jusqu'à présent hésité à affronter. Si la pandémie nous prépare enfin à faire face à ces menaces existentielles, le nuage noir du virus pourrait laisser entrevoir une lueur d'espoir. Parmi les conséquences du virus, elle pourrait s'avérer être la plus importante, la plus durable - et représenter une bonne raison d'espérer. »[169]

Ces expressions d'espoir individuel sont soutenues par une multitude d'enquêtes concluant que nous souhaitons collectivement le changement. Elles vont d'un sondage au Royaume-Uni montrant qu'une majorité de personnes souhaitent modifier fondamentalement l'économie au fur et à mesure de sa reprise, alors qu'un quart d'entre elles souhaitent qu'elle redevienne comme avant[170], à des enquêtes internationales révélant qu'une grande majorité de citoyens du monde entier souhaitent que la reprise économique suite à la crise du coronavirus accorde la priorité au changement climatique[171] et soutienne une reprise verte.[172] Dans le monde entier, les mouvements réclamant un « avenir meilleur » et appelant à un passage à un système économique qui donne la priorité à notre bien-être collectif plutôt qu'à la simple croissance du PIB se multiplient.

*****

Nous sommes maintenant à la croisée des chemins. Une seule voie nous mènera vers un monde meilleur : plus inclusif, plus équitable et plus respectueux de Mère Nature. L'autre nous conduira dans un monde semblable à celui que nous venons de laisser derrière nous - mais en pire et constamment jalonné de mauvaises surprises. Nous devons donc faire les choses correctement. Les défis qui se profilent à l'horizon pourraient être plus conséquents que ce que nous avons choisi d'imaginer jusqu'à présent, mais notre aptitude à repartir de zéro pourrait également être meilleure que ce que nous avions osé espérer auparavant.

REMERCIEMENTS

Les auteurs tiennent à remercier Mary Anne Malleret pour sa précieuse contribution au manuscrit et pour avoir largement amélioré son style général, grâce à sa « plume », et Hilde Schwab, pour avoir tenu le rôle de lecteur critique. Ils souhaitent également remercier Camille Martin de Monthly Barometer pour son aide à la recherche, et Fabienne Stassen, qui a édité le livre avec diligence et le souci du détail, malgré des contraintes de temps évidentes.

Nous remercions également les nombreux collègues du Forum Économique Mondial qui ont apporté leurs conseils sur ce livre, et l'ont lu, revu, mis en page, conçu, publié et promu. Ils comprennent des collègues des bureaux de San Francisco, New York, Genève, Pékin et Tokyo, ainsi que des spécialistes de l'économie, de la société, de la technologie, de la santé publique et des politiques publiques. Nous remercions tout particulièrement Kelly Ommundsen et Peter Vanham du bureau du président du Forum Économique Mondial.

Enfin, les réactions des membres du Forum venus du monde entier et de personnes d'horizons très différents ont contribué à faire de ce livre ce qu'il est, espérons-le : à savoir un ouvrage opportun, équilibré et instructif sur le plus important défi de santé publique auquel le monde a fait face, et continue de le faire, en un siècle, et sur les moyens de le relever et d'en atténuer l'impact à l'avenir.

Klaus Schwab et Thierry Malleret

Genève, juillet 2020

NOTES DE FIN DE
DOCUMENT

1 Snowden, Frank, *Epidemics and Society: From the Black Death to the Present*, Yale University Press, 2019.

2 Tuchman, Barbara, *A Distant Mirror - The Calamitous 14th Century*, Random House Trade Paperbacks ; Réédition, 1987.

3 Solana, Javier, « Our Finest Hour », Project Syndicate, 28 mars 2020, https://www.project-syndicate.org/commentary/global-socioeconomic-landscape-after-covid19-pandemic-by-javier-solana-2020-03.

4 Camus, Albert, *La Peste*, Éditions Gallimard, 1947, p65.

5 Mahbubani, Kishore, *The Great Convergence: Asia, the West, and the Logic of One World*, PublicAffairs, Perseus Books Group, 2013.

6 Forum Économique Mondial, *The Global Risks Report 2020*, Insight Report, 15ème édition, http://www3.weforum.org/docs/WEF_Global_Risk_Report_2020.pdf.

7 Wharton University of Pennsylvania, Risk Management and Decision Processes Center, « The Ostrich Paradox: Why We Underprepare for Disasters », Issue Brief, mai 2018, https://riskcenter.wharton.upenn.edu/wp-content/uploads/2019/03/Ostrich-Paradox-issue-brief.pdf.

8   Wagenaar, William A. et Sabato D. Sagaria, « Misperception of exponential growth », *Perception & Psychophysics*, vol. 18, 1975, pp. 416-422, https://link.springer.com/article/10.3758/BF03204114.

9   CDC, « 2019-2020 U.S. Flu Season: Preliminary Burden Estimates », https://www.cdc.gov/flu/about/burden/preliminary-in-season-estimates.htm

10   Johns Hopkins University & Medicine, Coronavirus Resource Center, « COVID-19 Dashboard by the Center for Systems Science and Engineering (CSSE) at Johns Hopkins University (JHU) », 24 juin 2020.

11   Simon, Herbert, « The Architecture of Complexity », *Proceedings of the American Philosophical Society*, vol. 106, n° 6, 1962, p. 467-482.

12   Malleret, Thierry, *Disequilibrium: A World Out of Kilter*, BookBaby, 2012.

13   Contrairement aux événements de type « cygne blanc », qui sont certains, les événements de type « cygne noir » sont très rares, difficiles à prévoir (non probabilistes) et ont des conséquences démesurées. Ils sont appelés « cygnes noirs » en référence au fait que l'on présumait que ces cygnes n'existaient pas jusqu'à ce que les explorateurs néerlandais les découvrent en Australie occidentale à la fin du 17ème siècle.

14   Webb, Richard, « Quantum physics », *New Scientist*, s.d., https://www.newscientist.com/term/quantum-physics/#.

15   Projet Gutenberg, « Journal de l'année de la peste par Daniel Defoe », http://www.gutenberg.org/ebooks/376.

16   Jordison, Sam, « Defoe's Plague Year was written in 1722 but speaks clearly to our time », *The Guardian*, 5 mai 2020, https://www.theguardian.com/books/books-blog/2020/may/05/defoe-a-journal-of-the-plague-year-1722-our-time.

17   Schama, Simon, « Plague time: Simon Schama on what history tells us », *Financial Times*, 10 avril 2020, https://www.ft.com/content/279dee4a-740b-11ea-95fe-fcd274e-920ca.

18   Jordà, Òscar, Sanjay R. Singh et Alan M. Taylor, "Longer-Run Economic Consequences of Pandemics", Federal Reserve Bank de San Francisco, document de travail 2020-09, 2020, https://www.frbsf.org/economic-research/files/wp2020-09.pdf.

19   Bloomberg, « Coronavirus is likely to become a Seasonal Infection Like the Flu, Top Chinese Scientists Warn », *Time*, 28 avril 2020, https://time.com/5828325/coronavirus-covid19-seasonal-asymptomatic-carriers.

20   Kristof, Nicholas, « Let's Remember That the Coronavirus Is Still a Mystery », *The New York Times*, 20 mai 2020, https://www.nytimes.com/2020/05/20/opinion/us-coronavirus-reopening.html.

21   Draulans, Dirk, « 'Enfin, un virus m'a eu. Scientist who fought Ebola and HIV reflects on facing death from COVID-19 », *Science*, 8 mai 2020, https://www.sciencemag.org/news/2020/05/finally-virus-got-me-scientist-who-fought-ebola-and-hiv-reflects-facing-death-covid-19#.

22   Moore, Kristine, et al., *COVID-19: The CIDRAP View-point*, Center for Infectious Disease Research and Policy (CIDRAP), 2020, https://www.cidrap.umn.edu/sites/default/files/public/downloads/cidrap-covid19-viewpoint-part1_0.pdf.

23   Cherukupalli, Rajeev et Tom Frieden, "Only Saving Lives Will Save Livelihoods", *Foreign Affairs*, 13 mai 2020, https://www.foreignaffairs.com/articles/united-states/2020-05-13/only-saving-lives-will-save-livelihoods.

24   Badger, Emily et Alicia Parlapiano, « Government Orders Alone Didn't Close the Economy. They Probably Can't Reopen It », *The New York Times*, mise à jour du 9 mai 2020, https://www.nytimes.com/2020/05/07/upshot/pandemic-economy-government-orders.html.

25   Wighton, Kate, « Lockdown and school closures in Europe may have prevented 3.1m deaths », Imperial College London, 8 juin 2020, https://www.imperial.ac.uk/news/198074/lockdown-school-closures-europe-have-prevented.

26   Hsiang, Solomon, et al., « The effect of large-scale anti-contagion policies on the COVID-19 pandemic », *Nature*, 8 juin 2020, https://www.nature.com/articles/s41586-020-2404-8.

27   Goodman, Peter S., « Why the Global Recession Could Last a Long Time », *The New York Times*, 1er avril 2020, https://www.nytimes.com/2020/04/01/business/economy/coronavirus-recession.html.

28 Organisation de coopération et de développement économiques (OCDE), « Evaluating the initial impact ofCOVID-19 containment measures on economic activity », 10 juin 2020, https://read.oecd-ilibrary.org/view/?ref=126_126496-evgsi2gmqj&title=Evaluating_the_initial_impact_of_COVID-19_containment_measures_on_economic_activity.

29 CPB Netherlands Bureau for Economic Policy Analysis, « Scenarios economic consequences corona crisis », CPB Scenarios, mars 2020, https://www.cpb.nl/sites/default/files/omnidownload/CPB-Scenarios-March-2020-Scenarios-economic-consequences-corona-crisis.pdf.

30 Fonds monétaire international, « Mise à jour des perspectives de l'économie mondiale », juin 2020, https://www.imf.org/en/Publications/WEO/Issues/2020/06/24/WEOUpdateJune2020.

31 Politi, James, « What to know about America's newly unemployed », *Financial Times*, 21 mai 2020, https://www.ft.com/content/5924441b-1cb6-4fbd-891b-0afb07e163d7.

32 Frey, Carl Benedikt, « Covid-19 will only increase automation anxiety », *Financial Times*, 21 avril 2020, https://www.ft.com/content/817228a2-82e1-11ea-b6e9-a94cffd1d9bf.

33 Jaimovich, Nir et Henry E. Siu, « Job Polarization and Jobless Recoveries », National Bureau of Economic Research (NBER), Working Paper 18334, révision de novembre 2018, https://www.nber.org/papers/w18334.pdf.

34 Coyle, Diane et Benjamin Mitra-Khan, « Making the Future Count », mimeo, 2017.

35 Boffey, Daniel, « Amsterdam to embrace 'doughnut' model to mend post-coronavirus economy », *The Guardian*, 8 avril 2020, https://www.theguardian.com/world/2020/apr/08/amsterdam-doughnut-model-mend-post-coronavirus-economy.

36 Banerjee, Abhijit V. et Esther Duflo, *Good Economics for Hard Times*, PublicAffairs, 2019.

37 Ibid.

38 Commission sur la croissance et le développement, *The Growth Report: Strategies for Sustained Growth and Inclusive Development*, Banque mondiale, 2008 ; Hallward-Driemeier, Mary et Gaurav Nayyar, *Trouble in the Making? The Future of Manufacturing-Led Development*, Groupe de la Banque mondiale, 2018.

39 Fondation Ellen MacArthur, « What is a circular economy? », 2017, https://www.ellenmacarthurfoundation.org/circular-economy/concept.

40 Comme le prouve la Plateforme d'accélération de l'économie circulaire (PACE), voir https://pacecircular.org.

41 Confédération internationale des syndicats (ITCU), « Investing in the Care Economy: A Pathway to Growth », 8 mars 2016, https://www.ituc-csi.org/investing-in-the-care-economy-a.

42 Cassidy, John, « Can We Have Prosperity Without Growth? », *The New Yorker*, 3 février 2020, https://www.newyorker.com/magazine/2020/02/10/can-we-have-prosperity-without-growth.

43 Degrowth, « Décroissance : de nouveaux fondements pour l'économie », 2020, https://www.degrowth.info/en/open-letter.

44 McAfee, Andrew, *More from Less*, Simon & Schuster, Inc. 2019.

45 Blanchard, Olivier, « Designing the fiscal response to the COVID-19 pandemic », Peterson Institute for International Economics (PIIE), Briefing 20-1, 8 avril 2020.

46 Reinhart, Carmen M. et Kenneth Rogoff, « The Coronavirus Debt Threat », *The Wall Street Journal*, 26 mars 2020, https://www.wsj.com/articles/the-coronavirus-debt-threat-11585262515.

47 Reinhart, Carmen M., « This Time Truly Is Different », Project Syndicate, 23 mars 2020, https://www.project-syndicate.org/commentary/covid19-crisis-has-no-economic-precedent-by-carmen-reinhart-2020-03.

48 Saez, Emmanuel et Gabriel Zucman, « Keeping Business Alive: The Government Will Pay », révision du 16 mars 2020, http://gabriel-zucman.eu/files/coronavirus2.pdf.

49 Les taux d'intérêt effectifs fortement négatifs devraient être soutenus par des mesures visant à empêcher les entreprises financières d'accumuler des liquidités, voir Rogoff, Kenneth, « The Case for Deeply Negative Interest Rates », Project Syndicate, 4 mai 2020, https://www.project-syndicate.org/commentary/advanced-economies-need-deeply-negative-interest-rates-by-kenneth-rogoff-2020-05.

50 Blanchard, Olivier, « Is there deflation or inflation in our future? », VOX, 24 avril 2020, https://voxeu.org/article/there-deflation-or-inflation-our-future.

51 Sharma, Ruchir, « Elizabeth Warren and Donald Trump Are Wrong About the Same Thing », *The New York Times*, 24 juin 2019, https://www.nytimes.com/2019/06/24/opinion/elizabeth-warren-donald-trump-dollar-devalue.html.

52 Kumar, Aditi et Eric Rosenbach, « Could China's Digital Currency Unseat the Dollar ? », *Foreign Affairs*, 20 mai 2020, https://www.foreignaffairs.com/articles/china/2020-05-20/could-chinas-digital-currency-unseat-dollar.

53 Paulson Jr., Henry M., « The Future of the Dollar », *Foreign Affairs*, 19 mai 2020, https://www.foreignaffairs.com/articles/2020-05-19/future-dollar.

54 Eichengreen, Barry, Arnaud Mehl et Livia Chiţu, « Mars or Mercury? The geopolitics of international currency choice », VOX, 2 janvier 2018, https://voxeu.org/article/geopolitics-international-currency-choice.

55 Kissinger, Henry A., « The Coronavirus Pandemic Will Forever Alter the World Order », *The Wall Street Journal*, 3 avril 2020, https://www.wsj.com/articles/the-coronavirus-pandemic-will-forever-alter-the-world-order-11585953005.

56 L'expression a été utilisée, ainsi que démystifiée, à plusieurs reprises. Pour un exemple précis, voir Jones, Owen, « Coronavirus is not some great leveller: it is exacerbating inequality right now », *The Guardian*, 9 avril 2020, https://www.theguardian.com/commentisfree/2020/apr/09/coronavirus-inequality-managers-zoom-cleaners-offices.

57 El-Erian, Mohamed A. et Michael Spence, « The Great Unequalizer », *Foreign Affairs*, 1er juin 2020, https://www.foreignaffairs.com/articles/united-states/2020-06-01/great-unequalizer.

58 Dingel, Jonathan I. et Brent Neiman, « How Many Jobs Can be Done at Home? », Institut Becker Friedman, Livre blanc, juin 2020, https://bfi.uchicago.edu/wp-content/uploads/BFI_White-Paper_Dingel_Neiman_3.2020.pdf.

59 Deaton, Angus, « We may not all be equal in the eyes of coronavirus », *Financial Times*, 5 avril 2020, https://www.ft.com/content/0c8bbe82-6dff-11ea-89df-41bea055720b.

60 Milanovic, Branko, « The Real Pandemic Danger Is Social Collapse », *Foreign Affairs*, 19 mars 2020, https://www.foreignaffairs.com/articles/2020-03-19/real-pandemic-danger-social-collapse.

61 Selon le Global Protest Tracker de la Fondation Carnegie pour la paix internationale, https://carnegieendowment.org/publications/interactive/protest-tracker.

62 Milne, Richard, « Coronavirus 'medicine' could trigger social breakdown », *Financial Times*, 26 mars 2020, https://www.ft.com/content/3b8ec9fe-6eb8-11ea-89df-41bea055720b.

63 Long, Heather et Andrew Van Dam, « The black-white economic divide is as wide as it was in 1968 », *The Washington Post*, 4 juin 2020, https://www.washingtonpost.com/business/2020/06/04/economic-divide-black-households.

64 McAdam, Doug, « Recruitment to High-Risk Activism: The Case of Freedom Summer », *American Journal of Sociology*, vol. 92, no 1, juillet 1986, p. 64-90, https://www.jstor.org/stable/2779717?seq=1.

65 Micklethwait, John et Adrian Wooldridge, « The Virus Should Wake Up the West », Bloomberg, 13 avril 2020, https://www.bloomberg.com/opinion/articles/2020-04-13/coronavirus-pandemic-is-wake-up-call-to-reinvent-the-state.

66 Knoeller, Herman, « The Power to Tax », *Marquette Law Review*, vol. 22, no. 3, avril 1938.

67 Murphy, Richard, « Tax and coronavirus : a tax justice perspective », Tax Research UK, 24 mars 2020, https://www.taxresearch.org.uk/Blog/2020/03/24/tax-and-coronavirus-a-tax-justice-perspective.

68 Mazzucato, Mariana, « The Covid-19 crisis is a chance to do capitalism differently », *The Guardian*, 18 mars 2020, https://www.theguardian.com/commentisfree/2020/mar/18/the-covid-19-crisis-is-a-chance-to-do-capitalism-differently.

69 Stiglitz, Joseph E., « A Lasting Remedy for the Covid-19 Pandemic's Economic Crisis », *The New York Review of Books*, 8 avril 2020, https://www.nybooks.com/daily/2020/04/08/a-lasting-remedy-for-the-covid-19-pandemics-economic-crisis.

70 C'est ce que montre notamment le Baromètre annuel de confiance Edelman, https://www.edelman.com/trustbarometer.

71 Deux exemples marquants émanent du Panel International sur le Progrès Social, *Rethinking Society for the 21st Century*, 2018, https://www.cambridge.org/gb/academic/subjects/politics-international-relations/political-economy/rethinking-society-21st-century-report-international-panel-social-progress,et de la Banque mondiale, *Toward a New Social Contract*, 2019, https://openknowledge.worldbank.org/bitstream/handle/10986/30393/9781464813535.pdf.

72 Kissinger, Henry A., « The Coronavirus Pandemic Will Forever Alter the World Order », *The Wall Street Journal*, 3 avril 2020 https://www.wsj.com/articles/the-coronavirus-pandemic-will-forever-alter-the-world-order-11585953005.

73 Hu, Katherine, « 'I Just Don't Think We Have the Luxury to Have Dreams Anymore », *The New York Times*, 24 mars 2020, https://www.nytimes.com/2020/03/24/opinion/coronavirus-recession-gen-z.html.

74 McNulty, Jennifer, « Youth activism is on the rise around the globe, and adults should pay attention, says author », UC Santa Cruz, 17 septembre 2019, https://news.ucsc.edu/2019/09/taft-youth.html.

75 À titre d'exemple, en septembre 2019, plus de 4 millions de jeunes ont manifesté simultanément dans 150 pays pour exiger une action urgente sur le changement climatique ; voir Sengupta, Somini, « Protesting Climate Change, Young People Take to Streets in a Global Strike », *The New York Times*, 20 septembre 2019, https://www.nytimes.com/2019/09/20/climate/global-climate-strike.html.

76 Pour une discussion sur les formes actuelles de nationalisme, voir Wimmer, Andreas, « Why Nationalism Works », *Foreign Affairs*, mars/avril 2019, https://www.foreignaffairs.com/articles/world/2019-02-12/why-nationalism-works.

77 Rudd, Kevin, « The Coming Post-COVID Anarchy », *Affaires étrangères*, 6 mai 2020, https://www.foreignaffairs.com/articles/united-states/2020-05-06/coming-post-covid-anarchy.

78 Rodrik, Dani, *The Globalization Paradox*, Oxford University Press, 2012.

79 Pastor, Lubos et Pietro Veronesi, « A rational backlash against globalisation », VOX, 28 septembre 2018, https://voxeu.org/article/rational-backlash-against-globalisation.

80 Huang, Yanzhong, « U.S. Dependence on Pharmaceutical Products From China », Council on Foreign Relations, Article de blog, 14 août 2019, https://www.cfr.org/blog/us-dependence-pharmaceutical-products-china.

81 Khanna, Parag, « Post-pandemic: welcome to the multi-speed world of regional disparities », *Global Geneva*, 26 avril 2020, https://www.global-geneva.com/post-pandemic-welcome-to-the-multi-speed-world-of-regional-disparities.

82 Global Business Alliance, « Inbound Investment Survey », mai 2020, https://globalbusiness.org/dmfile/GlobalBusinessAlliance_InboundInvestmentSurveyFindings_May2020.pdf.

83 Paulson, Henry, « Save globalisation to secure the future », *Financial Times*, 17 avril 2020, https://www.ft.com/content/da1f38dc-7fbc-11ea-b0fb-13524ae1056b.

84 Nations unies, Département des affaires économiques et sociales (DAES), Comité des politiques de développement, « Global governance and global rules for development in the post-2015 era », Note d'orientation, 2014, https://www.un.org/en/development/desa/policy/cdp/cdp_publications/2014cdppolicynote.pdf.

85 Subramanian, Arvind, « The Threat of Enfeebled Great Powers », Project Syndicate, 6 mai 2020, https://www.project-syndicate.org/commentary/covid19-will-weaken-united-states-china-and-europe-by-arvind-subramanian-2020-05.

86 Fukuyama, Francis, *Political Order and Political Decay: From the Industrial Revolution to the Globalization of Democracy*, Farrar, Straus et Giroux, 2014.

87 Shivshankar Menon, ancien conseiller indien à la sécurité nationale, cité dans l'article de Crabtree, James, « How coronavirus exposed the collapse of global leadership », *Nikkei Asian Review*, 15 avril 2020, https://asia.nikkei.com/Spotlight/Cover-Story/How-coronavirus-exposed-the-collapse-of-global-leadership.

88 Cabestan, Jean-Pierre, « China's Battle with Coronavirus: Possible Geopolitical Gains and Real Challenges », Centre d'études d'Aljazeera, 19 avril 2020, https://studies.aljazeera.net/en/reports/china's-battle-coronavirus-possible-geopolitical-gains-and-real-challenges.

89 Anderlini, Jamil, « Why China is losing the coronavirus narrative », *Financial Times*, 19 avril 2020, https://www.ft.com/content/8d7842fa-8082-11ea-82f6-150830b3b99a.

90 Kynge, James, Katrina Manson et James Politi, « US and China: edging towards a new type of cold war », *Financial Times*, 8 mai 2020, https://www.ft.com/content/fe59abf8-cbb8-4931-b224-56030586fb9a.

91 Lee Hsien Loong, « The Endangered Asian Century », *Foreign Affairs*, juillet/août 2020, https://www.foreignaffairs.com/articles/asia/2020-06-04/lee-hsien-loong-endangered-asian-century.

92 Fedrizzi, Alessandro et Massimiliano Proietti, « Quantum physics: our study suggests objective reality doesn't exist », *The Conversation*, 14 novembre 2019, https://theconversation.com/quantum-physics-our-study-suggests-objective-reality-doesnt-exist-126805.

93 Jiaming, Li, « Every move to stigmatize China evokes our historical memory », *Global Times*, 19 avril 2020, https://www.globaltimes.cn/content/1186037.shtml.

94 Bill of Rights Institute, « Founding Principles and Virtues », s.d., https://billofrightsinstitute.org/founding-documents/founding-principles.

95 Nye Jr, Joseph S., « No, the Coronavirus Will Not Change the Global Order », *Foreign Policy*, 16 avril 2020, https://foreignpolicy.com/2020/04/16/coronavirus-pandemic-china-united-states-power-competition

96 Le dernier livre de Mahbubani, *Has China Won? The Chinese Challenge to American Primacy*, PublicAffairs, est sorti en mars 2020, en pleine crise sanitaire.

97 Mahbubani, Kishore, « How China could win over the post-coronavirus world and leave the U.S. behind », MarketWatch, 18 avril 14, 2020, https://www.marketwatch.com/story/how-china-could-win-over-the-post-coronavirus-world-and-leave-the-us-behind-2020-04-14.

98 Sharma, Ruchir, « The Comeback Nation », *Foreign Affairs*, mai/juin 2020, https://www.foreignaffairs.com/articles/united-states/2020-03-31/comeback-nation.

99 Il s'agit du sous-titre de l'article de Kevin Rudd déjà cité : « The Coming Post-COVID Anarchy: The Pandemic Bodes Ill for Both American and Chinese Power – and for the Global Order », https://www.foreignaffairs.com/articles/united-states/2020-05-06/coming-post-covid-anarchy. Toutes les citations du paragraphe sont tirées de cet article.

100 Miyamoto, Takenori, « Interview: US is a mess but China isn't the solution: » Niall Ferguson, *Nikkei Asian Review*, 21 mai 2020, https://asia.nikkei.com/Editor-s-Picks/Interview/US-is-a-mess-but-China-isn-t-the-solution-Niall-Ferguson.

101 Signé, Landry, « A new approach is needed to defeat COVID-19 and fix fragile states », Brookings, 21 avril 2020, https://www.brookings.edu/blog/future-development/2020/04/21/a-new-approach-is-needed-to-defeat-covid-19-and-fix-fragile-states.

102 Comme indiqué dans *Monthly Barometer*, juin 2020.

103 Miller, Adam, « Call unanswered: A review of responses to the UN appeal for a global ceasefire », Armed Conflict Location & Event Data Project (ACLED), 13 mai 2020, https://acleddata.com/2020/05/13/call-unanswered-un-appeal.

104 Quammen, David, "We Made the Coronavirus Epidemic", *The New York Times*, 28 janvier 2020, https://www.nytimes.com/2020/01/28/opinion/coronavirus-china.html.

105 "Coronavirus and Wildlife Letter: Stimulus Package", 24 mars 2020, https://www.documentcloud.org/documents/6819003-CoronavirusWildlifeLetterStimulusPackage.html.

106 Forum Économique Mondial, "COVID-19 – Food/Nature/Climate", document interne, mai 2020.

107 Cui, Yan, et al., "Air pollution and case fatality of SARS in the People's Republic of China: an ecologic study", *Environmental Health*, vol. 2, no. 15, 2003, https://ehjournal.biomedcentral.com/articles/10.1186/1476-069X-2-15.

108 Friedman, Lisa, "New Research Links Air Pollution to Higher Coronavirus Death Rates", *The New York Times*, 7 avril 2020, https://www.nytimes.com/2020/04/07/climate/air-pollution-coronavirus-covid.html. L'article scientifique publié par les chercheurs de l'Université de Harvard est de Wu, Xiao, et al, «Exposure to air pollution and COVID-19 mortality in the United States: A nationwide cross-sectional study», Harvard T.H. Chan School of Public Health, mise à jour du 24 avril 2020, https://projects.iq.harvard.edu/covid-pm.

109 Agence internationale de l'énergie (AIE), *Global Energy Review 2020*, avril 2020, https://www.iea.org/reports/global-energy-review-2020.

110 Programme des Nations unies pour l'environnement (PNUE), *Emissions Gap Report 2019*, 2019, https://www.unenvironment.org/interactive/emissions-gap-report/2019.

111 S&P Global et RobecoSAM, *The Sustainability Yearbook 2020*, 2020, https://www.robeco.com/docm/docu-robecosam-sustainability-yearbook-2020.pdf.

112 Agence internationale de l'énergie (AIE), "How clean energy transitions can help kick-start economies", 23 avril 2020, https://www.iea.org/commentaries/how-clean-energy-transitions-can-help-kick-start-economies.

113 Hook, Leslie et Aleksandra Wisniewska, "How coronavirus stalled climate change momentum", *Financial Times*, 14 avril 2020, https://www.ft.com/content/052923d2-78c2-11ea-af44-daa3def9ae03.

114 Chenoweth, Erica, et al., "The global pandemic has spawnwned new forms of activism - and they're flourishing", *The Guardian*, 20 avril 2020, https://www.theguardian.com/commentisfree/2020/apr/20/the-global-pandemic-has-spawned-new-forms-of-activism-and-they-re-flourishing.

115 KSTP, "BP takes $17.5B hit as pandemic accelerates emissions cuts", 15 juin 2020, https://kstp.com/business/bp-takes-over-17-billion-dollar-hit-as-coronavirus-pandemic-accelerates-emissions-cuts/5760005/Hurst, Laura, "Supermajors find obstacles, and opportunities, as pandemic drags on", World Oil, 16 juin 2020, https://www.worldoil.com/news/2020/6/16/supermajors-find-obstacles-and-opportunities-as-pandemic-drags-on.

116 Commission européenne, "A European Green Deal", https://ec.europa.eu/info/strategy/priorities-2019-2024/european-green-deal_en.

117 Gray, Emily et Chris Jackson, "Two thirds of citizens around the world agree climate change is as serious a crisis as Coronavirus", Ipsos, 22 avril 2020, https://www.ipsos.com/en/two-thirds-citizens-around-world-agree-climate-change-serious-crisis-coronavirus.

118 Forum Économique Mondial, *COVID-19 Risks Outlook: A Preliminary Mapping and Its Implications*, Insight Report, mai 2020, http://www3.weforum.org/docs/WEF_COVID_19_Risks_Outlook_Special_Edition_Pages.pdf.

119 Se-jeong, Kim, "Seoul City to implement 'Green New Deal' to mitigate pandemic fallout", *The Korea Times*, mise à jour du 4 juin 2020, https://www.koreatimes.co.kr/www/nation/2020/06/281_290628.html.

120 Systemiq et le Forum Économique Mondial, "Building a Nature-Positive Future - Recommendations for Policy-makers to Reset the Economy through the Power of Natural Capital", juillet 2020.

121 Klaus Schwab, *La quatrième révolution industrielle*, Forum Économique Mondial, 2016, p. 9.

122 Tous deux cités dans l'article de Waters, Richard, « Lockdown has brought the digital future forward - but will we slip back », *Financial Times*, 1er mai 2020, https://www.ft.com/content/f1bf5ba5-1029-4252-9150-b4440478a2e7.

123 Frey, Carl Benedikt et Michael A. Osborne, « The future of employment: How susceptible are jobs to computerisation? », *Technological Forecasting and Social Change*, vol. 114, janvier 2017, pp. 254-280, https://www.sciencedirect.com/science/article/pii/S0040162516302244.

124 Heric, Michael, et autres, « Intelligent Automation: Getting Employees to Embrace the Bots », Bain & Company, 8 avril 2020, https://www.bain.com/insights/intelligent-automation-getting-employees-embrace-bots.

125 Chotiner, Isaac, « The Coronavirus and the Future of Big Tech », *The New Yorker*, 29 avril 2020, https://www.newyorker.com/news/q-and-a/the-coronavirus-and-the-future-of-big-tech.

126 Holmes, Oliver, et al., « Coronavirus mass surveillance could be here to stay, experts say », *The Guardian*, 18 juin 2020, https://www.theguardian.com/world/2020/jun/18/coronavirus-mass-surveillance-could-be-here-to-stay-tracking.

127 Harari, Yuval Noah, « The world after coronavirus », *Financial Times*, 20 mars 2020, https://www.ft.com/content/19d90308-6858-11ea-a3c9-1fe6fedcca75.

128 Ibid.

129 Morozov, Evgeny, « The tech 'solutions' for coronavirus take the surveillance state to the next level », *The Guardian*, 25 avril 2020, https://www.theguardian.com/commentisfree/2020/apr/15/tech-coronavirus-surveillance-state-digital-disrupt.

130 Thornhill, John, « How Covid-19 is accelerating the shift from transport to teleport », *Financial Times*, 30 mars 2020, https://www.ft.com/content/050ea832-7268-11ea-95fe-fcd274e920ca.

131 Sneader, Kevin et Shubham Singhal, « From thinking about the next normal to making it work: What to stop, start, and accelerate », McKinsey & Company, 15 mai 2020, https://www.mckinsey.com/featured-insights/leadership/from-thinking-about-the-next-normal-to-making-it-work-what-to-stop-start-and-accelerate#.

132 Cette anecdote apparaît dans l'article de Kulish, Nicholas et al., « The U.S. Tried to Build a New Fleet of Ventilators. The Mission Failed », *The New York Times*, mise à jour du 20 avril 2020, https://www.nytimes.com/2020/03/29/business/coronavirus-us-ventilator-shortage.html.

133 BlackRock, *Sustainable investing : resilience amid uncertainty*, 2020, https://www.blackrock.com/corporate/literature/investor-education/sustainable-investing-resilience.pdf.

134 Tett, Gillian, « Business faces stern test on ESG amid calls to 'build back better' », *Financial Times*, 18 mai 2020, https://www.ft.com/content/e97803b6-8eb4-11ea-af59-5283fc4c0cb0.

135 Strine, Leo et Dorothy Lund, « How to restore strength and fairness to our economy » reproduit dans « How Business Should Change After the Coronavirus Crisis », *The New York Times*, 10 avril 2020, https://www.nytimes.com/2020/04/10/business/dealbook/coronavirus-corporate-governance.html.

136 Schwab, Klaus, « Covid-19 is a litmus test for stakeholder capitalism », *Financial Times*, 25 mars 2020, https://www.ft.com/content/234d8fd6-6e29-11ea-89df-41bea055720b.

137 Merchant, Brian, « Google Says It Will Not Build Custom A.I. for Oil and Gas Extraction », OneZero, 19 mai 2020, https://onezero.medium.com/google-says-it-will-not-build-custom-a-i-for-oil-and-gas-extraction-72d1f71f42c8.

138 Baird-Remba, Rebecca, « How the Pandemic Is Driving Labor Activism Among Essential Workers », Commercial Observer, 11 mai 2020, https://commercialobserver.com/2020/05/how-the-pandemic-is-driving-labor-activism-among-essential-workers.

139 Hamilton, Gabrielle, « My Restaurant Was My Life for 20 Years. Does the World Need It Anymore?" », *The New York Times Magazine*, mise à jour du 26 avril 2020, https://www.nytimes.com/2020/04/23/magazine/closing-prune-restaurant-covid.html.

140 Taparia, Hans, « The Future of College Is Online, and It's Cheaper », *The New York Times*, 25 mai 2020, https://www.nytimes.com/2020/05/25/opinion/online-college-coronavirus.html.

141 Hess, Amanda, « Celebrity Culture Is Burning », *The New York Times*, 30 mars 2020, https://www.nytimes.com/2020/03/30/arts/virus-celebrities.html.

142 Barry, John, *La grande grippe : comment la grippe espagnole est devenue la pandémie la plus meurtrière de l'histoire*, Penguin Books, 2005.

143 Kruglanski, Arie, « 3 ways the coronavirus pandemic is changing who we are », *The Conversation*, 20 mars 2020, https://theconversation.com/3-ways-the-coronavirus-pandemic-is-changing-who-we-are-133876.

144 Pamuk, Orhan, « What the Great Pandemic Novels Teach Us », *The New York Times*, 23 avril 2020, https://www.nytimes.com/2020/04/23/opinion/sunday/coronavirus-orhan-pamuk.html.

145 Case, Anne et Angus Deaton, *Deaths of Despair and the Future of Capitalism*, Princeton University Press, 2020, https://press.princeton.edu/books/hardcover/9780691190785/deaths-of-despair-and-the-future-of-capitalism.

146 Friedman, Thomas L., « Finding the 'Common Good' in a Pandemic », *The New York Times*, 24 mars 2020, https://www.nytimes.com/2020/03/24/opinion/covid-ethics-politics.html.

147 Facebook, « Knowledge Capsules: Lockdown or no lockdown », 26 avril 2020, https://m.facebook.com/KnowledgeCapsules1/posts/2374859852804537.

148 Bazelon, Emily, « Restarting America Means People Will Die.. So When Do We Do It », *The New York Times Magazine*, 10 avril 2020, https://www.nytimes.com/2020/04/10/magazine/coronavirus-economy-debate.html.

149 Twenge, Jean, « New study shows staggering effect of coronavirus pandemic on America's mental health », *The Conversation*, 7 mai 2020, https://theconversation.com/new-study-shows-staggering-effect-of-coronavirus-pandemic-on-americas-mental-health-137944.

150 Tucci, Veronica et Nidal Moukaddam, « We are the hollow men: The worldwide epidemic of mental illness, psychiatric and behavioral emergencies, and its impact on patients and providers", *Journal of Emergencies, Trauma, and Shock*, vol. 10, no. 1, 2017, pp. 4-6, https://www.ncbi.nlm.nih.gov/pmc/articles/PMC5316796.

151 Health and Safety Executive (HSE), « Work related stress depression or anxiety statistics in Great Britain, 2018 », Statistiques annuelles, 31 octobre 2018, http://greening-consultants.co.uk/wp-content/uploads/2019/03/HSE-Stats-2018.pdf.

152 Bechtel, Robert B. et Amy Berning, « The Third-Quarter Phenomenon : Do People Experience Discomfort After Stress Has Passed? », dans A.A. Harrison, Y.A. Clearwater et C.P. McKay (eds), *From Antarctica to Outer Space*, Springer, 1991, https://link.springer.com/chapter/10.1007/978-1-4612-3012-0_24.

153 Brooks, Samantha K., et al, « The psychological impact of quarantine and how to reduce it: rapid review of the evidence », *The Lancet*, vol. 395, no 10227, 14-20 mars 2020, p. 912-920, https://www.sciencedirect.com/science/article/pii/S0140673620304608.

154 Campbell, Denis, « UK lockdown causing 'serious mental illness in first-time patients' », *The Guardian*, 15 mai 2020, https://amp-theguardian-com.cdn.ampproject.org/c/s/amp.theguardian.com/society/2020/may/16/uk-lockdown-causing-serious-mental-illness-in-first-time-patients.

Covid-19 : la Grande réinitialisation

—

155 Fonds des Nations unies pour la population (FNU-AP), « Impact of the COVID-19 Pandemic on Family Planning and Ending Gender-based Violence, Female Genital Mutilation and Child Marriage », Note technique provisoire, 27 avril 2020 ,https://www.unfpa.org/sites/default/files/resource-pdf/COVID-19_impact_brief_for_UNFPA_24_April_2020_1.pdf.

156 Layard, Richard, « A New Priority for Mental Health », document EA035, Centre for Economic Performance, London School of Economics and Political Science, mai 2015, http://cep.lse.ac.uk/pubs/download/ea035.pdf.

157 Falk, Dan, « Must We All Become More Creative because of the Pandemic? » *Scientific American*, 29 mars 2020, https://blogs.scientificamerican.com/observations/must-we-all-become-more-creative-because-of-the-pandemic.

158 Pollack-Pelzner, Daniel, « Shakespeare Wrote His Best Works During a Plague », *The Atlantic*, 14 mars 2020, https://www.theatlantic.com/culture/archive/2020/03/broadway-shutdown-could-be-good-theater-coronavi-rus/607993.

159 Freedland, Jonathan, « Adjust your clock: lockdown is bending time completely out of shape », *The Guardian*, 24 avril 2020, https://www.theguardian.com/commentis-free/2020/apr/24/lockdown-time-coronavirus-prisoners.

160 Whillans, Ashley, « Time for Happiness », *Harvard Business Review*, janvier 2019, https://hbr.org/cover-sto-ry/2019/01/time-for-happiness.

161 Helliwell, John F., Richard Layard, Jeffrey Sachs et Jan-Emmanuel De Neve (eds), *Rapport mondial sur le bonheur 2020*, Sustainable Development Solutions Network, 2020, https://happiness-report.s3.amazonaws.com/2020/WHR20.pdf.

162 Cette recherche est résumée dans Jones, Lucy, *Losing Eden: Why Our Minds Need the Wild*, Allen Lane, 2020.

163 Im, Su Geun, et al., « Comparison of Effect of Two-Hour Exposure to Forest and Urban Environments on Cytokine, Anti-Oxidant, and Stress Levels in Young Adults », *International Journal of Environmental Research and Public Health*, vol. 13, no. 7, 2016, https://www.ncbi.nlm.nih.gov/pmc/articles/PMC4962166.

164 Nieman, David C. et Laurel M. Wentz, « The compelling link between physical activity and the body's defence system », *Journal of Sport and Health Science*, vol. 8, n° 3, 2019, p. 201-217, https://www.sciencedirect.com/science/article/pii/S2095254618301005.

165 Klaus Schwab le 3 mars 2020 ; voir aussi Forum économique mondial, « The Great Reset », 3 juin 2020, https://www.facebook.com/worldeconomicforum/videos/189569908956561.

166 McGowan, Kat, « Cooperation Is What Makes Us Human », *Nautilus*, 29 avril 2013, http://nautil.us/issue/1/what-makes-you-so-special/cooperation-is-what-makes-us-human.

167 Cleary, Seán, « Rebuild after the crisis on three pillars: Equity, security and sustainability », G20 Insights, Policy Brief, 29 mai 2020, https://www.g20-insights.org/policy_briefs/rebuild-after-the-crisis-on-three-pillars-equity-security-and-sustainability.

168 Sen, Amartya, « A better society can emerge from the lockdowns », *Financial Times*, 15 avril 2020, https://www.ft.com/content/5b41ffc2-7e5e-11ea-b0fb-13524ae1056b.

169 Diamond, Jared, « Lessons from a pandemic », *Financial Times*, 27 mai 2020, https://www.ft.com/content/71ed9f88-9f5b-11ea-b65d-489c67b0d85d.

170 Harvey, Fiona, « Britons want quality of life indicators to take priority over economy », *The Guardian*, 10 mai 2020, https://www.theguardian.com/society/2020/may/10/britons-want-quality-of-life-indicators-priority-over-economy-coronavirus.

171 Gray, Emily et Chris Jackson, « Two thirds of citizens around the world agree climate change is as serious a crisis as Coronavirus », Ipsos, 22 avril 2020, https://www.ipsos.com/en/two-thirds-citizens-around-world-agree-climate-change-serious-crisis-coronavirus.

172 Forum Économique Mondial, *COVID-19 Risks Outlook: A Preliminary Mapping and Its Implications*, Insight Report, mai 2020, http://www3.weforum.org/docs/WEF_COVID_19_Risks_Outlook_Special_Edition_Pages.pdf.